# 中国环境侵权责任法
# 基本问题研究

Fundamental Issues in China
Environmental Tort Law

侯佳儒 著

图书在版编目(CIP)数据

中国环境侵权责任法基本问题研究/侯佳儒著. —北京:北京大学出版社,2014.8
ISBN 978-7-301-24643-6

Ⅰ.①中… Ⅱ.①侯… Ⅲ.①环境保护法—侵权行为—研究—中国 Ⅳ.①D922.684

中国版本图书馆 CIP 数据核字(2014)第 185262 号

书　　　名：中国环境侵权责任法基本问题研究
著作责任者：侯佳儒　著
责 任 编 辑：王琳琳
标 准 书 号：ISBN 978-7-301-24643-6/D·3647
出 版 发 行：北京大学出版社
地　　　址：北京市海淀区成府路 205 号　100871
网　　　址：http://www.pup.cn
新 浪 微 博：@北京大学出版社　@北大出版社法律图书
电 子 信 箱：law@pup.pku.edu.cn
电　　　话：邮购部 62752015　发行部 62750672　编辑部 62752027
　　　　　　出版部 62754962
印　刷　者：北京中科印刷有限公司
经　销　者：新华书店
　　　　　　730 毫米×1020 毫米　16 开本　13.75 印张　239 千字
　　　　　　2014 年 8 月第 1 版　2014 年 8 月第 1 次印刷
定　　　价：32.00 元

未经许可,不得以任何方式复制或抄袭本书之部分或全部内容。
版权所有,侵权必究
举报电话:010-62752024　电子信箱:fd@pup.pku.edu.cn

# 国家社科基金后期资助项目
# 出版说明

后期资助项目是国家社科基金设立的一类重要项目,旨在鼓励广大社科研究者潜心治学,支持基础研究多出优秀成果。它是经过严格评审,从接近完成的科研成果中遴选立项的。为扩大后期资助项目的影响,更好地推动学术发展,促进成果转化,全国哲学社会科学规划办公室按照"统一设计、统一标识、统一版式、形成系列"的总体要求,组织出版国家社科基金后期资助项目成果。

全国哲学社会科学规划办公室

# 目 录 | Contents

导论 / 1

## 第一章　环境侵权责任法一般原理 / 8

- 8　第一节　概述
- 10　第二节　环境侵权诉讼的特征
- 18　第三节　环境侵权责任法的目的、作用和功能
- 25　第四节　环境侵权责任法的概念表述和特征
- 31　第五节　我国环境侵权责任法的渊源和体系

## 第二章　环境侵权的界定 / 42

- 42　第一节　概述
- 44　第二节　"环境侵权"的表述方式
- 48　第三节　环境侵权界定的关键词（一）：权益侵害
- 51　第四节　环境侵权界定的关键词（二）：环境
- 56　第五节　环境侵权界定的关键词（三）：污染
- 58　第六节　环境侵权的定义和特征

## 第三章　环境侵权责任法的归责原则 / 62

- 62　第一节　概述
- 71　第二节　比较法上的环境侵权归责原则
- 76　第三节　我国环境侵权责任的归责原则体系

## 第四章 环境侵权责任成立要件之一：权益侵害 / 83

- 83 第一节 权益侵害的一般问题
- 85 第二节 环境侵权责任法的权益保护范围
- 87 第三节 环境权及其理论评述

## 第五章 环境侵权责任成立要件之二：因果关系 / 101

- 101 第一节 概述
- 105 第二节 侵权法上因果关系的一般原理
- 109 第三节 比较法上的因果关系证明理论
- 121 第四节 我国环境侵权责任法中的因果关系问题

## 第六章 环境侵权责任成立要件之三：环境侵权事实 / 130

- 130 第一节 概述
- 132 第二节 过错责任适用中的过错要件问题
- 142 第三节 过错责任适用中的违法性要件问题
- 150 第四节 无过错责任适用中的违法性要件问题
- 153 第五节 无过错责任适用中的高度危险责任问题
- 158 第六节 相邻环境污染关系的法律调整

## 第七章 环境侵权责任减免事由 / 187

- 187 第一节 环境侵权责任减免事由概述
- 191 第二节 比较法上的无过错环境侵权责任减免事由
- 193 第三节 我国环境侵权特别法上的责任减免事由

## 第八章 环境侵权责任的承担方式 / 198

- 198 第一节 概述
- 200 第二节 救济性侵权责任形式的适用
- 201 第三节 预防性侵权责任形式的适用

结论 / 203

主要参考文献 / 209

# 导　　论

## 一、选题背景

《中华人民共和国侵权责任法》(下文简称《侵权责任法》)于2009年12月26日经十一届全国人大常委会第十二次会议审议通过,并于2010年7月1日起付诸实施。"环境污染责任"作为一种特殊侵权责任形态,该法第八章第65条至第68条对之作出规定,内容涉及环境污染责任的归责原则、环境污染责任诉讼中的举证责任、环境共同侵权和第三人过错在环境污染责任中的适用等四个问题。

值得注意的是,《侵权责任法》通篇没有出现"环境侵权"和"环境侵权责任"的提法。但在随后立法机关、司法机关及学界对该法的解释中,一般都将第八章规定的"环境污染责任"视为"环境侵权责任"。但正如本书研究所表明,《侵权责任法》中的"环境污染责任"不应等同于"环境侵权责任",后者的外延更宽泛。按照本书观点,"环境侵权责任"概念所囊括的内容也远远超过《侵权责任法》第八章的框架,该法第九章的"高度危险责任"包含的若干条文,如第70条关于民用核设施发生核事故造成他人损害法律责任的规定,第72条关于易燃、易爆、剧毒、放射性等高度危险物造成他人损害法律责任的规定,第74条、第75条、第76条、第77条关于高度危险物造成他人损害法律责任的规定等,实际上都与"环境侵权责任"密切相关。由于立法机关未采用"环境侵权""环境侵权责任"的提法,也未对"环境侵权""环境侵权责任""环境污染""环境污染责任"作出立法定义,那么,这些问题都将是法律解释学阐释的重要主题和对象。

目前学界多数学者认为,《侵权责任法》第65条规定了环境侵权责任的归责原则,确立了我国环境污染侵权责任法一元归责原则体系,即无过错责任归责原则,这与《侵权责任法》颁布之前学界的主流观点、包括通用教材的观点一致。① 但要看到,全国人大常委会法制工作委员会民法室在《侵权责任法》出台后,编写了《侵权责任法:立法背景与观点全集》一书,全面交代了该法出台的背景和背后的理论争议,该书一方面明确了我国立法机关认定《侵权责任法》第65条规定的环境污染侵权系采纳"无过错责任"作为归责原则,但另一方面也特别提到,环境污染区分为"生活性污染"和"生产性污染"两类,对于"生产性污染"适用无过错责任归责原则,但"生活性污染"仍然适用过错责任原则。② 可见,不能简单地把《侵权责任法》第八章规定的"环境污染责任"完全等同于学界一直常提的"环境侵权责任";《侵权责任法》第65条规定了环境污染责任适用无过错责任,但不能据此想当然地认为我国"环境侵权责任"的归责原则只有"无过错责任"这一种归责原则。——由此也可以看出,即使在环境侵权责任法的基本概念问题上,我们的理论尚且存在模棱两可、似是而非的领域,那么,对于环境侵权责任法的其他基础性问题或疑难问题,目前的理论也必然存在诸多"混沌蒙昧"之处亟待澄清。

其实,早在《侵权责任法》颁布之前,环境侵权问题就一直为理论界所重视,与此直接相关的论文、专著数量众多。③ 但长久以来,理论上固然取得不少共识,但争议和分歧依然甚多。《侵权责任法》的颁布并没有为这些争议画上句号,在立法者或有意、或无意的模糊措辞中,曾经的问题依然留在当下并保持开放的姿态,有待我们的进一步研究:

从立法角度看,应如何以《侵权责任法》为基础,继续总结经验,进一步完善我国现有环境侵权责任立法?

从司法角度看,应如何理解和适用《侵权责任法》有关环境侵权的法律条文?应如何协调《侵权责任法》与其他环境保护法律、法规在法律适用上的关系?又应如何解决我国目前司法实践中出现的新问题——比如相邻环境侵权、室内装修污染、外来物种入侵等?

从理论研究角度看,如何把《侵权责任法》包含的新思想、新的立法精神融合到既有的环境侵权责任法学理论中?如何立足当下的知识发展水平,立

---

① 对这一点,环境法学目前的教材似无例外。虽然有学者主张,环境侵权责任归责原则包括过错责任与无过错责任两种,但该观点认为"过错责任原则"适用的对象是因环境破坏导致的损害,而对于环境污染导致的环境侵权责任仍然适用无过错责任原则,即这种观点仍然坚持环境污染侵权适用无过错责任原则。

② 王胜明主编:《中华人民共和国侵权责任法释义》,法律出版社2010年版,第326页。

③ 对中国期刊网进行检索。以"环境侵权"为关键词检索"期刊"论文,有检索结果801项,检索"优秀硕士论文库和博士论文库",有检索结果436项;相比而言,以"环境污染侵权"为关键词检索"期刊"论文获得检索结果12项,检索"优秀硕士论文库和博士论文库"获得检索结果3项。(检索日期:2014年1月15日)

足我国的环境法制实践,建构适合我国国情的环境侵权责任法学理论体系?

对这些问题进行深入、细致而又系统的研究,在当前既十分必要,又十分迫切。

## 二、研究现状与本书思路

环境法学在当代法学体系中的地位,可以用"边缘"和"前沿"两个词来描述。按文义解释,所谓"边缘"是指:"(1)沿边的部分;(2)靠近界线的;同两方面或多方面有关系的。""前沿"是指:"(1)防御阵地最前面的、靠边沿的部分。(2)泛指斗争的第一线。"结合"边缘"与"前沿"各自的双层内涵,恰好能描述出环境法学在当代法学知识背景下特有的地位和生存境遇。①

"边缘"和"前沿"这两个词,同样适用于描述环境侵权责任法的地位和特征。在传统民法学科中,环境侵权只是一种特殊的侵权形态,在主流的教材、著作中,对其往往都只是一带而过,着墨不多,其地位可谓"边缘"。但这一"边缘"领域,其实也正是传统侵权责任法学最为"前沿"的领域。从一定意义上看,所谓"侵权责任法危机",其实质就是以环境侵权为代表的现代侵权形态带给传统侵权法学的理论危机;所谓的"过错死了""侵权法复活了",不过是说明了以环境侵权为代表的现代侵权形态给传统侵权法学带来极大挑战,致使传统侵权法学理论濒临困境、生死攸关、"死去活来"。② 而遍数当代侵权法学中的疑难问题,诸如侵权责任成立要件方面的因果关系认定难题、大规模侵权救济难题、群体诉讼难题、风险负担与风险分散难题、科学不确定性难题等等,都可以在环境侵权上看到征兆,环境侵权其实是最为典型的现代侵权形态。因此,如果突破了环境侵权责任法在理论、实践中面临的难题,在一定意义上也就突破了当代侵权法的危机,也就解决了当代侵权法最为疑难的问题——如此看来,环境侵权责任法正处于侵权责任法的"前沿"领域。③

环境侵权责任法的学科地位兼有"边缘"与"前沿"的双重特征,这为环

---

① 关于环境法学科的"边缘性"地位和特征的论述,参见侯佳儒:《环境法兴起及其法学意义:三个隐喻》,载《江海学刊》2009年第5期。
② 王泽鉴:《民法学说与判例研究》(第二册),中国政法大学出版社1998年版,第177—178页。
③ 一个有意思的现象,在中国是边缘学科的环境法,包括环境侵权责任法,在国外却是显学,是前沿学科。目前所谓的侵权责任法的前沿性问题,其实都是20世纪后期随着环境问题的恶化、随着环境立法的发展逐步发展起来的。可以认为,环境侵权责任实际上是现代侵权责任的典型形态或者范本。这种现象不仅仅存在于法学领域,如环境治理之于现代公共管理学亦有相同地位,环境问题之发生对20世纪60、70年代以后现代主义哲学、伦理学的发展,生态科学对系统论的发展等,亦具有相同地位。

境侵权责任法学的理论研究带来极大挑战。因其"前沿",许多环境侵权责任法学的"基本"问题,在传统侵权责任法学的研究视野中,往往就是"疑难"问题;因其"边缘",无论对于环境法学界和民法学界,目前对其研究都缺乏足够重视。尤其要看到,因为学科的分野,针对环境侵权责任法的研究,民法学与环境法学鲜有深入对话。目前的处境是:民法学者往往不关心环境法学者的研究目的和理论意图,不关心环境法学者提出的种种问题和这些问题后的现实关切,只是沉囿在传统民法学理论的框架下进行修修补补、查缺补漏,并以之回应现实的挑战;而环境法学者,虽然认识到环境侵权与传统侵权有巨大差异,也认识到环境侵权的法律救济模式大异于传统,但近年来环境法学的语境和话语体系与传统民法学的语境和话语体系终于渐行渐远,导致其难于吸取传统民法学的理论资源,也无法和民法学界形成有效的对话和沟通。如此一来,民法学者和环境法学者都沉浸在各自学科的话语体系,虽然关注同一问题,却不能形成共融视域;尽管用了相同的概念、范畴和措辞,但双方各自给出各自的定义和解释。一句话,大家只是在形式上共享了同一的法律语言形式,却不能共享同一的法律语境。

  为打破这样一种研究现状,在环境侵权责任法的研究上,应打破民法学和环境法学的学科划分,加强二者的沟通和对话。这正如后现代主义理论家一直所强调的,"要想真正理解,必要时应抛开这些分门别类,去整个场地上寻找,去他们那里寻找我们熟悉的对应物,在我们这里寻找他们熟悉的对应物,也就是说,努力在这里和那里确定可以比较的事实"[①]。那么,为了更真切地理解环境侵权责任法,就有必要抛开环境法学和民法学的分门别类,到事关环境侵权救济、乃至整个当代法学发展的"场地上"去考虑。为了更真切地理解环境侵权责任法,就有必要深挖传统侵权责任法学,在其理论土壤中寻找现代的环境侵权责任法生发的根苗和成长逻辑。正是基于这样一种想法,本书第一章开篇就对现代侵权损害与传统侵权损害的差异进行分析,以此揭示当代社会背景下侵权责任立法及其理论体系嬗变的现实背景与根由,重新定位现代社会中环境侵权责任法的地位、功能和作用。为避免空泛地在法条、法律规范层面运用比较研究和历史研究方法,本书突出了对当下中国环境侵权法制实践的考察,突出了对当下法学研究和侵权责任法研究最新成果的运用,本书力图让环境侵权责任法研究在中国当下实践背景、在当代知识背景下展开,力图在中国、当下语境中梳理和建构中国的环境侵权责任法学理论。

---

① 〔法〕路易·迪蒙:《论个体主义》,谷方译,上海人民出版社2003年版,第3页。

环境侵权法就像一支隔墙花,在环境法学科这边虽然花开锦绣,但其根蔓,却蜿蜒出自墙那侧民法学的沃土里。环境侵权责任法作为环境法学和民法学两个学科的交叉研究领域,民法学以其深厚法理赋予环境侵权责任法以理论根基,而环境法学,则以其敏感而深刻的现实感受力为环境侵权责任法学源源不断提出新课题,并因而赋予环境侵权责任法以"前沿""开放"的秉性,同时也对传统侵权责任法的理论创新提供了可供考察的生动案例和可资借鉴的鲜活资源。

### 三、本书结构和内容

针对环境侵权责任法理论和实践中的基本问题,本书将展开系统分析。

在整体框架上,本书按照环境侵权责任法的理论体系展开,逐次探讨了环境侵权责任法的一般原理、基本概念、归责原则、责任成立要件、责任减免事由和责任承担方式;针对这其中的每一个专题,本书又是以问题为导向,通过查阅和研究相关文献,寻找出立法、司法和学理中的争议性问题和难点,然后通过比较研究、历史研究、规范法学分析等方法,对这些争议性问题进行分析,进而提出观点和建议。因此,本书每一章节的内容,基本上是按照"问题提出——文献梳理——比较法分析/历史分析等——提出针对性观点或建议"的逻辑结构展开。

鉴于环境侵权是一种特殊的侵权形态,环境侵权责任法理论应被视为侵权责任法理论的有机组成部分,因此,有关环境侵权问题的研究,应该在一般性的侵权责任法学理论框架下和语境中展开。出于这种考虑,本书对环境侵权问题的研究,是伴随着对一般性的侵权责任法问题的研究而推进和开展的。

本书正文共计八章,外加"导论"和"结论"。

第一章研究环境侵权责任法的一般原理,内容包括环境侵权责任法的立法目的、功能、作用,环境侵权责任法相比于一般侵权责任法所独具的特征,环境侵权责任法的渊源和体系。为避免对环境侵权责任法的理解局限于一般性的归纳和整理,在这一章开篇,本书就对环境事故、现代环境侵权诉讼的一般性特征进行总结,并且特别针对目前中国社会的环境侵权现象和环境侵权诉讼现状进行分析。这种研究,为本书后文研究环境侵权责任法的具体问题提供了背景知识和目标指向。

第二章探讨"环境侵权"的概念界定。法学上的概念有立法概念、司法概念和学理概念之分。"环境侵权""环境侵权责任"没有在我国现行法中出现,因此,它们不是立法概念。作为学理的"环境侵权""环境侵权责任"概念,被不同的使用者在不同的场合、不同的语境下予以运用,概念因为负载了概念使用者对其特有的使用目的和意图,因此其内涵难得一致。因此,本书对"环境侵权""环境侵权责任"概念的界定,将从司法概念的角度予以把握,即围绕我国现行法的条文规定,同时结合目前司法实践中的典型案例,探讨"环境侵权""环境侵权责任"概念应有的内涵和外延。

第三章研究环境侵权责任的归责原则。在这一问题上,目前绝大多数观点认为我国环境侵权责任法只是确立了无过错责任这一条归责原则。但经过研究,本书得出了与目前学界通说不同的结论。从比较法上看,环境侵权责任的归责原则并非世界一统,都是无过错责任,日本、德国、美国等国家的立法实践和理论都表明,即使在环境污染问题上,过错责任原则也发挥着重要作用。通过考察《侵权责任法》的立法背景和有关立法文件,结合我国现行法和有关理论学说,本书提出我国环境污染侵权责任法实际上采纳了"过错责任原则"和"无过错责任原则"并存的二元归责体系,并详细论证这一观点在现行法上的依据及其正当性。

第四章到第六章研究环境侵权责任的成立要件。针对"权益侵害"要件,本书认为"环境侵权"的侵害对象为"他人的人身、财产权益",即"他人的人身、财产权益"是环境侵权责任法的权益保护范围。环境侵权责任法保护的对象不包括、不应该包括也没有必要包括所谓的"环境权""环境权益"或"环境享受权益"——除非这些"环境权""环境权益"或"环境享受权益"在性质上属于"人身、财产权益"。针对"违法性"要件,本书认为"违法性"不应成为我国环境侵权责任的成立要件,无论是在适用"过错责任原则"的场合还是适用"无过错责任原则"的场合。针对因果关系,考虑到环境侵权的特殊性,应该采取多元方法解决环境侵权诉讼中的因果关系认定问题。针对环境侵权事实的多样性,本书通过"过错责任原则"和"无过错责任原则"两条线索,分别就相邻环境侵权问题、高度危险责任问题、过错要件问题、违法性要件问题等展开深入探讨。

第七章研究环境侵权责任的减免事由。本章首先通过语义学分析,提出"环境侵权责任减免事由"是恰当的表述方式。然后将通过比较法梳理,对环境侵权责任免责事由的类型、现行法规定进行分析,对我国现行法上环境侵权责任减免事由规定的合理性进行评析并提出完善建议。

第八章是环境侵权责任承担方式。环境侵权是一种民事法律事实,在私法上的效果,就是产生环境侵权责任。环境侵权责任的具体承担方式,《民法通则》和《侵权责任法》与《环境保护法》作出不同规定,但是都可以通过"消除危害"和"损害赔偿"得到概括。损害赔偿,是环境侵权责任的主要承担方式。

结论部分对全书的基本观点进行总结和概括。同时指出，环境侵权责任法最终的功能仍在于界定群己界限，在于平衡个体之间的权益冲突，从而增进社会福祉；环境侵权责任法在一定程度上起到了保护环境的作用，但其根本目标却不在于分担环境风险和救济环境损害。结论部分还指出，分担环境风险和救济环境损害是环境法的根本任务，环境法是按照环境损害填补和环境损害救济的思路展开的，在这种环境损害填补和环境损害救济的法律框架下，侵权责任法实际上是从保护和救济污染受害者的角度发挥着基础性的作用；但要从根本上解决环境损害填补和环境损害救济问题，应诉诸环境保险、环境基金、行政补偿等"特别私法"手段和公法手段。环境侵权责任法学介于环境法学和民法学之间，从民法学向环境法学视角的过渡和转向，标志着对环境侵权责任法的审视已经纳入到环境损害综合填补机制的理论视野之下。如何衔接环境侵权责任法与其他环境损害填补机制之间的关系，将是未来我国环境侵权责任法学研究的重点和难点所在。

# 第一章 环境侵权责任法一般原理

## 第一节 概　　述

### 一、研究现状

环境侵权责任法的一般原理性问题,主要涉及环境侵权责任法的概念界定、特征、立法目的、作用、功能定位、法律渊源及其体系等问题。总结目前的研究成果,主要有如下几个特点:

第一,在内容上,目前的研究成果中,虽然多数专著、教材中都会提及,但都限于一般性的介绍,却鲜有深入的探讨。尤其是对于环境侵权责任法的目的、作用和功能定位问题,学者多各自直接表明立场和观点,但相互间缺少对话性的理论探讨。对于环境侵权责任法体系问题,无论是立法体系还是理论体系,都少有提及,专门性研究就更为少见。

第二,在研究方法上,主要存在三个问题,可以概括为三个"认识不够":

(1) 对环境侵权责任法与一般侵权责任法在基本原理上的区别认识不够。多数学者对这些基本原理的研究,完全依循一般侵权责任法研究的思路和框架,观点多是重复一般侵权责任法上的观点和论断,对环境侵权责任法的特殊性阐释不够。

(2) 对我国环境侵权责任法相比于其他国家立法的特殊性认识不够。目前既有的研究,多是利用比较法的研究方法,通过梳理比较法上的相关规定和介绍有关学说,进而提出观点和建议。我国目前正处于环境事故高发期,环境侵权事件频频发生,这给我国现行法律体系带来空前严峻的挑战。与发达国家相比,我国目前尚不具备完善的环境保险制度、环境基金、行政赔偿等有效的环境损害分担与救济机制,这种状况决定了我国的环境侵权责任法学研究应更加关注中国的特殊国情、独特法律文化和现实社会需要,不能采取简单的"拿来主义"照搬西方的法律制度。因此,我国的环境侵权责任法学研究应关注我国目前环境侵权现象的特殊性,使得相应研究更具针对性。

(3)对环境侵权现象及其法律救济措施的特点认识不够。相比于传统侵权责任法,环境侵权作为一种新的侵权现象,其样态、特点、类型、影响、损害等问题,并未得到充分认识和阐释。环境侵权责任法究其根底,是对环境侵权予以救济的法律手段,因此,正确认识和理解现代社会、尤其是中国目前环境侵权现象的特殊性,应是环境侵权责任法研究的首要问题。

第三,目前有关环境侵权责任法的原理研究,多是就理论谈理论,未能把有关环境侵权责任法的现行法、司法实践中发生的案例和学理结合起来。缺乏对现行法的分析,环境侵权责任法就没了基础。比照日本环境侵权责任法的发展,可以发现司法判例是推动日本环境侵权责任法发展的重要因素之一,因此,如何总结既有司法实务经验,应是当务所需。

## 二、本章内容与结构

鉴于目前研究中存在的上述问题,本章在研究内容上作如下安排:

(1)所谓的环境侵权责任法不过是现代社会中私法应对环境污染危机的一种法律手段。因此,对环境侵权责任法的研究离不开对现代社会环境污染现象的考察,离不开对现代环境侵权诉讼的考察,更离不开对我国当代环境侵权现象及其诉讼现状的考察。因此,作为本书第一章,本章将首先从环境侵权事故、环境侵权诉讼的一般特征着手,探讨和分析环境侵权责任法所着力解决的现代污染问题的特点及其对传统法律制度带来的特殊难题。

(2)关于环境侵权责任法的目的、功能和作用的研究。环境侵权责任法有不同于传统侵权责任法的基础理论预设。对这个问题,目前我国学界缺乏系统性的分析。尤其是在《侵权责任法》出台之后,有关环境侵权责任法的立法目的、功能定位和作用分析,学界尚未得见。本章还将对我国《侵权责任法》有关环境侵权责任立法目的的条文进行评析,指出其不合理性并提出改善建议。

(3)对概念的定义有功能取向和发生取向两种,而对环境侵权责任法的定义显然是功能取向的。因此本章第二节将对环境侵权责任法的目的、功能和作用进行详细研究,实际上也就研究了环境侵权责任法的定义。第三节将关注"环境侵权责任法"的表述方式,探讨从传统"侵权行为法"向现代"侵权责任法"表述方式转变之后,侵权法内在发生的重大变革。通过分析我国环境侵权责任法制度构建内在应具备的立法宗旨和功能定位,论证"环境侵权责任"取代"环境侵权法""环境侵权行为法"表述的合理性。

(4)对环境侵权责任法的渊源和体系进行研究。环境侵权责任法的法律渊源主要从制定法、习惯法和法理三个角度分析其特征。对于环境侵权责任法的体系，由于其极为复杂，本章将从多个侧面进行探讨，并试图为我国环境侵权责任法的体系化奠定基础。对环境侵权责任法体系的系统性阐释，在目前国内的学术成果中，本书尚属首次。

## 第二节　环境侵权诉讼的特征

### 一、现代环境事故的一般特征

"公害"语出英美法上的"public nuisance"概念，对应的"公害事件"即"public nuisance events"，意指因环境污染事故爆发，而在短期内人畜大量发病和死亡、财产巨额损失的事件。① 在本书，"环境事故"（environmental accident）与"公害"系在相同含义上应用，系指"环境侵权事实"的一种特殊形态。②

在 20 世纪五六十年代，公害事件在世界范围内频频爆发，成千上万的人因此丧生，其中最为人所知的环境公害事件就有"20 世纪六大污染事故"③"20 世纪三十到六十年代八大公害事件"④等各种说法。进入 21 世纪虽然仅仅十余年，但大规模环境事故仍然触目惊心、不绝于耳，如近期之 2010 年墨西哥湾 BP 石油泄露、2011 年 3 月 11 日的日本福岛核泄漏等。尤其值得注意的是，随着我国经济高速增长，我国的环境事故随之增长，近年来环境事

---

① 日本学者原田尚彦区分一般意义上的"公害"概念和法学上的"公害"概念，他从实证法体系论证角度，将公害定义为"由于日常的人为活动带来的环境污染以致破坏为媒介而发生的人和物的损害"。参考〔日〕原田尚彦：《环境法》，于敏译，法律出版社 1999 年版，第 3—6 页。这个概念基本等同于本书对"环境侵权事实"概念的界定。

② 本书中"环境侵权事实"是指环境侵权责任成立的必备要件之一，其包含多种具体形态，"环境事故""公害"只是"环境侵权事实"的具体形态之一。参照本书第七章"环境侵权成立要件之三：环境侵权事实"部分。

③ "20 世纪六大污染事故"是对 20 世纪 70 年代后六起影响世界的环境污染事故统称，包括1976 年 7 月的意大利塞维索化学污染事故，1979 年 3 月美国三里岛核电站泄漏事故，1984 年 11 月墨西哥液化气爆炸事件，1984 年 12 月印度博帕尔毒气泄漏事故，1986 年 4 月前苏联切尔诺贝利核电站事故，1986 年 11 月德国莱茵河污染事件。

④ "20 世纪三十到六十年代八大公害事件"是指在世界范围内，由于环境污染而造成的八次较大的轰动世界的公害事件，包括：1930 年 12 月 1 日至 5 日比利时马斯河谷烟雾事件，1943 年 5 月至 10 月美国洛杉矶烟雾事件，1948 年 10 月 26 日至 30 日的美国多诺拉事件，1952 年 12 月 5 日至 8 日英国伦敦烟雾事件，1953 年至 1968 年日本水俣病事件，1955 年至 1961 年日本四日市哮喘病事件，1963 年 3 月日本爱知县米糠油事件，1955 年到 1968 年的日本富山痛痛病事件。

件频现报端,令人担忧。①

环境侵权事实类型多样,不仅限于上述所谓的"公害事件"。但这些公害事件能充分体现出现代社会环境侵权现象具有的一些典型特征:

首先,环境事故有突发性事故和累积性事故之分。突发性环境事故的爆发并无明显征兆,但一旦爆发,却能在极短时间内造成巨大损害,肇事者和损害源头较容易发现。累积性环境事故多为经年环境污染累积,超过环境安全阀值而造成的结果,此类事故之肇事何时存在、肇事者和损害源头何在都难以认定。但无论是突发性环境事故还是累积性环境事故,一旦发生,人们就难以应对处理。

其次,环境事故发生,不仅会侵犯私人权益,还会侵犯公共利益。环境事故不仅会对他人人身、财产造成巨大损害,还会对生态环境造成巨大破坏,后者尤其突出。② 通过传统法律制度,私益侵害在相当程度上可以得到救济——尽管基于法律技术原因,非常不容易。但对于环境损害,在现有法律制度下,对于世界各国而言,其保护和救济制度都不是充分的。而如何预防和恢复这种环境损害,应该是当代法律最重要的任务之一,自然也应是环境侵权责任法的重要任务之一。但对于环境侵权责任法而言,其能否救济环境损害、能以何种方式救济损害、能在多大程度上救济环境损害,学界存有极大争议,这些问题也是环境侵权责任法学面临的疑难问题。

再次,环境事故造成的损害后果多样、损害发生的时空界限不易确定,这使得损害计算的常规方法、常规标准、常规程序往往都不能奏效。究其原因,在于环境侵权事实与传统侵权发生机理有一个重大区别,就是传统侵权一般是加害行为直接作用于个别受害人的人身或财产,环境侵权则要通过"环境"这一中介再作用于人身及财物,这导致环境事故的损害对象复杂多样、极为广泛,损害过程曲折、极为复杂,损害程度不但极为严重而且影响深远,损害的表现具有潜伏性、长期性。

由于环境侵权发生机理的这个特征,导致环境侵权的救济,"不仅存在加害人和受害人都是特定主体的情况,而且在许多场合,表现为非特定众多

---

① 如2010年4月2日成都水污染事件;2010年7月12日下午福建紫金矿业紫金山铜矿湿法厂发生铜酸水渗漏事故;2010年7月30日,中国石油吉林石化公司发生爆炸事故造成的松花江污染事件等等。

② 如印度博帕尔化学品泄漏事件,事故发生25年后的2009年进行的一项环境检测显示,在当年爆炸工厂的周围依然有明显的化学残留物,这些有毒物质污染了地下水和土壤,导致当地居民的患癌率及儿童夭折率,远远高于其他印度城市。再比如原苏联切尔诺贝利核泄漏事件,核辐射影响直至今日尚无法消除。

污染源的复合污染对相对区域不特定的对数人的多种权益的同时侵害。在后一种情况下，谁是加害人，谁是受害人难以认定。这种损害的受害人，不仅是人数众多，而且还会损及子孙后代；并且一旦出现对人体和环境的损害，往往无法弥补和消除"。① 这些问题，使得环境侵权损害救济要面临传统侵权损害救济未曾遇到的更多难题。

最后，环境事故的处理往往涉及复杂的利益权衡，环境事故的肇事事实本身可能并非完全具有"社会非难性"。这与传统侵权行为形成明显对比。传统侵权本身在法律规范的价值判断上就是一种纯粹的无价值行为。而环境侵权行为往往是伴随合法的生产活动而产生，而且可能在技术规范和行政管理规范上是合法的。

综上，环境事故的法律应对其实极富挑战性。现代环境事故往往"具有科学深知、经济效率、民主理念与分配正义等多重面相"②，这与传统侵权存在很大差异，因而环境侵权的法律救济也必然有不同于传统侵权的特征，环境侵权责任法学也必然存在不同于传统侵权责任法的理念、制度、价值、功用预期。现代社会的环境事故对受害人及其家庭、社会造成损失巨大，耗费社会资源惊人。③ 面对这些环境事故，迫使法律人追问自身——法律应该做些什么？法律能做什么？对于包括环境侵权责任法学在内的当代法学而言，回应环境事故提出的挑战，是不可逃避的历史使命。

---

① 周珂：《环境法》，中国人民大学出版社 2004 年版，第 38 页。
② 叶俊荣：《环境政策与法律》，中国政法大学出版社 2003 年版，第 135 页。
③ 2005 年至 2009 年全国共发生各类事故 265 万余起，死亡 51 万余人，平均每年发生各类事故 53 万余起；2009 年发生各类职业病 18128 例，其中尘肺病新增 14495 例，死亡 748 例，并呈现低龄化、群发性发展的态势；中国每年因安全生产事故所造成的经济损失约占 GDP 的 2%—2.5%。数据来源参见国家安全生产监督管理总局：《安全生产科技"十二五"规划（征求意见稿）》，2010 年 11 月 10 日。王泽鉴教授在其侵权法专著开篇对台湾公害及与相关社会成本做过粗浅统计，非常具有启发性。参见王泽鉴：《侵权行为法》，中国政法大学出版社 2001 年版，第 1—5 页。事实上，对我国目前的环境法学研究，这种定量、数据分析和社会学分析非常有意义，因为环境侵权责任法重要的社会作用之一，即在于增进社会福祉，此一问题与事故成本的经济核算密切相关，但却少有人做此研究，但其应该是环境侵权责任法学者亟待关注的问题。

## 二、环境侵权诉讼的典型特征

环境侵权诉讼与传统侵权诉讼有很大区别。① 对环境侵权诉讼的特征，美国学者劳伦斯·G.塞图罗列出一张清单②，他认为凡是环境侵权诉讼，必然全部或者部分具备如下典型性特征：

(1) 有毒有害物质暴露于一定地理空间范围内；
(2) 对数量众多或不确定的原告产生影响；
(3) 历时长久，可能影响几代人；
(4) 以各种不同途径、渠道、方式；
(5) 以至于很难建立一般性的因果关系链条；

---

① 这里可以大阪西淀川公害事件为例。本书在下文有关环境侵权诉讼法律问题的阐释过程中，如环境侵权因果关系认定问题、环境侵权诉讼特征问题等等，将多次借助对本案的分析。之所以选择这一案例，是因为该案极具典型性，影响范围广，为世人熟知，而且该案在许多环境侵权法律领域都有突出的贡献，如因果关系认定问题。

大阪西淀川公害事件概览：西淀川区原本是坐落在大阪湾的淀川河口上的一个渔村。但自大正时代开始，得益于其水运之便，大量钢铁、电力、瓦斯等大工厂纷纷选址落户，西淀川区逐渐成为阪神工业地带的中心，并进而演变为巨大的重化学工业地带。"二战"期间，西淀川区周边的工厂群受到重创，但在战后20世纪60年代，西淀川区周边的工厂群快速大幅增产，经济得到迅速复苏。但作为代价，这些大工厂在该地区制造大量煤尘和灰尘，导致大气污染恶化。1963年西淀川区的二氧化硫气体浓度为0.382ppm，接近环境标准的4倍。"飞在空中的麻雀突然坠地，牵牛花一日间成片枯萎，这些人们在日常生活中已司空见惯了。"始于20世纪70年代后期的汽车尾气污染让西淀川空气状况雪上加霜。大工厂的聚集导致该地区原材料和产品运输更加频繁，再加上汽车家用普及，在南北不足5千米的西淀川区竟有4条大干道横贯东西，仅卡车等大型运输车一天通行量就达30万辆。在这种情形下，该区居民长期暴露在工厂排放的烟尘和汽车排放的尾气的双重污染之下。如此，严重的大气污染对居民生命和健康造成侵蚀，支气管哮喘、慢性支气管炎、肺气肿等公害病大量出现，该区有5%人口被认定患有这些公害疾病。哮喘的发作和咳嗽侵害着患者健康，公害吞噬着患者肌体，夺取他们的工作，迫使他们辍学，甚至连最起码的日常生活都难以维持。这样的场景屡见不鲜：一位哮喘发作患者在车站厕所中断气。一位患者因无法忍受病痛发作的异常痛苦，一边喊叫"杀了我吧"，一边倒地而亡。有患者家属说，因病患深夜发作和咳嗽，甚至一个整觉都没睡过。全家经济支柱倒下，经济上陷入困境的家庭不在少数。从20世纪60年代后期到70年代，反公害运动在日本全国各地展开，矛头直指大企业、国家和地方自治体。西淀川区也不例外。1972年10月29日，"西淀川公害患者与家属会"成立，并开始对西淀川各污染企业发起激烈抗议活动。为明确加害企业的公害责任、根除公害并对受害人救济，提起环境公害诉讼成为受害者最终别无他选的选择。西淀川公害诉讼在1978年4月20日提起，直到1998年最终解决，原告和被告双方角力达20年之久。原告总数多达725名，是真正的大规模大气污染公害诉讼。该案一审判决认定了企业的公害责任，原告于1995年3月与被告企业达成和解。1995年7月底第二次至第四次诉讼中，法院划时代地做出认定汽车排放废气对健康产生影响的判决。原告设立了"财团法人公害地域再生中心"，现今仍致力于环境再生和地域再生事业。作为都市型大气污染诉讼的先驱，西淀川公害诉讼具有里程碑式的意义，它促使日本公害诉讼审判达到一个新高度。案例来源：村松昭夫：《大阪西淀川公害诉讼》，见〔日〕日本律师协会主编：《日本环境诉讼典型案例与评析》，中国政法大学出版社2011年版，第39—51页。本书在引用上述案例过程中，对文字进行了编写和重述，特作说明。

② "对环境侵权的典型特征通过归纳总列出清单，是一种有效的方法，因此并无迫切需要对其做出'字典式'的定义。"See Lawrence G. Cetrulo, *Toxic Tort Litigation Guide*, 1—3/Chapter 1/Part 1, 40037302, Thomson West Group(2002).

(6) 也很难把某一特定被告的某一行为与某一原告的损害联系起来；同时

(7) 还难于计算潜在的、可能承担法律责任的被告数目；并且

(8) 还难于确定是否应对被告归责，即使应该归责，而这些

(9) 往往导致多重诉讼，这些诉讼对法院是极大负担，会产生巨额交易成本，包括数额巨大的诉讼费用，并且

(10) 因这些诉讼的判决产生的罚金，如果按照传统法律规定，将使许多企业陷入财政危机。①

劳伦斯·G.塞图罗列出的这张清单，基本上已经概括出环境侵权诉讼具有的典型特征。但这种清单仅仅从法律技术层面概括了"环境侵权诉讼"的法律特征；如果从社会学层面考察，可以发现对于大规模的环境侵权诉讼案件而言，其诉讼过程之困难，远远不仅限于这些法律技术困难。

以日本为例，日本自20世纪中叶开始，环境事故频发，"20世纪三十到六十年代八大公害事件"中就占据4件。从20世纪60年代开始，日本民众权利意识提高，要求保障公害受害人的运动空前加强，日本法院对公害事件的处理也屡有突破性判决，日本公害诉讼进入一个高峰时代。尽管如此，与传统侵权案件相比，公害诉讼难度极大。② 日本律师中岛提出，提起公害诉

---

① Lawrence G. Cetrulo, Toxic Tort Litigation Guide, 1—3/Chapter 1/Part 1, 40037302, Thomson West Group(2002).

② 大阪西淀川公害诉讼概要与经过。大阪西淀川公害诉讼于1978年4月20日，以共计10家大企业和负责设置并管理西淀川区域干线道路与高速公路的国家与原阪神高速道路公团（以下简称原道路公团）为被告，展开了第一次诉讼（原告共112名）。它与此后1984年7月的第二次诉讼（原告470名）以及1985年5月后提起的第三次诉讼（原告人数143名）的共计原告达725名的诉讼成为名符其实的、有史以来最大规模的大气污染公害系列诉讼。西淀川公害诉讼的原告全部为支气管哮喘或慢性支气管炎等呼吸器疾病的患者。依据《公害健康受害补偿法》（简称《公健法》）①被认定为公害病患者或其遗属。而被告是在西淀川及其覆盖西淀川的尼崎市、此花区等临海区域拥有大型工厂的钢铁、电力、瓦斯、玻璃、化学等日本西具有代表性的10家大企业，及对贯通西淀川的国道2号线、43号线、原阪神高速大阪池田线、大阪西宫线负有设置管理责任的国家和原道路公团。诉讼请求的内容为：一是不得在原告居住地发生超过环境标准所规定数值的二氧化氮（NO₂）、二氧化硫（SO₂）、悬浮颗粒物（SPM）的排放，即所谓的"停止或中止排放请求"；二是对原告受害实施损害赔偿的请求。由于因公害病造成的精神及财产上的受害较大，所以原告要求的赔偿额是依受害程度分为4个等级提出的。但是，日本的公害诉讼通常是长期诉讼，本案诉讼也不例外，从提起一审诉讼到最终解决，实际上花费了长达20年的时间。而究其重要原因不得不强调的就是：由被告企业工厂排出的有害物质以及公害对策的资料及信息基本上掌握在被告企业及行政部门手中，而他们直到最后也未对此予以澄清。被告企业的这种对应策略只能招致对其故意拖延审判的谴责，导致了当案件最终解决时已有1/3的原告撒手人寰这一有违"在他们有生之年实现救济"的原告意愿的重大事态的发生。案例来源：村松昭夫：《大阪西淀川公害诉讼》，见日本律师协会主编：《日本环境诉讼典型案例与评析》，中国政法大学出版社2011年版，第39—51页。

讼必须面对三大课题①：

(1) 辩护团的组成。

在提起以四大公害诉讼为首的大型公害诉讼时，最重要的课题就是如何最先在尽可能多的律师参加的前提下组成具有一定规模的原告维权律师团。②

(2) 发掘并鼓励作为原告的受害人。

一方面，因公害被夺去生命与健康，饱受悲惨、深刻公害损害的受害人以加害企业为被告，作为诉讼原告站出来正面参与诉讼并非易事。另一方面，加害企业自不必说，有时行政方与企业合为一体，对准备提起诉讼的人们施加种种压力，并不断试图分裂和瓦解受害人。在这种情况下，公害受害人正式踏上诉讼征途还需要很大的决心。关于这一点，对于在骨痛病诉讼中充当原告的受害人来说，提起诉讼就意味着有可能被剥夺户籍。

(3) 诉讼活动经费的筹集。

原告辩护团在提起诉讼时，原则上不让受害人承担律师费用。对于饱受公害之苦的受害人原告来说，经济上负担律师费是非常困难的。因此，作为惯例，原告辩护团决定在将来诉讼获胜阶段再收取律师报酬，而在提起诉讼时，受害人可免于承担律师费用。

此外，在向法院提起诉讼需要向法院支付有关诉讼费的印花税时，尽量争取得到诉讼救助制度的帮助，努力减轻受害人的负担。

为了提起公害诉讼及为使后续的诉讼得以顺利进行而必须维持的其他诉讼活动，往往需要很高额的费用。为了弥补这些费用，原告辩护团与受害人一道，向支持诉讼的团体和个人呼吁捐款，全力筹集款项。此外，跻身辩护团的律师们也身体力行，筹集自己手头的资金，名符其实地自掏腰包，维持诉讼活动。

可见，基于公害诉讼、环境侵权诉讼当事人双方通常力量悬殊，一方往往

---

① 转引自中岛晃：《日本律师参与公害诉讼的历程与作用》，见〔日〕日本律师协会主编：《日本环境诉讼典型案例与评析》，中国政法大学出版社2011年版，第8—10页。

② 日本的经验表明，辩护团的组成需要受害人、科学家、原告团、医生、研究人员等不同群体的广泛合作。日本公害诉讼案件的取胜，往往还可以看到日本全国公害律师团联络会议、日本律师协会等社会组织的作用。公害诉讼的获胜，不仅仅是法庭内的唇枪舌剑，"司法的审判的主战场在法庭之外"是适用于公害诉讼的一句名言。转引自〔日〕中岛晃：《日本律师参与公害诉讼的历程与作用》，见日本律师协会主编：《日本环境诉讼典型案例与评析》，中国政法大学出版社2011年版，第18—20页。

是大企业,财力、人力、知识、社会资源丰富,而另一方往往是社会单一个体,相比在诉讼中处处居于弱势。但现实的诉讼过程往往是一场持久的战争,尤其在公害领域,其周期可能更长①,因此在公害诉讼中赢得正义,艰难可想而知。从律师角度来看,要承办环境侵权诉讼案件,对其个人之专业能力、财务支持等要求极高,案件获胜率相比其他案件低,成本效益考虑不合算,因此对之往往望而却步。就根本而论,现代环境侵权诉讼往往涉及巨大经济利益,往往事关社会的稳定与安全,还会涉及复杂的科学技术因素影响,还触及法律领域众多前沿艰深领域,因此其诉讼过程之艰难不待赘言。

### 三、当前我国环境事故及其侵权诉讼的特征

改革开放三十余年,我国在经济发展方面取得的成就世人瞩目,但其环境成本也极为高昂。进入新世纪,随着经济、社会发展进入新的阶段,我国也进入了环境事故高发、风险防范形势严峻的新时期。这一点,是目前我国官方、学界和民间各个层面的普遍共识。

这些环境事故的背后,是大量环境侵权现象的发生,不仅对环境造成巨大的损害,也对公民的人身、财产安全造成巨大损害。如何解决这些问题,如何对环境损害进行填补、预防和恢复,如何对污染受害者的人身、财产权益进行保护,已经成为我国法律目前亟待解决的重大问题。

总体看,我国目前的环境侵权诉讼案件有如下几个特征:

第一,环境侵权诉讼案件类型复杂、发生频数逐年增多,造成的经济损失数额巨大。以环境保护部环境应急调查中心2010年的一组数据显示,2010年1至8月,环保部共接报并妥善处置环境事件131起,仅7、8月份就发生28起,总量远远高于去年同期。2010年,全国共发生环境事件171起。另有研究数据表明:2004年至2009年,全国共发生环境事件700多起,从年度数据看,6年中环境事件呈现上升态势。②

第二,环境侵权事件呈现井喷式爆发趋势,对人民群众人身、财产造成极大损害。在这方面,近几年"癌症村""集体铅中毒"等事件频频爆发,引人关注。数据显示,自2005年至2011年,中国发生的集体铅中毒事件有27起,

---

① 如印度博帕尔事件1984年发生,但直到25年后,12名法官才开始审理这一案件,法官听取了178名目击者证词,审查超过3000份文件后做出判决,8名涉案人员因"玩忽职守"获罪。但这起事件仅截至1984年底,就造成2万多人死亡,20万人受到波及,附近的3000头牲畜也未能幸免于难。在侥幸逃生的受害者中,孕妇大多流产或产下死婴,有5万人可能永久失明或终生残疾,余生将苦日无尽。再如西淀川公害诉讼从1978年提起,直到1998年最终解决,双方角力20年之久,众多受害者早已离世。迟到的正义是否还是正义呢?

② 武卫政:《环境事件为何频仍发生》,载《人民日报》2010年9月2日。

造成损害极大,社会影响恶劣。① 这些事件不仅对环境破坏巨大,对人身、财产造成巨大损害,也造成极为恶劣的社会影响。事件发生之后经媒体传播,在国内外舆论上对我国都形成极为负面的影响。

第三,这些环境事故发生之后,往往政府出面,通过行政手段进行解决。对受害者往往通过行政补偿措施予以安抚。但往往因为地方政府在协调解决纠纷过程中的不当或不公平行为,常常招致环境群体性事件的爆发。根据环保部官方公布数据,"自 1996 年以来,环境群体性事件一直保持年均 29% 的增速。重特大环境事件高发频发,2005 年以来,环保部直接接报处置的事件共 927 起,重特大事件 72 起,其中 2011 年重大事件比上年同期增长 120%,特别是重金属和危险化学品突发环境事件呈高发态势"。② 基于这种现状,十八大报告提出要加强生态文明建设,这是对我国进入环境保护敏感期的社会现实的回应。在当前背景下,将环境事故造成的人身、财产损害纳入法制轨道,通过环境侵权责任法提供的私法救济手段解决相应问题,不但是实践法治的需求,还有重要的社会意义、政治意义。但要看到,由于目前我国环境侵权立法不完善、社会环境法治不昌、综合性的环境损害救济机制不健全,很多污染受害者并不能得到有效的救济。因此,如何完善环境侵权立法、加强环境侵权司法,是目前亟待研究的一大课题。

第四,在我国目前的环境损害填补立法现状下,现行法主要是对环境事故中的人身、财产损害提供救济渠道,对于纯粹的环境损害,法律救济不足。虽然这个问题理论界一直在讨论,不过"2011 年渤海湾油田溢油事故"③却将这个法律上迟迟未能有效解决的问题推至公众面前。如何救济环境损害问题,这是我国环境立法目前亟待解决的紧迫问题。对于环境侵权责任法而言,其对环境损害救济具有何种价值,值得研究。

第五,对于环境侵权纠纷的处理,多依赖行政手段。环境执法环境恶劣。

---

① 参见美国职业知识国际、北京地球村环境教育中心、公众环境研究中心编写的《中国铅电池制造和回收行业对健康和环境的影响》。
② 自 1996 年以来,环境群体性事件一直保持年均 29% 的增速。杨朝飞介绍,重特大环境事件高发频发,2005 年以来,环保部直接接报处置的事件共 927 起,重特大事件 72 起,其中 2011 年重大事件比上年同期增长 120%,特别是重金属和危险化学品突发环境事件呈高发态势。参见《近年来中国环境群体性事件高发年均递增 29%》,载《新京报》2012 年 10 月 27 日。
③ 蓬莱 19—3 油田溢油事故(或"2011 年渤海湾油田溢油事故")是指中海油与美国康菲合作开发的渤海蓬莱 19—3 油田自 2011 年 6 月中上旬以来发生油田溢油事件,这也是近年来中国内地第一起大规模海底油井溢油事件。据康菲石油中国有限公司(简称"康菲")统计,共有约 700 桶原油渗漏至渤海海面,另有约 2,500 桶矿物油油基泥浆渗漏并沉积到海床。国家海洋局表示,这次事故已造成 5,500 平方公里海水受污染,大致相当于渤海面积的 7%。参见《渤海无人负责》,http://cover.caing.com/bohai/,2011 年 9 月 6 日访问。

环境执法难是我国推进生态文明建设过程中的重大障碍。环境执法难不单纯是一个法律问题,在我国当前的社会背景下,其形成具有复杂的政治、经济、文化、社会和制度根源。为改善环境执法难的现状,需对症下药,弘扬法治精神和加强环境教育、加快立法步伐、深化环境执法体制改革、增强环境执法队伍能力建设并改良地方政府政绩考核标准。①

## 第三节　环境侵权责任法的目的、作用和功能

### 一、概述

环境侵权责任法的目的是指立法者在制定或认可环境侵权责任法时所希望达到的目的或实现的结果②,其内容包括对环境侵权责任法的"功能"和"作用"两个层面③,或者说,是对环境侵权责任法的"规范作用"和"社会作用"的概括④,或者说,是对环境侵权责任法的"显性功能(manifest function)"和"隐性功能(latent function)"的定位。⑤ 环境侵权责任法的立法目的对环境侵权责任法的"作用"和"功能"作出定位,环境侵权责任法的作用和功能又进一步支配和影响环境侵权责任法的基本内容,如归责原则、责任构成要件、免责条件、责任承担方式、举证责任等。

对环境侵权责任法的立法目的、功能和作用的研究,主要内容是对环境

---

① 侯佳儒:《论我国环境行政管理体制存在的问题及其完善》,载《行政法学研究》2013年第2期。

② 关于法的"目的""功能""作用""价值"这四个术语,在法理学和侵权责任法研究中的运用都较为混乱,对于相同的内容往往在不同作者的著作中,冠以或为"目的"、或为"功能"、或为"作用"、或为"价值"的不同名字。法理学方面可比较沈宗灵主编:《法理学》,高等教育出版社1995年版,第64—70页;卓泽渊主编:《法理学》,法律出版社1998年版,第56—57页;张文显主编:《法理学》,法律出版社1997年版,第256页。民法学方面可比较王利明、周友军、高圣平:《侵权责任法疑难问题研究》,中国法制出版社2012年版,第6—17页;朱岩:《侵权责任法通论·总论·责任成立法》,法律出版社2011年版,第85—89页;周友军:《侵权责任认定》,法律出版社2010年版,第5—16页。本书将"功能"和"作用"都视为法的目的进一步拓展而成的内容,依据是:"法律功能,是指法律作为体系或部分,在一定的立法目的指引下,基于其内在结构属性而与社会单位所发生的,能够通过自己的活动(运行)造成一定客观后果,并有利于实现法律价值,从而体现自身价在社会中的实际特殊地位的关系。"赵震江主编:《法律社会学》,北京大学出版社1998年版,第214—215页。

③ 卓泽渊主编:《法理学》,法律出版社1998年版,第56—57页。

④ 刘金国主编:《法理学》,中国政法大学出版社1996年版,第76—86页;黎国智主编:《法学通论》,法律出版社1998年版,第65—67页;张文显主编:《法理学》,法律出版社1997年版,第256页。

⑤ 侵权法具有所谓"显性功能(manifest function)"和所谓"隐性功能(latent function)"。前者是指侵权法通过赔偿等手段,将受害人恢复至受害前的状态;而后者是"隐藏的功能",是指侵权法通过制裁过错行为从而实现矫正正义,促进社会公正的实现。参见王利明、周友军、高圣平:《侵权责任法疑难问题研究》,中国法制出版社2012年版,第6页。

侵权责任法"功能"和"作用"的界分与认定。由于环境侵权责任法是侵权责任法的特殊形态、侵权责任法是民法的内容之一,民法又是法律体系的构成之一,因此,对环境侵权责任法的研究,只需关注其相对于一般侵权责任法所具有的特殊性问题上面。凡民法、侵权责任法与环境侵权责任法所共有之内容,如环境侵权责任法须具有行为调整功能、指引功能、预测功能、强制功能等等,乃法律之共同功能属性,因此本章不再赘述。

## 二、环境侵权责任法的作用

### (一) 界定群己界限

侵权责任法是民法体系的重要组成。传统民法系采取个人主义范式,崇尚个人自由,将意思自治作为民法学基本原理。以个体主义方式审视世界,在个人与整体的关系中,个人是本位,或者说个人是始点、核心和目的,国家和社会的使命就是要保护个人的权利。植根于这种个体主义的文化观念,近代民法充分肯定社会中每个个体有决定自己生活和前途的自由和权利,个人的一切由个人自己负责;在个体的所有权利中,自由、平等是最基本的权利,因而国家和社会的最高使命就是要保护个人自由、平等的权利。作为近代民法这种理想和追求的集中体现,近代民法在方法论维度确立了以个人为本位、以权利为本位的民法思维方式:所谓以个人为本位,是指"个人是主体,一切从个人意思为出发点";所谓以权利为本位,是指"一切以权利为出发点"。① 根据这种个人为本位、权利为本位的民法思维方式,产生出私权神圣原则和意思自治原则。私权神圣原则,肯定个人权利神圣不可侵犯。与意思自治原则类同,其在民法中也以两种方式表现出来:其一,以自明性的语言,宣示个人权利神圣,不可侵犯②;其二,通过否定侵犯权利的行为,为私权保护树立屏障。"私权神圣原则"可以定义为:"民事权利受到法律充分保障,任何人或任何威权均不得侵犯,并且非依公正的司法程序,不得限制或褫夺。"③

私权神圣之"私权"即"权利"。尽管"权利"概念的界定众说纷纭④,但"权利"内容即为法律所允许之个人行为空间,这一点却有共识。因此,弘扬"私权神圣",即弘扬个人行为自由之空间神圣不可侵犯;民法崇尚个人自由

---

① 侯佳儒:《意思自治之为民法学基本原理》,载《江海学刊》2009 年第 5 期。
② 一般认为,私权神圣原则在各国立法上的体现主要包括:《法国民法典》第 545 条;《日本宪法》第 29 条;《美国宪法》第 5 条修正案;《意大利民法典》第 834、835 条等。
③ 张俊浩主编:《民法基本原理》(上),中国政法大学出版社 2000 年版,第 28 页。
④ 梁慧星:《民法总论》,法律出版社 2001 年版,第 76 页。

至上,其实就是崇尚个人权利至上;而民法主张以权利为本位、以个体为本位①,其实就是个人行为自由为本位。可见,私权神圣原则与意思自治原则诉求一致。在私法中,意思自治原则与私权神圣原则具有同等地位,二者一体两面,正是借助"权利"概念这一法律技术手段,二者目的、功能达到高度一致,实为民法两大"帝王条款":二者都以捍卫人的自由与尊严为宗旨,而"人及人之尊严是整个法律秩序的最高原则"②。但民法保障的自由,是"人人的自由,可以与他人的自由相调和(不是最大幸福的,因为这个是必然的与前者相随)"的自由,是人人均享的"个人自由"。"人人均享自由"蕴含了"人格平等"的理念,构成每个人得享自由的条件。基于传统民法的个人主义立场,民法的核心任务在于界定群己界限,即个人的自由、人人得享的自由之共存。③

环境侵权责任法是侵权责任法的特别法。受到民法思维范式影响,保障个人权益与行为自由、界定群己权界也是环境侵权责任法的核心任务。"侵权制度的基本问题就在于法益保护与行为自由之间的紧张关系。"④与民法私权神圣与意思自治二原则系一体两面的状况一致,欧洲侵权法小组在《欧洲侵权法原则:文本与评注》中特别指出:"侵权法必须在象征自由两面的、冲突的个人利益之间寻求平衡:一方面是'活动利益',它对应于我们所享有的发展个性,开展经济、体育、娱乐活动等的自由;另一方面是'固有利益',它对应于我们不受干扰地享有自己生理、心理能力和财产的自由。"⑤这里所说的"活动利益"其实就是意思自治原则所保护的行为自由,而所谓"固有利益"即私权神圣原则所保护的私人权利,二者结合其他民法基本原则,其核心内容不过是为维护个人自由来界定群己权界,"在'自由的合法行为'与'应负责任的不法行为'之间划定一个界限,以维护广大行为人的行为自由"。⑥

环境侵权责任法首要的作用也是基本的作用,就是界定群己权界。也可以换句话详细解释,"由于对一个人施加侵权责任将明显限制一个人的行为自由而降低了其财产,作为公平的法律,必须在受害人与加害人利益之间寻

---

① 谢怀栻:《外国民商法精要》,法律出版社2006年版,第9页。
② 王泽鉴:《民法总则》,中国政法大学出版社2001年版,第35—36页。
③ 关于民法基本原则体系的详细阐释,参见侯佳儒:《民法基本原则解释:意思自治原理及其展开》,载《环球法律评论》2013年第4期。
④ K. Larenz/C. W. Canaris, Lehrbuch des Schuldrechts, Bd. Ⅱ, Teil2, 13 Aufl. 1994, s. 350.
⑤ 〔欧〕欧洲侵权法小组:《欧洲侵权法原则:文本与评注》,于敏、谢鸿飞译,法律出版社2009年版,第118页。
⑥ 王利明、周友军、高圣平:《侵权责任法疑难问题研究》,中国法制出版社2012年版,第8页。

求平衡。之于此,需要从消极角度限定有关'保护的法益'的定义与'被惩罚的行为',并且只能从特定不法行为所产生的侵害或者损害的角度保护特定的利益。……法律责任限制了行为自由……侵权责任法在责任与自由之间寻求平衡。"①

(二) 增进社会福祉

传统侵权法一直将维护个人行为自由作为唯一要旨。但随着风险社会的来临,侵权责任法制度设计的指导理念,日益关注如何满足"人们对社会生产、生活基本安全的需求"②。尤其是法经济学思想的渗入,侵权责任法开始关注如何通过分配社会资源来提高整个社会的福祉,"行为自由与法益保护之间的协调涉及具体主体:从单个的自然人或者企业来看,如何保障自己的生命、身体和财产不受侵害,是每个个体关心的首要问题;而且从宏观角度来看,如何从成本和收益的角度来分散风险和各种损害,也是各国立法普遍关注的重点"。③ 在这方面,环境侵权责任法是较能体现侵权责任法追求增进社会福祉、效益目标的领域。

增进社会福祉是侵权责任法的重要目标或者社会作用,这是目前绝大多数学者的共识。多数学者认为,增进社会效益只是侵权责任法弥补损害这一目标的副产品。④ 但也有学者认为,侵权责任法首要功能在于减少事故发生的数量和减少事故成本,而不是为受害者提供损害赔偿机制,其代表性学者如卡拉布雷西,在《事故的成本》一书中明确提出:事故法的首要目标是公平,其次是降低事故成本,而如何降低事故成本又和公平问题息息相关。⑤ 日本民法学者我妻荣也持有此种观点:"法律的指导原理不是以保障个体的自由为最高理想,而应该以提高社会共同生活水平为其理想,侵权行为法应该建立一个对社会生活中产生的损害的公平妥当的负担分配机制。……然而要使侵权行为制度作为一个社会生活中的损失公平妥当地分配的制度,就要探讨侵权行为制度的新指导原理。"⑥

笔者认为,尽管侵权责任法在增进社会福祉层面作用日增,但维护个人行为自由仍然是其主导性作用。其理由,诚如王泽鉴先生所言:"侵权行为

---

① 转引自朱岩:《侵权责任法通论·总论·责任成立法》,法律出版社2011年版,第86页。
② 王利明、周友军、高圣平:《侵权责任法疑难问题研究》,中国法制出版社2012年版,第8页。
③ 朱岩:《侵权责任法通论·总论·责任成立法》,法律出版社2011年版,第92页。
④ 如王利明、周友军、高圣平:《侵权责任法疑难问题研究》,中国法制出版社2012年版,第10页;朱岩:《侵权责任法通论·总论·责任成立法》,法律出版社2011年版,第93页。
⑤ 〔美〕卡拉布雷西:《事故的成本》,毕竞悦等译,北京大学出版社2008年版。
⑥ 〔日〕圆谷峻:《判例形成的日本侵权行为法》,赵莉译,法律出版社2008年版,第30页。

法提供了个人权益受不法侵害时的保护机制,使被害人得依私法规定寻求救济,令加害人就其侵权行为负责,其所维护者,系个人的自主、个人的尊严,其重要性不低于冷酷的效率,实为人类社会存在的基本价值。"①

### 三、环境侵权责任法的功能

权益保障是环境侵权责任法——其实是整个侵权责任法功能的重要内容。但除此之外,"现代侵权责任法面临比传统侵权责任法更为艰巨的任务,它必须给一个高度分工、充斥各种危险活动的社会提供一个高效可行并且令人信服的赔偿机制"。② 在环境侵权责任法领域,这一点更为明显。现代社会危害事故剧增,损失重大,由此当代侵权责任法还须面对两大重要课题:"其一,如何防止和减少危害事故? 其二,如何合理填补所生的损害?"③这两大课题,同样是环境侵权责任法所亟待面对和解决的任务,亦是现代环境侵权责任法所须具备的重要功能。

要特别指出,这里所谓的"损害",首先是、并且主要是受害人因环境污染事件所遭受的人身、财产和精神损害。环境侵权责任法不对环境系统自身的损害进行填补,但在客观上对环境系统自身损害的预防能起到间接的影响和作用。

（一）填补损害

填补损害是侵权责任法包括环境侵权责任法的主要功能。在近代社会,侵权责任法坚持过错责任原则,强调对于行为人过错的追究和道德谴责。随着工业社会的发展,无过错责任兴起,过错责任和无过错责任并存的二元制归责原则体系,为绝大多数国家立法所采纳。过错责任是对不法行为承担的责任,而危险责任是对不幸损害的适当分配。尤其是受到风险社会理论启发,西方一些侵权法学者提出了损失分担理论,认为现代社会充满不确定性,在生态的破坏、工业危险等领域,要通过侵权责任制度来实现损失的分担,由最能够承受损失、分散损失或投保的人来承受损失。"意外的损失都要通过损失分担制度得以弥补,借此实现社会的公平正义。"④

如何填补损害,在环境侵权责任法领域尤其重要。现代社会环境事故频发,很难证明环境肇事事实自身是否具有过错或者是否具有违法性,因果关

---

① 转引自王泽鉴:《侵权行为法》(第一册),中国政法大学出版社 2001 年版,第 36 页。
② 朱岩:《侵权责任法通论·总论·责任成立法》,法律出版社 2011 年版,第 97 页。
③ 王泽鉴:《侵权行为法》,中国政法大学出版社 2001 年版,第 4 页。
④ 转引自王利明、周友军、高圣平:《侵权责任法疑难问题研究》,中国法制出版社 2012 年版,第 17 页。

系认定与举证尤其困难。如何弥补无辜受害者所蒙受的损害,是环境侵权责任法一大课题,如果无辜者得不到法律补救,则有违法律的基本价值和侵权责任法的立法目的。正因如此,通过严格责任的规定,以及借助于过错推定、客观过失、因果关系推定、违法推定过失、违法性要件的取消等法律技术,都使得责任认定变得更为容易,同时也在一定程度上也强化了对受害人的保护。①

(二) 预防损害

预防损害的发生,是环境侵权责任法的第二大功能。"侵权法经常被一致认为是补偿已经发生的损害;但是,这一观念的确是太狭隘了……在损害没有实际发生的时候,法律都可能采取行动。"②这里的预防损害,首先是指环境侵权责任法直接预防对人身、财产造成的损害;同时,环境侵权责任法也间接地对环境损害发生起到预防作用。

突出预防功能,其实也正是现代侵权法与传统侵权法的重要区别之一。有学者提出,以预防为中心来重构现代侵权法,将会对侵权法的传统范式带来深远的影响,甚至可以说是侵权法的一场"范式革命";该学者还提出,有必要在环境侵权责任法领域确定"预防原则"。根据这一原则,企业在从事一切有可能造成环境污染的活动时,必须事先采取充分(adequate)的(从当时的科研水平来看)预防措施,将其活动对环境可能产生的负面影响限制到最低程度,如未能采取足够的预防措施而导致损害最终发生,行为人应承担责任。③

但笔者认为,对环境侵权责任法的预防功能不能有过高期待。环境侵权责任法固然具有预防功能,但损害填补才是其最基本、最重要的职能,这是由环境侵权责任法作为事后救济法这一本质属性所决定的,"侵权责任法本身作为救济法不能主动介入到某种社会关系里面去","侵权责任法是权益遭受到侵害之后所形成的社会关系,它的核心是解决在权利受到侵害的情况下应该怎么救济的问题",而且,"从责任的角度来看,侵权责任以损害为前提,而违约责任中的违约金责任则没有这样的要求,这也表明侵权责任法具有更强的补偿性"④——这一观点值得赞同。

---

① 参见王泽鉴:《侵权行为法》(第一册),中国政法大学出版社2001年版,第4页。
② 转引自王利明、周友军、高圣平:《侵权责任法疑难问题研究》,中国法制出版社2012年版,第16页。
③ 石佳友:《论侵权责任法的预防功能》,载《中州学刊》2009年第4期。
④ 王利明、周友军、高圣平:《侵权责任法疑难问题研究》,中国法制出版社2012年版,第15页。

## 四、我国现行法相关规定存在的问题及完善建议

（一）现行法的相关规定

对我国环境侵权责任法立法目的的考察，需要结合我国的《环境保护法》和《侵权责任法》来考虑。这是由环境侵权责任法的地位决定的：一方面，环境侵权责任法是侵权责任法的特殊法，因此应符合侵权责任法的一般原理，包括立法目的；同时，在我国目前的环境法体系中，无论是环境保护单行法还是综合性的《环境保护法》，都包含环境侵权责任的法律规范，这些规范又体现了环境法的立法目的和价值取向。

《侵权责任法》第1条规定："为保护民事主体的合法权益，明确侵权责任，预防并制裁侵权行为，促进社会和谐稳定，制定本法。"据此，通常认为我国《侵权责任法》通过明确侵权责任，旨在实现四项立法目的：（1）保护民事主体的合法权益；（2）预防侵权行为；（3）制裁侵权行为；（4）促进社会和谐稳定。

《环境保护法》第1条规定："为保护和改善生活环境与生态环境，防止污染和其他公害，保障人体健康，促进社会主义现代化建设的发展，制定本法。"①据此，通常认为我国《环境保护法》旨在实现四项立法目的：（1）保护和改善生活环境和生态环境；（2）防治污染和其他公害；（3）保护人体健康；（4）促进社会主义现代化建设的发展。

（二）存在的问题及改善建议

总结前述两部法律关于立法目的的规定，现行法关于环境侵权责任法的立法目的可以归纳为如下六项：（1）保护民事主体的合法权益（可以吸收"保护人体健康"）；（2）预防侵权行为（可以部分吸收"防治污染和其他公害"）；（3）制裁侵权行为；（4）保护和改善生活环境和生态环境；（5）促进社会和谐稳定；（6）促进社会主义现代化建设的发展。

对这六项内容，保护民事主体的合法权益（可以吸收"保护人体健康"）和预防侵权行为应属于环境侵权责任法的功能所在，对此无须过多解释。

"制裁侵权行为"既不应属于环境侵权责任法的立法目的，亦不应属于侵权责任法的立法目的。理由有三：其一，环境侵权责任法系属私法，私法之责任形态系向来以"恢复"受侵害权利至初始状态为其主要目的，民事责任并不以"制裁"为要旨；其二，现代社会环境事故频发，环境侵权责任法系以

---

① 我国的环境保护单行法，如《水污染防治法》《大气污染防治法》等，都有类似《环境保护法》第1条的规定。

填补损害、分散损害及预防损害为重要课题,其缺乏传统侵权法对侵权行为的"道德非难"意味;其三,现代社会招致环境侵权的肇事事实自身,往往都是合法行为,而且其往往牵涉高科技背景和高度环境风险,并且这种环境风险往往为社会所认知、为社会发展所必须、亦为环境政策所许可,这种肇事事实自身缺乏"社会非难性"①,因此对其予以制裁,缺乏合法性根基。

对于"促进社会和谐稳定"和"促进社会主义现代化建设的发展"两项,应属于我国环境侵权责任法的"作用"(区别于"功能")、"社会作用"(区别于"规范作用")、"隐性功能(latent function)"的立法规定。这两项术语政策性味道浓厚,言其为环境侵权责任法的作用或立法目标,绝非错误,但因此所获取的有价值的法律信息却不多。在立法目的条款中表述,有之不伤大雅,无之似更简明利落。

这里非常值得关注的是:"保护和改善生活环境和生态环境"是否应该认定为环境侵权责任法的重要功能之一? 如果将环境侵权责任法保护的权益对象限定为"人身、财产权益",则环境侵权责任法的"保护和改善生活环境和生态环境"功能并不强;但如果将有关环境权益纳入环境侵权责任法保护范围,则"保护和改善生活环境和生态环境"就应该是环境侵权责任法的重要功能之一。从《侵权责任法》的立法取向来看,"保护和改善生活环境和生态环境"仍然只是环境侵权责任法保护公民个人"人身、财产权益"的伴生品。② 因此,即使说"保护和改善生活环境和生态环境"是环境侵权责任法的功能或立法目标之一,其地位要远远逊于损害填补和预防损害二者。"保护和改善生活环境和生态环境"应该是以环境损害救济为核心的环境法体系的重要功能和目标指向。③

## 第四节　环境侵权责任法的概念表述和特征

### 一、环境侵权责任法的用语

环境侵权责任法,即规定环境侵权事实及其民事责任的法律规范总称。环境侵权责任法通常可以作狭义和广义区分,狭义的环境侵权责任法系指直

---

① 叶俊荣:《环境政策与法律》,中国政法大学出版社2003年版,第133—139页。
② 详细内容参考本书第二章,关于环境侵权责任概念界定部分的内容。
③ 关于"环境侵权"与"环境损害"二概念区分,以及以"环境损害"概念为核心建立环境法体系的必要性及其意义,参考吕忠梅、张宝:《环境问题的侵权法应对及其限度——以〈侵权责任法〉第65条为视角》,载《中南民族大学学报》2011年第2期。

接以环境侵权责任法命名的法律,而广义的环境侵权责任法还包括其他法律中有关环境侵权责任的法律规范。在我国,没有直接以"环境侵权责任法"命名的法律,但广义的环境侵权责任法在现行法中大量存在。本书所探讨的环境侵权责任法系指广义的环境侵权责任法。

在称呼上,"侵权责任法"一般被称之为"侵权法",但也有"侵权行为法""损害赔偿法"等多种称谓。在《侵权责任法》制定过程中,究竟如何命名该法,一直有"侵权行为法""损害赔偿法"和"侵权责任法"三种观点,最终立法采取"侵权责任法"提法。① 与之对应,作为特殊的侵权责任法形态,本书采取了"环境侵权责任法"的称呼②,这不仅仅是与我国《侵权责任法》在用语上保持一致,也的确因为"环境侵权责任法"的提法更为科学。具体原因,可以概括为如下四点:

第一,"环境侵权责任法"用语更能"名"副其"实"。我国台湾地区和大陆也有学者称侵权责任法为"损害赔偿法",日本、我国台湾地区也有学者称环境侵权责任法为"公害赔偿法""环境损害赔偿法""公害排除法"。③ 但在我国现行立法中,采用了多种责任方式对受害人进行救济,除了"损害赔偿",还包括"恢复原状""消除危害""排除危害"等。因此,"损害赔偿法""公害赔偿法"等提法不足以涵盖全部环境侵权责任方式。尤其要看到,传统上损害赔偿主要是指财产上的损害赔偿,而在我国司法理论和实践中,还存在着精神损害赔偿,所以采用"损害赔偿法"的概念过于狭隘。

第二,"环境侵权责任法"用语更能准确反映现代环境侵权救济的立法政策导向。

传统侵权法的逻辑起点是"侵权事实"、并且其重点是"侵权行为"。"侵权"(tort)一词最初与"错误"(wrong)和"不法侵入"(trespass)系同义词。④ "侵权行为"(delict)源于拉丁文 delictum,本意即"不法行为",侵权行为法因此也称为"不法行为法"。在传统侵权法、尤其是过错责任承担法上,突出强调对侵权行为在道德上的非难,强调行为的"不法性",侵权行为即"不法行

---

① 对此,一些学者认为意义重大,是"一个重大创新",但也有学者对此颇有异议,认为"侵权责任法"的名称可能会影响民法体系的构建,因为侵权行为和合同行为才是债的发生原因,责任并不是构成债的发生原因,如果名称为"侵权责任法"则表明其为债的内容之一,体系上为债的组成部分。参见王利明、周友军、高圣平:《侵权责任法疑难问题研究》,中国法制出版社 2012 年版,第 3—6 页。

② "环境侵权责任法"的用语更为复杂,各国立法、学理上有"公害救济法""环境侵权法""公害赔偿法""公害排除法""环境侵权行为法""环境责任法"等。参见王明远:《环境侵权救济法律制度》,中国法制出版社 2011 年版,第 2—3 页。

③ 同上。

④ See John C. P. Goldberg, Anthony J. Sebok & Benjamin C. Zipursky, *Tort Law Responsibilities and Redress*, 2nd edition, Wohers Kluwer Press 2008, p3.

为",侵权行为人因实施了"不法行为""过错行为"因而应承担相应责任。①

但在现代社会,尤其是环境侵权领域,环境侵权立法的核心概念是"损害",环境侵权法的核心任务是"损害(风险)负担"和"损害(风险)分散"。现代社会是一个"风险社会",风险无处不在,且难以预测,所产生的损害也往往非常巨大。弗莱明指出:"今天工业的种种经营、交通方式及其他美其名曰现代生活方式的活动,逼人付出生命、肉体及资产的代价,已经达到骇人的程度。意外引起的经济损失不断消耗社会的人力和物资,而且有增无减。民事侵权法在规范这些损失的调节及其费用的最终分配的工作上占重要的地位。"②这种立法政策转向,导致"过错""违法"在环境侵权责任法里失去其传统地位。③ 对此,日本民法学者平井宜雄总结:"自罗马法以来,历史上这种概念构成不法行为(侵权行为)原型 delictum 的核心,但是,现代侵权行为的大部分,已不是这种意义上的'不法'行为,而是从那些由于其有用性、便携性,社会不得不允许存在的行为(例如医疗行为,交通工具的运营)中统计出来的不可避免地要发生的权利侵害行为,这种社会上的有用性或者便携性与由此发生的损害的填补或受害人的救济之间如何进行调整,是现代侵权行为法的重要课题。"④

事实上,环境侵权人的侵权行为往往具有"正当性"⑤;在适用无过错责任的场合,环境侵权责任承担亦不以"违法性"为要件。因此,"环境侵权""环境侵权行为"的提法不仅不能概括全部环境侵权责任形态,也不能全面反映环境侵权人之所以承担责任的全部"可归责事由"。从"环境侵权法"演变为"环境侵权责任法",似乎仅仅是措辞的变化,但其实却能凸显出现代环境侵权责任法有别于传统侵权法的内在体系变化,即从关注不法行为及加害人对受害人的损害赔偿转向对各种风险事故的公平分配及其损害后果的各

---

① 朱岩教授对此做出解释:"侵权行为法具有三大基本特征:第一,侵权责任法始终围绕着何为'违法'或者'不法'展开,即侵害他人缺乏正当性,如果在具有正当性的前提下侵权他人(如正当防卫、紧急避险等),则无损害赔偿等责任后果。因此,探求此种违法性的法律属性,成为缱绻责任法发展的一根主线。第二,加害来源集中于自然人的不法行为。第三,更为重要的是,'不法行为法'之所以被称为'侵权行为法',是因为侵权责任法的保护对象在历史中始终以绝对权为中心,所以,'侵权行为法'也可称为'侵害绝对权法律'。而从罗马法以降,绝对权主要被限定在人身(生命、身体、健康)和所有权。"朱岩:《侵权责任法通论·总论·责任成立法》,法律出版社 2011 年版,第 5 页。
② 〔英〕John G. Fleming:《民事侵权法概论》,何美欢译,香港中文大学出版社 1992 年版,第 1 页。
③ 当然这是在无过错责任原则适用的场合。环境侵权责任法系采取过错责任和无过错责任二元归责体系,这是本书在后文将进一步阐释的核心观点之一。
④ 〔日〕平井宜雄:《债权各论Ⅱ——侵权行为》,日本弘文堂 1993 年版,第 2 页注 1。转引自于敏:《日本侵权行为法》,法律出版社 1998 年版,第 3 页。
⑤ 叶俊荣:《环境政策与法律》,中国政法大学出版社 2003 年版,第 135 页。

种转移。

第三,"环境侵权责任法"用语更能准确地反映出现代环境侵权救济立法的技术特征。

传统侵权法之核心仍在"责任自负"的传统民法观念,强调每个人仅对自己行为的后果负责,其意在实现和保障个人意思自治,因此传统侵权法系以"人",并且是意思自治的"个人"、个人意思自治的"法律行为"为规制中心,所以"过错""违法性""不法行为"是传统侵权法的核心概念。在学理上,侵权责任要件构成详细说来,就包括"行为""责任能力""过失(过错)""违法""侵害权利或法益"与"损害"六项。① 但在现代侵权法中,责任主体和行为实施主体分离的情况较为普遍,许多新型侵权的责任负担主体不一定是实际的行为人,从而扩大了责任主体的范围。因而在各国立法体例上,侵权人的行为不再是侵权责任法的规制重点,尤其在适用无过错责任、危险责任的场合,更突出强调了"替代责任""组织责任"等观念。②

在环境侵权肇事场合,这种立法模式更为明显。现代社会环境事故频发,这些环境事故用"环境侵权""环境侵权行为"也不能得到准确表述。我国台湾地区学者有用"肇事事实"称侵权加害行为的提法,值得赞同。③ 对于环境侵权损害的起因,用"环境侵权事实"似更妥当,因为在法学概念体系下,"法律行为"概念内涵较"法律事实"要窄,多数环境侵权并非侵权人的"表意行为"。《德国环境责任法》对相应侵权责任的规定,系将"设施""设备"为规制对象进而引出"设施、设备持有人"的责任,即是突出例证。④ 对此,笔者认为用"环境侵权事实"来替代"环境侵权行为"似乎更为科学。

第四,"环境侵权责任法"更能准确反映现代环境侵权法学的体系特征。从内容上看,侵权责任法规定的内容包括侵权事实和法律责任两项。对其考察,如果从侵权事实出发,侵权责任法就是有关侵权行为的定义、种类以及对

---

① 侵权责任要件之学理归纳,有三要件、四要件、五要件、六要件、七要件种种学说,而各家观点又可能因概念界定差异,虽要件数量相同,但是其内容不同。这种现象在世界各国学界皆然,在传统侵权法研究中如此,在环境法学界也是如此。但要件数目之多少无关紧要,不过是学理阐释而已。曾世雄:《损害赔偿法原理》,中国政法大学出版社 2001 年版,第 57 页。

② 参见朱岩:《侵权责任法通论·总论·责任成立法》,法律出版社 2011 年版,第 50 页。

③ 曾世雄:《损害赔偿法原理》,中国政法大学出版社 2001 年版,第 57 页。

④ 《德国环境责任法》第 1 条规定了"设备持有人的责任":"由于附录一列举之设备对环境造成影响而导致任何人身伤亡、健康受损或财产损失,设备所有人应对受害人因之而生的损害负赔偿责任。"第 2 条规定了"未完工设备的责任":"(1)如果环境影响是由尚未完工设备所引发,且该影响是以设备完工后存在之危险性为基础,该未完工设备之所有人应负本法第一条之责任;(2)如果环境影响是由停建之设备所引发,且该影响是以设备关闭前存在之危险性为基础,此前设备之所有人应负本法第一条之责任……"第 3 条对"设备"的具体内容做出定义。参见《德国环境责任法》,杜景林译,载王军主编:《侵权行为法比较研究》,法律出版社 2006 年版,第 543—562 页。

侵权行为如何制裁、对侵权损害后果如何补救的民事法律规范的总称;如果从法律责任考察,侵权责任法就是有关侵权责任的归责原则、构成要件、免责事由、责任形式、赔偿范围等的规定。由于"替代责任""组织责任""物件持有人责任"等概念的兴起,从侵权事实出发来阐释侵权法体系日渐局促,而从侵权责任视角来阐释侵权法,越来越具有优越性。

在德国,侵权责任法理论体系正是借助侵权责任成立法和侵权责任承担法二分得以建构,"前者首先应包括责任成立的共同要件——保护范围与因果联系,之后再详细规定三种核心规则事由;后者包括损害赔偿法以及预防性救济方式的内容"。① 德国法学上的这一学说,在日本得到很好的继承;在我国的侵权责任法研究中,也日益获得越来越多学者的青睐。

在环境侵权责任法领域,从法律责任视角阐释侵权责任法,还有其他特殊价值:一方面,如果将侵权法称为侵权行为法,就会将侵权行为以外的其他内容排除在侵权法之外;另一方面,环境侵权责任法旨在实现环境事故所致损害之"风险负担"和"风险分散",从侵权责任视角出发,更容易审视和解决环境侵权责任法与其他环境损害救济法②的关系。因此,环境侵权责任法的表述更具合理性。

### 二、环境侵权责任法的特征

环境侵权责任法的特征可以从不同角度进行归纳。问题的关键不在于环境侵权责任法具有哪些特征,而在于环境侵权责任法的这些特征何以被视为"特征"。基于这种认识,下述环境侵权责任法的特征值得关注:

第一,环境侵权责任法的条文主要规定在民事法律、法规和有关环境保护的法律、法规当中,但其性质属于民事法内容,是侵权责任法的特别法。《民法通则》第2条规定:"中华人民共和国民法调整平等主体的公民之间、法人之间、公民和法人之间的财产关系和人身关系。"该条明确了民法是平等主体之间的法律,环境侵权责任法也是平等主体之间的法律,受害人和责任人都是平等主体,构成环境侵权责任法核心范畴的,仍然是民法之基本概念。

强调环境侵权责任法系属侵权责任法,就是要强调在环境侵权责任法的

---

① 朱岩:《侵权责任法通论·总论·责任成立法》,法律出版社2011年版,第47页。
② 环境侵权责任法不同于环境损害救济法,后者是更为宽广的范畴。二者是否区分以及如何区分,是研究环境法学许多基本理论问题的一个困扰。笔者认为,环境损害救济不仅包括环境侵权责任法,还包括其它旨在恢复、填补、分散环境损害及环境损害风险的法律制度,如环境保险、环境基金、社会保险等内容。

研究方法和思路上，要注意运用民法的概念和原理阐释问题，要注意进入民法语境，注重与民法学理论范畴的衔接。但环境侵权责任法又是环境法学研究的重要领域，在内容上，它是现代民法为解决环境事故致害问题而形成的法律规范体系。因此，环境侵权责任法研究还要树立环境法学特有的问题意识。在环境法学和民法学之间，环境法学界主要是问题的提出者，而民法学界应是解决问题的工具、方法和范畴的提供者。环境侵权责任法的理论问题突破，离不开二者的对话与沟通，两个学科的通融，才能打开环境侵权责任法学未来发展的广阔前景。但目前的研究现状表明，缺乏沟通和对话仍然是主要问题。环境法学脱离民法语境——如环境权理论及其建构、环境侵权概念及其构造——去研究"环境**侵权责任法**"，民法学缺乏对环境保护问题的关注来研究"**环境**侵权责任法"，结果都在各自领域内闭门造车。此种现状，有待改变。

第二，强调环境侵权责任法的性质属于民事法的第二层含义是，环境侵权是债的发生原因之一，强调环境侵权责任法也归属于债法。这表明，环境侵权责任法固然关注环境事故所生损害之预防、分配，但其关注焦点，仍然在因环境侵权而产生债之关系的双方当事人。债法系以债权债务为调整对象，债权即是一方可以向另一方请求为特定行为的权利。环境侵权损害赔偿之债是债的一种类型，赔偿权利人有权请求赔偿义务人给予损害赔偿，两者形成债的关系。由此才进而决定，环境侵权责任法核心目的仍然是保障个体之民事权益。《侵权责任法》第1条规定，该法的立法目的之一是"为保护民事主体的合法权益"，这表明侵权法以保障民事权益为目的，自然也是环境侵权责任法的基本目的。

与保障"民事主体的合法权益"相比，"保护和改善生活环境和生态环境"等目标地位要居于后。这样说，不是表示环境侵权责任法不关注环境保护、生态保护，只是强调这样一个事实：对于环境保护、生态保护，环境侵权责任法固有其用，但功能有限；过高预期和拔高环境侵权责任法的价值、作用，不但于事无补，反而有伤环境侵权责任法自身的属性、品性。而对于"保护和改善生活环境和生态环境"，需要通过补充、建构新的法律制度或法理来解决。目前看来，以"环境损害之填补与预防"作为核心范畴，建立环境法律体系，是较为可行的办法。

第三，环境侵权责任法是侵权责任法的重要组成部分，其具有传统侵权责任法的特征，但作为一个新兴法律领域，环境侵权是现代社会新型侵权的典型形态、样板、范例，环境侵权责任法也体现了现代侵权法的典型特征。从这个角度来看，环境侵权责任法对传统侵权责任法带来的挑战，其实是现代社会新型侵权责任形态普遍提出的挑战,不过环境侵权更为典型。比如,因果关系问题、大规模侵权诉讼、专家证人问题等,是消费者权益保护、产品责任、食品安全、环境侵权诸多领域普遍面临的问题,但以环境侵权责任法领域最为引人关注。日本学者也注意到这个共性问题,有学者提出,一些新的法律领域,"比如,医事法领域,已经无法作为侵权行为法来把握而形成了独自的领域;环境法领域也正在成为独自的领域。这些领域虽然和侵权行为法有着密切的联系,但是可以说,是需凭这些领域独自的观点和专业知识来探讨的学科了"①。基于这个理由,环境侵权责任法研究,不仅仅需要关注传统侵权责任法关注的问题,有关科学与法律、专家证人、社会保险等问题,都成为深入研究环境侵权责任法不可回避的问题。

第四,环境侵权责任法具有预防功能,但主要还是事后救济法,损害填补是环境侵权责任法的重要功能。换句话说,"侵权责任法本身作为救济法不能主动介入到某种社会关系里面去","侵权责任法是权益遭受到侵害之后所形成的社会关系,它的核心是解决在权利受到侵害的情况下应该怎么救济的问题",而且,"从责任的角度来看,侵权责任以损害为前提,而违约责任中的违约金责任则没有这样的要求,这也表明侵权责任法具有更强的补偿性"。②

在环境侵权责任法领域,损害填补功能尤其重要。从侵权责任法的发展趋势来看,补偿功能日益突出并成为侵权责任法的主要功能。从环境侵权责任法与债法的关系来看,环境侵权责任法也是以环境侵权损害赔偿为其内容,当事人之间产生环境侵权损害赔偿之债,环境侵权责任法的所有内容都可以看成是围绕环境侵权损害赔偿如何产生、承担、减轻、免除、抵消、时效等内容而展开。可以认为,环境侵权责任法的基本制度和规则都是适应"以保护受害人为中心"建立起来的。

## 第五节 我国环境侵权责任法的渊源和体系

### 一、环境侵权责任法的渊源

法的渊源通常可在多层面来应用,如有学者所指出的,"法律渊源,也称为法的渊源,或法源。其第一层含义是指法律的终极来源,即法律所依赖的社会物质生活条件,包括生产力、生产关系(经济基础)以及由其构成的生产

---

① 〔日〕圆谷峻:《判例形成的日本侵权行为法》,赵莉译,法律出版社2008年版,第6页。
② 王利明、周友军、高圣平:《侵权责任法疑难问题研究》,中国法制出版社2012年版,第15页。

方式等；第二层含义是指法律的效力来源，包括立法、习惯、法理、学说等；第三层含义是指法的形式来源，即法律的各种表现形式"①。在这里，我们讲环境侵权责任法的渊源，主要是在第二层含义上来把握，按照张文显教授的说法，"指那些具有法的效力作用和意义的法的外在表现形式，因此，法的渊源也叫法的形式，它侧重于从法的外在的形式意义上来把握法的各种表现形式"。② 由于环境侵权责任法属于侵权责任法的内容，所以它的渊源与我国侵权责任法的渊源是一致的，只是在具体法律表现形式上(即前文所谓"法的渊源"的第三层含义)具有一定的特殊性。具体来说，包括三个部分：制定法、习惯法和法理。

（一）制定法

制定法是环境侵权责任法最重要的渊源，其范围涵盖全国人民代表大会及其常务委员会制定的法律(狭义的法律)、行政法规、部门规章、条例、办法、地方性法规等。构成环境侵权责任法主体的是狭义的法律和行政法规。对环境侵权责任，我国民事法律、《环境保护法》和环境保护单行法中都有许多规定。

《民法通则》第106条规定："公民、法人由于过错侵害国家的、集体的财产，侵害他人财产、人身的，应当承担民事责任。没有过错，但法律规定应当承担民事责任的，应当承担民事责任。"《民法通则》第124条规定："违反国家保护环境防止污染的规定，污染环境造成他人损害的，应当依法承担民事责任。"同时，被认为具有环境基本法性质的《环境保护法》第41条规定："造成环境污染危害的，有责任排除妨害，并对直接受到损害的单位或者个人赔偿损失。赔偿责任和赔偿金额的纠纷，可以根据当事人的请求，由环境保护行政主管部门或者其他依照法律规定行使环境监督管理权的部门处理；当事人对处理决定不服的，可以向人民法院起诉。当事人也可以直接向人民法院起诉。"《环境保护法》第6条规定："一切单位和个人都有保护环境的义务，并有权对污染和破坏环境的单位和个人进行检举和控告。"另外，针对污染环境之外的破坏自然资源的环境侵权行为现象，《环境保护法》第44条规定："违反本法规定，造成土地、森林、草原、水、矿产、渔业、野生动植物等资源的破坏的，依照有关法律规定承担法律责任。"除此之外，其他环境保护法规如《水污染防治法》第55条、《大气污染防治法》第62条、《固体废物污染环境防治法》第71条、《海洋环境保护法》第90条等也作了类似规定。

---

① 卓泽渊主编：《法学导论》，法律出版社1998年版，第45页。
② 张文显主编：《法理学》，法律出版社1997年版，第77页。

司法解释在我国司法实践当中,其实具有准立法的作用。① 尽管从理论上来说,最高人民法院作为司法机关不应享有制定法律的权力,但从司法解释实际具有的效果来看,它不仅具有法律的普遍适用性特点,而且在我国发挥了制定法的作用,因此也是我国环境侵权责任法的重要制定法渊源。

宪法不是环境侵权责任法的直接效力渊源。② 我国《宪法》第 52 条规定,"中华人民共和国公民在行使自由和权利的时候,不得损害国家的、社会的、集体的利益和其他公民的合法的自由和权利";第 9 条规定,"国家保障自然资源的合理利用,保护珍贵的动物和植物。禁止任何组织或者个人利用任何手段侵占或者破坏自然资源";第 10 条规定,"一切使用土地的组织和个人必须合理利用土地"。这些条文通过具体的民事立法、环境保护立法来保护民事主体的利益,间接地对民事案件发挥效力。

（二）习惯法

习惯法,是指基于国民的直接的法认识,以继续不息、反复奉行的习惯,确信为法律,而援用的法。③ 习惯法不同于习惯,习惯是一个社会中不同阶级、群体所共同遵守的习惯或者行为模式,但习惯法是已经具有法律性质的习惯,尽管其尚未得到立法机关或者司法机关的正式颁布。④

根据自由主义理论的观点,一个习惯得为习惯,须为社会所公知——或者,至少这一社会之成员可以善意推知——因此,习惯系共同体内部成员之间的"非正式的无言的契约"。善良风俗须得到弘扬,它是社会的黏合剂,它的存在有助于增进个人对自身事务安排的理性预期。⑤ 对于习惯,"明白事理的人在大多数情况下执行其主要规定,偶尔也有违反的行为。只有不明事理的人才在大多数情况下违反规定"。⑥

个人生活自治理想的实现,正是依赖这些风俗、习惯、契约、国家制定法,个人才形成理性决策,个人进而妥当心安地安排个人未来生活。如果没有这些制度保障,个人理性会蒙受困惑,对未来无法形成稳定预期,对未来生活安

---

① 梁慧星:《民法总论》,法律出版社 2001 年版,第 314 页。
② 关于宪法基本权利对第三人效力问题,理论上有争议,存在"无效力说""直接效力说""间接效力说"之争,笔者认同"间接效力说",宪法不能作为环境侵权责任法的渊源。详细参见陈新民:《德国公法学基础理论》(上册),山东人民出版社 2001 年版,第 292 页。
③ 梅仲协:《民法要义》,中国政法大学出版社 1998 年版,第 9 页。
④ 〔美〕博登海默:《法理学:法律哲学与法律方法》,邓正来译,中国政法大学出版社 1999 年版,第 379—380 页。
⑤ 侯佳儒:《民法基本原则解释:意思自治原理及其展开》,载《环球法律评论》2013 年第 4 期。
⑥ 〔英〕安东尼·德·雅赛:《重申自由主义》,陈茅等译,中国社会科学出版社 1997 年版,第 100、105 页。

排最终将失去依托。这种处境下,人是不自由的,人的理性时刻遭受异己力量的强制。因此,自由人共同生活的私域,需要风俗和习惯的支撑;风俗和习惯,是私域内自治个人缔结的"无言契约"。①

但习惯法与习惯之间的界限较难区分,因此,如何确定一个习惯得以具有法律性质,就是一个重要的问题。对于如何识别习惯法,有多种观点。意大利学者彼得罗·彭梵认为,一个习惯只有具备两个条件才属于不成文的习惯法:(1)法的信念,或者认为应当把规范当作法来遵守;(2)对规范的自觉遵守。② 英美法系国家,习惯向习惯法转变通常须具备三个条件:(1)习惯法的确定不得用来对抗制定法规则,不得违反普通法的基本原则;(2)习惯必须已经存在了很长时间,并且得到公众持续不断的实施,而且公众也必须视这种习惯为强制性的;(3)习惯必须合理,不得违反有关是非的基本原则,也不得侵犯不具有此项习惯的人。③

在现代社会,制定法日益普遍,习惯法作为法律渊源的地位已经削弱。但考虑到我国民族众多、习惯众多,尤其是在环境保护领域涉及环境资源保护方面,诸多少数民族习惯富含积极、有价值的因素。因此,应该承认习惯法作为环境侵权责任法的法律渊源。但考虑到我国的特殊国情,习惯得为习惯法,须满足一定条件,而下述观点殊值赞同:(1)待决定事项无制定法规范;(2)要确认的习惯确实存在;(3)该习惯长期以来被当作有约束力的规则予以遵守;(4)当事人均属于习惯的约束范围内;(5)习惯须不与法律基本原则冲突。④

(三) 法理

法理,是指法律的原理。⑤ 从比较法上考察,不少国家的民法典甚至直接规定,法理可以作为法的渊源,如《奥地利民法典》第7条、《意大利民法典》第3条第2款、《瑞士民法典》第1条第2款。在我国,民法并没有规定法理是民法的基本渊源,但作为法律的原理,法理应是我国民法、环境侵权责任法的渊源。与习惯法一样,只有在制定法存在法律漏洞时,法理才作为法的渊源发生效力。⑥

---

① 侯佳儒:《民法基本原则解释:意思自治原理及其展开》,载《环球法律评论》2013年第4期。
② 〔意大利〕彼得罗·彭梵:《罗马法教科书》,黄风译,中国政法大学出版社1992年版,第16页。
③ 〔美〕博登海默:《法理学:法律哲学与法律方法》,邓正来译,中国政法大学出版社1999年版,第472页。
④ 李永军:《民法总论》,中国政法大学出版社2008年版,第15页。
⑤ 杨与龄:《民法概要》,中国政法大学出版社2002年版,第6页。
⑥ 〔德〕拉伦茨:《法学方法论》,陈爱娥译,商务印书馆2003年版,第251页。

法理如何适用于具体案例,通常有类推适用、目的性扩张、目的性限缩、创造性补充等方法:

(1)类推适用就是指就法律没有规定的事项,比附援引与其性质相类似的规定来适用。"相类似之案件,应为相同之处理"的法理,是类推适用的基本原理。① 卡尔·拉伦茨指出,"填补开放的漏洞,通常是以类推适用,或回归法律所包含的原则之方式行之。取向于'事物本质'也是一种可能的方法"。② 而类推适用即指"将法律针对某构成要件(A)或多数彼此相类的构成要件而赋予之规则,转用于法律所未规定而与前述构成要件相类的构成要件(B)"。③ 就性质而论,类推适用本质上是一种评价性的思考过程,而非仅形式逻辑的思考操作。

(2)目的性扩张和目的性限缩,二者都是依据法律的规范目的而进行的法律解释,其中前者是将既有的法律规定,扩张适用到待决案件的漏洞填补方法,而后者是将法律条文核心含义所包含的案型,排除于该法律条文的适用范围的漏洞填补方法,前者适用于明显的法律漏洞,而后者适用于隐藏的法律漏洞。

(3)创造性补充是指法官依据法理的创造性运用而填补法律漏洞的方法。法官进行创造性补充的基本依据,主要包括法律、法律原则、比较法、判决和学说。

## 二、环境侵权责任法的体系

### (一)环境侵权责任法体系的复杂性

一般来说,侵权责任法的体系是指"将侵权责任法中的各项规则、制度加以有机结合时所依据的科学、合理的逻辑结构。简言之,即诸多侵权法律规则是按照何种体例和结构来排列布局的"。④ 依照这个标准,所谓环境侵权责任法的体系,就是指规制环境侵权责任的各项规则、制度内在的逻辑结构。

环境侵权责任法的体系较为复杂。究其原因,主要有两个:

一个原因是,我国环境侵权责任法法律渊源体系的确过于复杂。(1)在我国现行法上,事关环境侵权责任的法律规范不仅规定在民事法律中,也规定在环境与资源法当中。(2)在民事法律中,除了《民法通则》《侵

---

① 杨仁寿:《法学方法论》,中国政法大学出版社1999年版,第146页。
② 〔德〕拉伦茨:《法学方法论》,陈爱娥译,商务印书馆2003年版,第258页。
③ 同上。
④ 王利明、周友军、高圣平:《侵权责任法疑难问题研究》,中国法制出版社2012年版,第67页。

权责任法》,其他民事法律如《物权法》当中,也有关于环境侵权责任的法律规定。而且,在《侵权责任法》当中,既有对一般侵权责任的规定,也有对特殊侵权责任形态的规定;既有对过错责任的规定,也有对无过错责任的规定;在无过错责任当中,既有一般性的无过错责任,也有适用"高度危险责任"的无过错责任。(3)在环境与资源法当中,除了在环境保护基本法《环境保护法》当中作了规定,在环境保护单行法当中,也有大量关于环境侵权责任的法律规则,如《水污染防治法》《大气污染防治法》《森林法》《矿产资源法》《土地管理法》《海洋环境保护法》等环境保护法当中也有大量规定。①

我国《侵权责任法》第 5 条规定:"其他法律对侵权责任另有特别规定的,依照其规定。"对于我国环境侵权责任法的适用而言,大多数的情况都要适用"特别规定",即所谓环境侵权责任特别法的规定。对环境侵权责任法体系而言,除了考虑到我国《侵权责任法》在体系构建上的特点,还要兼顾我国目前散见于其他民事法律、《环境保护法》《水污染防治法》《大气污染防治法》等法律当中关于环境侵权责任的规定。通过上述第 5 条的规定,将其与侵权责任法的规定有效衔接起来,这才是我国实质意义上的环境侵权责任法的全部内容。

另一个原因是,对于环境侵权责任问题,我国目前理论上争议仍然很多。通常一个法律规范体系的形成,表现为该法制定时立法机关所欲先设定的体例和结构。但对于我国目前的环境侵权责任法,其内容、体系尚有争议,因此我国环境侵权责任法并无明确的立法体系。尤其是"环境侵权""环境侵权责任"这些概念本身就充满争议,因此对何为环境侵权、哪些法律规范属于环境侵权责任法的范畴,尚待研究;对于涉及环境侵权责任的法律规范之内在逻辑结构如何研究,自然更是众说纷纭。至少目前为止,我国现行法并未形成完善的"环境侵权责任法体系"。

环境侵权责任法体系作为一个理论问题,根据不同的立场、视角、意图、标准,可能呈现出不同的样态和格局,因此对环境侵权责任法体系的多元解释就具有可能性。同时,基于环境侵权责任自身事实样态、法律类型、责任成立要件、责任承担方式、归责事由等方面都具有极大差异性,因此对环境侵权责任法体系进行多元解释又是十分必要的。

---

① 事实上,由于环境保护综合性基本法《环境保护法》自 1989 修订至今未再做修改,大部分内容已经不合时宜,并且日渐被其后颁布的环境保护单行法所取代。北京大学汪劲教授认为:"《环境保护法》现在基本已经被架空了!"此一观点殊值赞同。参见王红茹:《环保法 20 年未修改被单行法架空 去留存争论》,载《中国经济周刊》2010 年 6 月 15 日。

(二) 从侵权责任法体系看环境侵权责任法体系

环境侵权责任法体系与侵权责任法体系密切相关。环境侵权责任系侵权责任的特殊形态,环境侵权责任法是侵权责任法的特别法,环境侵权责任法体系系侵权责任法体系的重要内容,因此,侵权责任法体系的形式、结构、特点对环境侵权责任法体系的形式、结构和特点构成制约。环境侵权责任法体系具有侵权责任法体系的一般特征,又具有自身的特殊性。因此,对我国环境侵权责任法体系的研究,须结合我国侵权责任法体系的研究。

从目前的《侵权责任法》形式结构来看,我国侵权责任法是按照总分结构构建的体系,所谓总分结构,就是指按照提取公因式的方法,区分共通性规则与特殊规则,将共通性规则集中起来作为总则或一般规定,将特殊规则集中起来编为分则或作为特别规则加以规定。

但对于侵权责任法的内在体系,由于研究者自身的学术立场、观点、知识体系、研究方法等因素对其如何划分都有重要影响,因此理论上一直有争议,在《侵权责任法》制定过程中也有多种意见。① 但从《侵权责任法》来看,分为十二章共三个部分:第一部分即第一章,是关于《侵权责任法》的一般规定;第二部分包括第二、三章,是关于一般侵权责任的规定,涉及侵权责任的一般规则,具体来说是关于归责原则、构成要件、责任形式、不承担责任和减轻责任的情形的规定;第三部分是关于特殊侵权责任的规定,包括《侵权责任法》第四至十一章。

从内在体系考察,我国侵权责任法体系——包括环境侵权责任法体系——有如下特点:

第一,从归责原则角度看,我国侵权责任法系按照过错责任和无过错责任构建体系。我国《侵权责任法》第6条第1款规定:"行为人因过错侵害他人民事权益,应当承担侵权责任",创设了过错责任的一般条款;同时,第7条

---

① 在《侵权责任法》制定过程中,关于侵权责任法的体系存在三种不同观点:一是三分法说。此种观点认为应将侵权责任法体系分为一般规定、特殊侵权行为责任和替代责任。2002年12月全国人大法工委提交全国人大常委会审议的民法典草案(第一稿)中的"侵权责任法"编采纳这一观点。二是四分法说。此种观点将侵权责任法分为四部分即一般规则、一般侵权行为、特殊侵权行为、损害赔偿。国内教科书大都采用这种模式。中国人民大学民商事法律科学研究中心提交的侵权责任法草案建议稿分为四部分:总则,侵权行为的种类及责任,侵权的类型,损害赔偿。实际上该建议稿也采纳了这一体系。三是五分法说。此种观点认为应将侵权责任法体系分为一般规定、自己责任、对他人责任、无过错责任、侵权的民事责任。其中,自己责任包括对人身权的侵害,对财产权和财产利益、精神利益的侵害,专家责任;对他人侵权之责任包括监护人责任、法人及其他社会组织的责任、替代责任、国家赔偿责任;无过错责任包括物造成的损害、污染环境与危险作业等致人损害、机动车和高速交通工具致人损害等;侵权的民事责任包括损害赔偿等民事责任方式的适用。中国社会科学院法学研究所提交给全国人大的专家建议稿实际上采纳这一观点。参见王利明、周友军、高圣平:《侵权责任法疑难问题研究》,中国法制出版社2012年版,第67—68页。

规定:"行为人损害他人民事权益,不论行为人有无过错,法律规定应当承担侵权责任的,依照其规定",创设了无过错责任的一般条款。根据《侵权责任法》第6条第1款和第7条,我国《侵权责任法》总体上按照过错责任和无过错责任确立了整体框架。

《侵权责任法》第6条第2款规定:"根据法律规定推定行为人有过错,行为人不能证明自己没有过错的,应当承担侵权责任。"这是关于过错推定责任的规定,有学者认为该款已经明确"过错推定"是与"过错责任""无过错责任"并列的归责原则。① 但应认为,过错推定责任系过错责任的特殊形态,过错推定仅仅是以推定这种法律技术将过错的举证责任倒置给侵权人,仍属于过错责任原则之范畴,不是独立的归责事由。

对于我国《侵权责任法》的归责原则体系,一直有争议。② 但按照目前通说,《侵权责任法》最终采纳了二元论说,全国人大法律委员会在第十一届全国人大常委会第六次会议上所作的说明中也明确指出"我国侵权责任制度实行过错责任和无过错责任相结合的原则"。③

第二,从立法技术角度看,侵权责任法采用了一般条款与类型化相结合的方式,通过一般条款和具体列举的结合,使得侵权责任法构成了一个完整的、有逻辑的体系。对此有如下要点:

(1)《侵权责任法》第6条第1款规定:"行为人因过错侵害他人民事权益,应当承担侵权责任",创设了过错责任的一般条款,它普遍适用于各类一般侵权形态。

(2)《侵权责任法》第6条第2款规定了推定过错责任形式,系过错责任的特殊类型。比照第6条第1款和第2款,第1款没有"法律规定"四个字,表明过错责任是普遍适用于法律规定和没有规定的各种情形的一般条款。第2款规定中出现了"法律规定"四字,表明过错推定责任的适用须以"法律规定"为前提,表明过错推定责任仅适用于法律有特别规定的情形,具体适

---

① "我国《侵权责任法》主要采纳了三元的归责原则体系,即过错责任、过错推定责任和严格责任。正是根据这样一种归责原则体系的设计,构建了我国《侵权责任法》的体系。"参见王利明、周友军、高圣平:《侵权责任法疑难问题研究》,中国法制出版社2012年版,第68页。

② 但笔者认为,过错推定责任系过错责任的特殊形态,过错推定仅仅是以推定这种法律技术将过错的举证责任倒置给侵权人,仍属于过错责任原则之范畴,不是独立的归责事由。此外,关于侵权责任归责原则,还有过错责任原则、无过错责任原则和公平责任原则"三原则说",过错责任原则、过错推定责任原则、无过错责任原则和公平责任原则之"四原则说"等观点。对于公平责任原则,笔者认为,其本质系衡平原则,并非侵权责任归责原则。对于这个问题,笔者将结合民法基本原则问题有专文论证,此处不再赘述。

③ 全国人大法律委员会在第十一届全国人大常委会第六次会议上所做的说明中指出,"我国侵权责任制度实行过错责任和无过错责任相结合的原则"。

用过错推定责任的情形,须由法律予以类型化列举。

(3)《侵权责任法》第7条规定了无过错责任形式,系特殊侵权类型。与第6条第2款类似,该条规定同样出现了"法律规定"四字,表明无过错责任的适用也须以"法律规定"为前提,表明无过错责任仅适用于法律有特别规定的情形,须由法律予以类型化列举。

(4)从整部《侵权责任法》来看,前三章规定了一般侵权责任,而第四章至十一章对特殊侵权类型作出列举规定。

(5)对无过错责任而言,仍应有一般条款和特殊类型的区分。以环境污染责任为例,《侵权责任法》第八章第65条规定,"因污染环境造成损害的,污染者应当承担侵权责任",该款系对环境污染责任适用无过错原则的一般性规定,但第九章"高度危险责任"中,若干条文应视为第65条规定的"环境污染责任"特殊形态,如第69条规定的"从事高度危险作业造成他人损害的,应当承担侵权责任",第70条规定的"民用核设施发生核事故造成他人损害的,民用核设施的经营者应当承担侵权责任,但能够证明损害是因战争等情形或者受害人故意造成的,不承担责任"等条文。

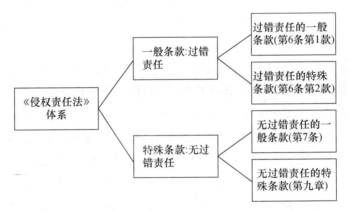

**图1-1 《侵权责任法》体系:一般条款和特殊条款**

第三,《侵权责任法》第二章规定了"责任构成和责任方式",表明我国《侵权责任法》系按照"责任构成/责任成立"和"责任方式/责任承担"二分模式,建立《侵权责任法》体系。

《侵权责任法》按照责任成立进而责任承担的逻辑展开,系现代侵权责任法立法模式的共识和发展趋势,有学者甚至认为"此种二重划分应当是侵权责任法的'公理'"。区分责任成立与责任承担,对于侵权责任法意义重大。在布吕格迈耶尔和朱岩教授合著的《中国侵权责任法:学者建议稿及其理由》一书中,作者认为,"区分责任基础或者责任条件与责任填补或者责任后果是

19世纪后半叶民法学中一个具有开创性的进步。在今天,此种区分也是侵权责任法体系中的一个不可舍弃的基本要素,无论采取侵害事实构成还是损害事实构成,或者英美普通法中的鸽笼体系,都不能舍弃此种基本区分"。①

对于责任成立法与责任承担法的具体内容,朱岩教授提出:"在以一般条款确立整个侵权责任法外在体系的框架下,一般条款应当明确列举归责事由、责任成立的共同要件(损害与因果关系等责任成立要件)以及以损害赔偿为中心的法律后果(责任承担),后者属于损害赔偿法的调整范围。在确立了上述基本结构之后,侵权责任法就是围绕着归责事由、保护对象(作为损害的前提)、因果联系以及损害类型和损害赔偿而展开的,纵观最新的世界各国以及各地区的侵权责任法立法模式,概莫能外。"②

上述观点殊值赞同,本书结构亦按照此一逻辑展开。③

本书首先将环境侵权责任法体系作环境侵权责任成立法与环境侵权责任承担法二分,在环境侵权成立法当中,包括环境责任成立要件——权益侵害、因果关系和环境侵权事实(依照归责事由区分)、抗辩事由四个问题;环境侵权责任承担法包括损害赔偿法和预防性救济法两部分内容。然后,在环境侵权责任成立法中,"权益侵害"是所有责任形态的第一个必要要件,因果关系是环境侵权责任成立法的第二个必要要件,环境侵权事实是第三个必要要件。但基于环境侵权事实自身的复杂性,因此对之予以类型化区分,进而确定其"归责事由",归责事由决定了环境侵权责任的最终形态。

第四,侵权责任法在表现形式上,包括侵权一般法和侵权特别法。侵权一般法对侵权责任作出一般性规定,内容涉及侵权责任的一般问题,包括归责原则、构成要件、免责事由等。侵权特别法对特殊侵权责任进行规定,包括特殊侵权责任的构成要件、免责事由等。侵权一般法和侵权特别法的关系,就是一般与特殊、抽象与具体的关系。《侵权责任法》第5条规定,"其他法律对侵权责任另有特别规定的,依照其规定",该条将《侵权责任法》与其他关于侵权责任的法律条文衔接起来④,形成我国实质意义上的侵权责任法。

---

① 〔德〕布吕格迈耶尔、朱岩:《中国侵权责任法:学者建议稿及其理由》,北京大学出版社2009年版,第49页。
② 朱岩:《侵权责任法通论·总论·责任成立法》,法律出版社2011年版,第47页。
③ 本书结构亦依循朱岩教授关于《侵权责任法通论》一书的体系和逻辑展开。关于该书体系结构的论证,详阅朱岩:《侵权责任法通论·总论·责任成立法》,法律出版社2011年版,第47—51页,第63—65页。
④ 据统计,目前我国现行法当中,有40多部法律当中包含关于侵权责任的法律规定。《侵权责任法》第5条明确了在法律适用上,这些特别法优先于侵权责任法(即特别法优先于一般法)的规则。

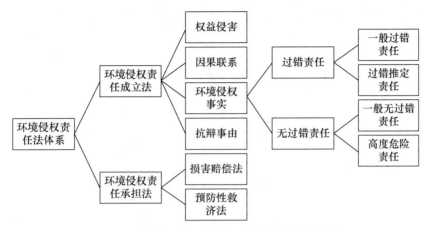

图 1-2　环境侵权责任法体系：责任成立和责任承担

结合《侵权责任法》第 2 条规定,侵害民事权益,应当依照本法承担侵权责任",则此处所说的"依照本法"不仅包括侵权责任法本身,还当然包括《侵权责任法》第 5 条所引致的侵权特别法。侵权一般法和侵权特别法所形成的完整体系,它们共同构成了我国侵权责任法的内容。

对于环境侵权责任法而言,《侵权责任法》还有特殊规定。如第九章第 77 条规定,"承担高度危险责任,法律规定赔偿限额的,依照其规定",表明《侵权责任法》第九章系关于高度危险责任的一般法,进一步详细规定还需参照有关特别法。就环境污染责任而言,主要规定应在环境保护单行法当中,如《中华人民共和国放射性污染防治法》,等等。

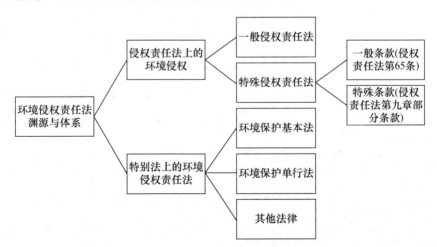

图 1-3　环境侵权责任法体系：一般法和特别法

# 第二章 环境侵权的界定

## 第一节 概 述

### 一、重新研究环境侵权概念的必要性

我国立法上并无"环境侵权"这一表述,与之相关的用语一般为"环境污染损害""环境污染和其他公害"或"环境污染危害"。

在现行《环境保护法》条文中,也没有出现"环境侵权责任"字样,对相应的违法民事法律后果有两种表述方式:(1)称之为"依法承担民事责任"[①];(2)——列举相应民事责任的承担方式。[②] 根据这两种条文表述方式,违反环境保护法要承担"民事责任",一些环境法学者便直接将这种"环境民事责任"等同为"环境侵权责任","环境侵权责任"因此成为环境问题之民事救济手段的统称。又因为环境问题有环境污染和生态破坏之分,环境法学因此有污染防治法和自然资源法的划分。相应地,作为环境民事责任统称的"环境

---

① 如《中华人民共和国放射性污染防治法》第59条:"因放射性污染造成他人损害的,应当依法承担民事责任。"
《环境保护法》第44条:"违反本法规定,造成土地、森林、草原、水、矿产、渔业、野生动植物等资源的破坏的,依照有关法律规定承担民事责任。"
另外,《民法通则》第124条也是按照这种表述做出规定,即违反国家保护环境防止污染的规定,污染环境造成他人损害的,应当依法承担民事责任。
② 如《环境保护法》第41条第1款:"造成环境污染危害的,有责任排除妨害,并对直接受到损害的单位或者个人赔偿损失。"
《中华人民共和国海洋环境保护法》第90条第1款:"造成海洋环境污染损害的责任者,应当排除危害,并赔偿损失;完全由于第三者的故意或者过失,造成海洋环境污染损害的,由第三者排除危害,并承担赔偿责任。"
《中华人民共和国水污染防治法》第85条第1款:"因水污染受到损害的当事人,有权要求排污方排除危害和赔偿损失。"
《中华人民共和国大气污染防治法》第62条第1款:"造成大气污染危害的单位,有责任排除危害,并对直接遭受损失的单位或者个人赔偿损失。"
《中华人民共和国固体废物污染防治法》第85条:"造成固体废物污染环境的,应当排除危害,依法赔偿损失,并采取措施恢复环境原状。"
《中华人民共和国噪声污染防治法》第61条:"受到环境噪声污染危害的单位和个人,有权要求加害人排除危害;造成损失的,依法赔偿损失。"

侵权责任"也有狭义和广义之分,狭义的"环境侵权责任"单单针对环境污染,广义的"环境侵权责任"对环境破坏问题也予民事救济。①

2009年12月26日《侵权责任法》颁布,通篇仍然没有出现"环境侵权""环境侵权责任"这样的表述字样,该法第八章通过4个法律条文规定了"环境污染责任",绝大多数学者将之视为有关"环境侵权""环境侵权责任"的法律规定。但《侵权责任法》第八章规定的"环境污染责任",是否就是学界一直争议的"环境侵权责任"?"环境侵权责任"在《侵权责任法》中,是否仅仅体现为第八章规定的4条法律条款?什么是"环境侵权""环境侵权责任"?什么是"环境污染""环境污染责任"?对这些问题,学界其实仍有争议。②

可见,对于"环境侵权""环境侵权责任"的定义还有探讨的必要。

**二、本章问题清单**

作为学理概念,"环境侵权""环境侵权责任"两个概念被不同学者、在不同语境下运用。概念使用者对"环境侵权""环境侵权责任"的定义、内涵、外延等问题的解读和阐释,都负载着相应论者对与"环境侵权"有关的一系列环境法学基本问题的学理性思考。这些基本问题包括但不限于如下议题:

(1)有学者将"环境侵权责任"看成是对环境污染问题和环境破坏问题的私法救济方式,有学者则仅将其救济对象限于环境污染,那么,"环境侵权责任"是否有必要做"广义"和"狭义"的界分?③

(2)"环境侵权"侵犯的客体包括人身权、财产权,这一点没有异议,但是否包括"环境权"或者"环境权益"?

(3)如果前一问题作肯定答复,那么,"环境权"和"环境权益"哪一措辞更为妥当?又何谓"环境权""环境权益",其法律属性、具体内容又如何?如何看待目前的"环境权"理论?

(4)如何认识"环境侵权"的特征?损害环境介质,进而间接侵犯他人

---

① 《环境保护法》第41条和第42条分别规定了因为人为原因所导致的环境污染、环境破坏所应承担的民事救济责任具体形式,由此,环境侵权责任又产生狭义和广义之分,狭义概念仅针对环境污染,而广义的概念救济对象还包括环境破坏。

② 如吕忠梅、张宝:《环境问题的侵权法应对及其限度——以〈侵权责任法〉第65条为视角》,载《中南民族大学学报》(人文社会科学版)2011年第2期;张宝:《环境侵权归责原则之反思与重构》,载《现代法学》2011年第4期;高圣平、罗蕾:《达标排污侵权责任成立之辨》,载《广东社会科学》2011年第1期;高圣平、杨旋:《环境污染责任构成要件研究——基于〈侵权责任法〉第八章的分析》,载《创新》2011年第6期;高飞:《论环境污染责任的适用范围》,载《法商研究》2010年第6期;朱鹤群:《"解释论"语境下的环境侵权私法救济——以〈侵权责任法〉第65、66条为中心》,载《重庆工商大学学报(社会科学版)》2011年第1期;刘璐、缪宇:《环境污染责任的构成与举证责任的分配》,载《政治与法律》2010年第5期;黄萍:《环境污染责任构成要件再探讨》,载《行政与法》2011年第3期。

③ 邹雄:《环境侵权法疑难问题》,厦门大学出版社2010版,第20页。

人身、财产等权益是否是环境侵权的核心特征?

(5) 如何界定"环境"概念?从《环境保护法》第2条的概念出发界定"环境侵权"和"环境侵权责任",是否具有合理性?

(6) 如何界定"污染"概念?

(7) 汽车装修污染、室内污染,这些日益高发的"第三类型污染"案件,是否是环境侵权责任法的救济对象?目前司法实践中的做法千差万别。

(8) 生态破坏问题是否应当是环境侵权责任法的救济对象?

问题的清单还可以继续列下去。这些问题的关键,可以凝练为三点,即如何界定"环境"概念、如何界定"污染"概念和如何界定"环境侵权"侵害的权益范围。

可以看出,不同的学者在这些环境法学的基本问题上存在着立场、视角、观点、研究方法和路径的差异,因此对"环境侵权"概念的解读,注定会众说纷纭,莫衷一是。因此,要对"环境侵权"概念获得一致的定义,首先应对这些争议性问题做出研讨。基于这种考虑,本章将从这三个问题出发,围绕我国现行法的条文规定,同时结合目前司法实践中的代表性案例,探讨"环境侵权责任"的应有内涵和外延。

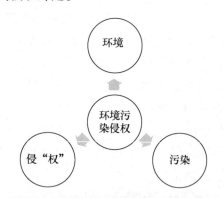

图 2-1　环境侵权事实界定的三个关键词

## 第二节 "环境侵权"的表述方式

### 一、环境侵权的用语

一般而言,所谓的"环境侵权"即是现代社会中,因为环境污染或生态破坏而侵害他人权益的法律现象,"环境侵权责任"即是侵权人因其环境侵权事实所应承担的私法后果。目前我国的现行法,并没有直接出现"环境侵权"或"环境侵权责任"这样的文字表述,作为一个理论概念,我国也有学者有意无意用"环境侵害"①这一措辞替代"环境侵权",用"环境污染致人损害责任"②、"环境民事责任"③等概念替代"环境侵权责任"。由于环境破坏和环境污染的侵权责任形态有很大差别,也有学者直接将"环境侵权责任"外延界限为"环境污染侵权""污染环境致人损害""污染环境的损害事实"④。

在英美法系,与"环境侵权"直接对应的应该是"environmental tort"和"toxic tort"(也被译为"有毒有害物质侵权")两个英文术语。⑤ 英美法上的"environmental tort"和"toxic tort"内涵并无区分,只不过"toxic tort"更为常用。"environmental tort/toxic tort"都不是严格的法律概念,美国学者劳伦斯·G. 赛图罗(Lawrence G. Cetrulo)就指出,"与其说'环境侵权'的提法是个术语界定问题,不如说只是一种表述方便"⑥。基于这种认识,英美法系的研究者一般不对"environmental tort/toxic tort"直接进行定义,而是多从功用角度出发,对其特征、相应诉讼程序做出描述。如美国学者劳伦斯·G. 塞图罗认为,"对环境侵权的典型特征通过归纳总结列出清单,是一种有效的方法,因此并无迫切需要对其做出'字典式'的定义"。⑦

在大陆法系,我国学者一般认为,与"环境侵权"内涵相当的概念,在德国法上主要是"干扰侵害"(Imission),法国法上则是"近邻妨害"(troubles de voisinage)。但其实,无论是德国法上的"干扰侵害",还是法国法上的"近邻妨害",还是英美法上的"妨害",外延都要比"环境侵权"要窄。作为传统私法应对环境侵权问题的一种措施,这三个概念都只是我们通常所谓的"环境侵权"的一种具体环境侵权形态,但不能简单等同于我们所谓的"环境侵权"

---

① 明确主张用"环境侵害"替代"环境侵权"概念的,如吕忠梅:《环境法新视野》,中国政法大学出版社 2000 年版,第 151—152 页;汪劲:《环境法学》,北京大学出版社 2006 年版,第 557 页;陈泉生:《环境法基本理论》,中国环境科学出版社 2004 年版,第 274—275 页;余耀军:《环境侵害的民事救济制度》,载王利明主编《民法典·侵权责任法研究》,人民法院出版社 2003 年版,第 611—612 页。

② 如张新宝:《侵权责任法原理》,中国人民大学出版社 2005 年版,第 371 页。

③ 目前主流教材的"环境法律责任"部分,系按行政责任、民事责任和刑事责任的三分法建构体系,进而衍生出"环境法律责任"即包括环境行政责任、环境民事责任和环境刑事责任三部分内容的教材体例。但民事责任有侵权民事责任和违约民事责任二分之说,顺应这一传统民法原理,环境民事责任理应有"环境侵权民事责任"和"环境违约民事责任"之分,但目前环境法教材于"环境民事责任"项下唯有"环境侵权民事责任"一个内容是通行体例,以此观之,通行教材其实将"环境民事责任"直接等同于"环境侵权责任"。

④ 如杨立新:《侵权法论》,人民法院出版社 2004 年版,第 452 页。

⑤ 许多学者认为"环境侵权"在英美文献中与"妨害行为(nuisance)"对应,但其实"妨害行为(nuisance)"在英美法上只是"环境侵权(environmental tort/toxic tort)"的一种特殊类型,后者外延要更宽泛一些。

⑥ Lawrence G. Cetrulo, *Toxic Tort Litigation Guide*, 1—3/Chapter 1/Part 1, 40037302, Thomson West Group(2002).

⑦ 同上注。参考本书第一章第一节,"环境侵权诉讼一般特征"相关内容。

概念,后者外延更为宽泛。①

## 二、表述方式上的"名"与"实"之争

在我国,由于立法中并没有出现"环境侵权""环境侵权责任"这样的文字表述,二者其实都只是作为纯粹的学理概念,学者们是在不同场合、不同语境下对之予以使用。②

---

① 如德国法上,《德国环境责任法》上规定了"环境侵害情形的设备责任",根据《德国环境责任法》第1条,"因环境侵害而致人死亡,侵害其身体或者健康,或者使一个物发生毁损的,以此项环境侵害是由附件一所列举的设备引起的为限,对于由此发生的损害,设备的持有人负有向受害人给付赔偿的义务",这一"环境侵害情形的设备责任"原理雷同物之持有人责任,其内容与我国学界所谓的"环境侵权责任"之损害赔偿责任相同。《德国环境责任法》于1990年12月10日颁布,自1991年1月1日起生效,并于2002年7月19日修订。译文参见《德国环境责任法》,杜景林译,载王军主编:《侵权行为法比较研究》,法律出版社2006年版,第543—562页。

再如在法国法上,2005年的法国侵权责任法法案草案规定了五个重要的归责事由类型,分别是行为人自己责任、物的责任、替代责任、相邻关系侵权责任(不可量物侵害责任)以及高度危险责任。可见,相邻关系侵权责任和高度危险责任应属于我国学界所谓的"环境侵权责任"的具体内容之一。参见朱岩:《侵权责任法通论·总则》,法律出版社2011年版,第45页。

② "因侵权引起的民事责任,即因污染或破坏环境而导致公私财产及公民人身权利,包括健康权、自由权、生命权的侵害。环境侵权在侵权法里是一个新问题,它是现代社会经济与科技发展的伴随物。从性质和法理上,有人把它归属于危险活动侵权,即危险责任一类。"金瑞林主编、汪劲副主编:《环境与资源保护法学》(第二版),高等教育出版社2006年版,第292页。该书第11章"环境与资源保护法的法律责任"系金瑞林先生撰写。

"环境侵权是指污染或破坏环境,从而侵害他人的人身、财产权益和环境享受等民事权益的行为。"周珂:《环境法》(第二版),中国人民大学出版社2000年版,第92页。

"环境民事责任是一种特殊的侵权行为责任,是因环境侵权损害而承担的责任。也就是,由于行为人排放污染物或者从事其他开发利用环境的活动,造成了环境污染或破坏,导致他人财产和人身的损害,依法所应承担的责任。"王灿发:《环境法学教程》,中国政法大学出版社1997年版,第94页。

"环境侵害是指人类环境利用行为造成环境污染或自然破坏,继而导致公、私财产损失或人体健康损害以及环境质量恶化和环境功能的下降。"汪劲:《环境法学》,北京大学出版社2006年版,第557页。该书第10章冠名以"环境侵害救济法",有"环境侵害的民事责任制度原理",可见,"环境侵害"在该书中是与"环境侵权"概念大体相当。

"环境侵权是侵权行为的一种",它包括"环境污染和生态破坏"两个方面。是因为行为人污染环境造成他人财产权、人格权以及环境权受到损害,依法应承担民事责任的一种特殊侵权行为。依概念含义的广狭可以分为,"狭义的环境侵权","是法定的环境污染致害行为,即法律明文规定的环境侵权行为";"广义的环境侵权,不将环境致害限于法律规定之内,而是将所有污染、破坏环境致公众受害的现象皆纳入环境侵权的范围"。曹明德:《环境侵权法》,法律出版社2001年版,第23页。

"环境侵权是指公民、法人和其他组织因破坏环境而造成他人损害或有损害危险的法律事实。"吕忠梅:《环境法原理》,复旦大学出版社2007年版,第177页。

"因产业活动或其他人为原因,致生自然环境的污染或破坏,并因而对他人人身权、财产权、环境权益或公共财产造成损害或有造成损害之虞的事实。"王明远:《环境侵权救济法律制度》,中国法制出版社2001年版,第43页。

"环境侵权是一种特殊侵权行为。其侵犯的客体包括他人的财产权、人身权和环境权。"马镶聪:《环境保护法》,四川人民出版社1998年版,第141页。

"环境侵权是指因生产活动或其他人为原因,造成环境污染和其他公害,并给他人财产、人身等权益造成损害或危险的法律事实。"张梓太:《环境法律责任研究》,商务印书馆2004年版,第56—57页。

"环境侵权民事责任,是指因产业活动或其他人为的活动,致使污染环境和其他破坏环境的行为发生,行为人对因此而造成或可能造成他人生命、身体健康、财产乃至环境权益等损害所应当承担的民事责任。"罗丽:《环境侵权民事责任概念辨析》,载《北京理工大学学报》2008年第1期。

从表述上看,学界一直对"环境侵权"和"环境侵害"两个措辞有争议,争议在《侵权责任法》出台后并未停止。① 表面上看,这只是个称呼差异的问题,但实际上它能表明在环境侵权问题的研究上,有两种不同的研究视角和理论诉求。

第一种思路,一般以《民法通则》第 124 条的规定为法律基础,即"违反国家保护环境防止污染的规定,污染环境造成他人损害的,应当依法承担民事责任",将"环境侵权"的救济对象限于环境污染问题,将"环境侵权"视为特殊的侵权形态,将环境侵权法看成是侵权法的组成内容之一。这种思路在《侵权责任法》中得到延续,该法第 65 条规定"因污染环境造成损害的,污染者应当承担侵权责任",即将环境污染民事责任的性质明确为"侵权责任",把"环境侵权法"视为"侵权法"的特别法。

第二种更多受到环境保护相关立法的影响。由于现行环境保护法条文中,对相应违法的民事法律后果,或称之为"依法承担民事责任",或一一列举相应民事责任的承担方式,表述较为模糊,从这些条文出发,一些学者便直接将这种"环境民事责任"等同为"环境侵权责任"。

比较两种思路,两者对"环境侵权"概念的界定有很大差异:第一,第一种思路中,"环境侵权"概念主要是针对"环境污染问题"提出的,并不包括对环境破坏问题的救济;而第二种思路中的"环境侵权"概念,针对的是人为原因导致的"环境问题",其救济对象不仅包括"环境污染问题",还包括"环境破坏问题";第二,即使针对环境污染问题,第一种思路中的"环境侵权"概念也是"侵权"的下位概念,因此环境侵权责任是侵权责任的特殊形态;但在第二种思路中,"环境侵权责任"即"环境民事责任","环境侵权责任"概念是对环境损害予以私法救济、填补的责任形式的统称,其外延相当宽泛,并不限于民法学视野里的"侵权责任"问题。

2009 年 12 月 26 日颁布的《侵权责任法》第八章规定的是"环境污染责任",在后续的立法机关出版的立法资料汇编、司法机关编写的法律释义、参与立法的主要学者文章中,多数都用了"环境污染侵权""环境污染责任"这个提法。本书中,"环境侵权"与"环境污染侵权"概念系在同一内涵上把握。针对"环境侵权"概念的这种"名"与"实"之争,笔者认为:

第一,"环境侵权"的概念界定,应采第一种思路中"环境侵权"的上位概念,即是"侵权"。至于第二种思路的理论诉求,即拟将"环境侵权"概念打造

---

① 吕忠梅、张宝:《环境问题的侵权法应对及其限度——以〈侵权责任法〉第 65 条为视角》,载《中南民族大学学报》(人文社会科学版)2011 年第 2 期。

成环境法学基础概念并以之构建环境法学理论体系,如果确有必要,可以还原"环境民事责任"这个概念更为妥当。

第二,在表述上,"环境侵权"更为妥当。既然"环境侵权"是"侵权"的特殊形态,为使得"名"符其"实","环境侵权"提法更符合侵权法的概念体系,也符合我国立法、司法和学界的一贯表述。

第三,本书将"环境侵权"限定为"环境污染侵权",排除了自然资源法中,针对环境破坏问题而产生的"环境侵权"。将"环境破坏"纳入"环境侵权"概念予以救济,这是很多学者的观点,但其必要性值得研究。理由有三:

(1)"环境破坏"和"环境污染"有很大不同,其民事救济手段也有很大差异①,将两者混同处理,不如分而治之。

(2)对"环境侵权"的研究应该采取类型化的思路,其类型划分越具体越好;对"环境侵权"外延也应适度限定,那种"无所不包"的界定意图,最终将导致概念过于抽象、稀薄、空洞,因而在司法实践中无法直接适用。

(3)污染防治法与自然资源法是环境法的两个分支,二者虽然存在关联,但差异同样明显,目前学界也越来越倾向于将二者视为各自独立的体系来研究。因此,将"环境破坏"纳入"环境侵权"救济对象并无必要。②

## 第三节 环境侵权界定的关键词(一):权益侵害

### 一、权益侵害与环境侵权责任认定

《侵权责任法》第1条规定,"为保护民事主体的合法权益,明确侵权责任,预防并制裁侵权行为,促进社会和谐稳定,制定本法",开宗明义,侵权法之立法宗旨,首当其冲在于保护民事主体的"合法权益"。第2条第1款进一步明确,"侵害民事权益,应当依照本法承担侵权责任"。可见,依照《侵权责任法》,保护的对象必是"民事权益"。究竟何为"民事权益",该法第2条第2款规定:"本法所称民事权益,包括生命权、健康权、姓名权、名誉权、荣誉权、肖像权、隐私权、婚姻自主权、监护权、所有权、用益物权、担保物权、著作权、专利权、商标专用权、发现权、股权、继承权等人身、财产权益。"可见,侵权责任法保护的"民事权益",既包括民事权利,也包括法律保护的合法"人身、财

---

① 比如侵权责任归责原则、侵权责任的构成要件等,如果再考虑到具体的环境侵权形态划分,则情形更为复杂。

② 这里有一种特殊的情形,对于因环境污染而造成的环境破坏如何解决,应是环境污染侵权法研究的问题。

产利益"。

综上,侵权责任法保护的对象有如下特征:

第一,须为合法权益;

第二,根据第 2 条第 1 款,侵权法保护的利益须为民事权益;

第三,对于民事权益的内容,第 2 条第 2 款明确罗列了 18 种具体权益,此民事权益既包括民事权利,也包括合法的人身、财产利益;

第四,由于第 2 条第 2 款是采用"定义加列举"的方式,既明确了民事权益的内涵,又列举了一些具体的民事权益,"本法所称民事权益,包括……人身、财产权益"。因此,第 2 款是开放性规定,利用这种立法技术的目的,就是要表明除了具体列举的 18 种权利之外,还有其他民事权益也属于《侵权责任法》的保护对象。"考虑到民事权益多种多样,立法中难以穷尽,而且随着社会、经济的发展,还会不断地有新的民事权益纳入到侵权责任法的保护范围,因此,《侵权责任法》没有将所有的民事权益都明确列举,但不代表这些民事权益就不属于《侵权责任法》的保护对象。"①可见,第 2 条为其他权益保护留有解释余地,其重要功能之一即是"预留新型特殊侵权行为的调整空间"②,对于将来出现的、新型的特殊侵权行为如果法律没有特别规定但又需要法律予以调整,则可以第 2 条第 2 款作为法律依据,为受害人提供请求权的基础。

具体到环境侵权问题上,"环境侵权"所侵害的,究竟是什么权利?依照环境法学界的通说,共有如下观点:(1)环境侵权侵害人身权利;(2)环境侵权侵害财产权益;(3)环境侵权侵害环境权益、环境权、环境享受利益;(4)环境侵权侵害其他权利,如生活权益、自由权等。对于此四种提法,第一、二两种观点与《侵权责任法》并无矛盾,"环境侵权"侵害他人的"人身权""财产权",对此学界也没异议。第四种观点所提之各种"权益",至少目前尚非有据可寻之法定权益,此处有争议者,只有"环境权益""环境权""环境享受利益"一说。

那么,环境法学理研究中的"环境权""环境权益""环境享受利益",是否属于第 2 条第 2 款所谓的其他"人身、财产权益"呢?对此一问题,是环境侵

---

① 全国人大常委会法制工作委员会民法室编:《中华人民共和国侵权责任法释义》,法律出版社 2010 年版,第 26 页。

② 杨立新:《侵权责任法:条文背后的故事与难题》,法律出版社 2011 年版,第 29 页。

权理论研究无法回避的重要问题,有探讨的必要,学界有很大分歧。① 考虑到这一问题极为复杂,本书将在第四章予以专门研讨,在这里仅初步表明立场。

## 二、环境侵权责任的权益侵害范围

笔者认为,应将环境侵权的侵害对象限定为"他人的人身、财产权益"。这种界定包含这样几个要点:

第一,这个概念排除了"环境权"的表述。事实上,我国现行立法中并没有出现"环境权"这样的表述,"环境权"只是一个理论概念,而且是一个争议良久、争议众多、少有共识的理论概念。目前的研究状况是,"环境权"概念界定问题基本上被搁置,学者们的讨论立场多于观点、表态多于论证。因此将"环境权"引入"环境侵权"的定义,不是可取的做法,这将导致"环境侵权"概念更加理论化,对"环境侵权"的定义更加困难,由此获取的概念在司法实践中也更加缺乏可适用性。基于这种考虑,在"环境侵权"概念界定上,应将"环境权"概念剔除。

第二,应将环境侵权保护的对象限定为"人身、财产权益"。有如下理由:

(1) 环境侵权是侵权的特殊形态,环境侵权的保护对象包括人身权、财产权,而人身权、财产权系属"人身、财产权益",这一点无异议。

(2) 环境法学者提倡的"环境权"理论具有合理性,因此可以吸纳环境权理论倡导者合理的思想、主张和建议,将环境侵权保护对象涵盖"环境权益"内容,但须明确,这种"环境权益"在性质上仍然属于民事权益,即属于人身、财产权益。

(3) 这种"环境权益"保护的请求权基础,在现行法下仍有必要通过立法、司法解释等形式进一步予以明确。如果时机成熟,可以将"环境权益"明确为"环境权",但这一"环境权"须为民事权利,须属于"人身、财产权益"。那种认为"环境权"系属公法上的权利、集体性权利、后代人的权利的观点,不仅在我国现行法上找不到法律依据,而且从法理上看,也违反民法的基本原理。民法的思维范式是个人主义的,但后代人、集体性权利的概念超越了民法个人主义思维方式的视野。即便"环境权"概念得到立法确认,在民法、

---

① 参见曹明德:《环境侵权法》,法律出版社2000年版,第9—25页;王明远:《环境侵权救济制度》,中国法制出版社2001年版,第1—12页;邹雄:《环境侵权法疑难问题》,厦门大学出版社2010版,第19—29页。

侵权法的语境下,其属性必将属于"人身、财产权益",这一点确认无疑。

## 第四节 环境侵权界定的关键词(二):环境

### 一、疑难问题与学理争议

(一) 三起典型案例的学理争议

1. 中国第一起室内装修污染案

1998年8月13日,原告陈先生与被告工美天成装饰公司签订了家庭装饰工程合同。合同约定:工美天成装饰公司为陈先生的100平方米住房做室内装修,工程期限45天,工程总价款10万元。工程竣工入住后,陈先生感觉室内气味刺鼻,致人咽痛咳嗽、辣眼流泪,无法居住。对此,工美天成装饰公司强调必须经常开窗通风。"开窗通风"了几个月,气味并未减弱,于是,天成公司又告知陈先生"必须天天住人,以增加人气儿来抵消室内装修遗留的气味",陈先生便率全家住进了房子。此后,陈先生的喉疾反而加剧。陈先生最终决定向北京市建筑装饰协会投诉。经检测部门实地检测,居室内的刺鼻气味是装修材料所挥发出的游离甲醛严重超标(25倍)所致。"空气中甲醛超标对人体的危害是非常严重的,并且这种损害具有长期性、潜伏性、隐蔽性",轻则刺激人的眼睛、皮肤和呼吸系统,重则会引起鼻腔癌、咽喉癌、肺癌和消化系统癌症。此后,陈先生一家就因室内甲醛污染而有家难归,被迫租房居住,同时还要按期交纳不菲的物业管理费。在近两年的时间里,陈先生多次请求工美天成装饰公司"停止侵害、恢复原状、赔偿损失",但始终未得到答复。无奈之下,他一纸诉状将工美天成装饰公司告上了法庭,北京市昌平小汤山法院正式受理此案,并于2000年8月10日开庭。①

法院依据原、被告之间订立的《家庭装饰工程合同》和《家庭装饰工程保修协议书》,认定被告在保修期内,未根据原告的要求对装饰工程进行必要的保修或返工,属违约行为,应承担违约的民事责任。②

2. 江苏省第一起室内装修污染案

原告为栗某,被告是南京某建筑装饰工程公司(以下简称A公司)。2001年11月原告栗某为结婚需要与被告A公司达成装修协议,由A公司对

---

① "陈颖诉北京工美天成装饰公司恢复原状、赔偿损失案",(2000)年昌民初字第2133号。

② 对这起案件,法院是作为合同纠纷处理的。在对这个案件的研究和解读中,有学者从案件结果判原告胜诉因而推断,这一案件法院是作为环境侵权案件来处理的。蔡颖雯:《环境污染与高度危险》,中国法制出版社2010年版,第84页。

栗某住房进行装修,装修工程于2002年1月上旬完工。2002年1月中旬原告搬入新房居住后,于4月份原告出现头晕、全身乏力等症状,后其母也出现类似症状,经诊断为血液病。同年8月,经南京市环境监测中心站对其居室内空气质量检测,室内空气中甲醛、氨、TVOC(综合指标)含量分别超过Ⅰ类民用建筑工程室内环境污染物限量标准21倍、12.6倍、3.3倍。同时,经南京市产品质量监督检验所对用于装修的细木工板进行检测,该木板甲醛释放量为13.9个单位,超过了国家规定的标准。由此,原告认为由于被告公司在装修过程中使用劣质材料,造成有毒气体的产生,导致原告患上血液病,要求被告A公司承担环境侵权损害赔偿责任。被告除对其作为当事人、责任人的地位表示异议之外,还认为在装修过程中,仅对原告的房屋作了部分装修,原告的损害后果不仅仅是后期装修造成的。原告房屋内原有的家具、地板也含有一定量的有害物质,房屋内原有家装、原告自身体质等同样也是损害后果发生的重要诱因。因此,原告居室内的空气污染与其所患疾病之间不存在必然的因果关系。另外,被告认为,两个检验机构均是依据《民用建筑工程室内环境污染控制规范》进行检测,该规范于2002年开始实施,而装修行为发生在2001年,故该规范在本案中不能适用,原告提供的因装修行为造成法律所称"环境污染"的证据不成立。基于此,被告公司对原告主张的损害赔偿不予认可。①

2003年7月18日,南京市玄武区人民法院就该案件做出一审判决。判决认为:该案件构成环境污染侵权。法院认为根据《环境保护法》第2条之规定,室内环境之污染应当构成法律意义上的"环境污染";同时,法院认为该案是环境污染侵权案件而非产品责任案件,该案表面看似仅仅是一个装修产品质量问题,实质上原告人身受到的损害并非直接源于产品质量,而是源于成为媒介的、被污染的空气,因此,该案是由于装修行为造成的空气这一生态自然环境因素被污染,然后因被污染空气造成人体生命健康受到危害的环境污染侵权行为。②

3. 氨气致害案件

A某从B开发商处购得住房一套。入住后经常感觉室内有刺鼻气味,A某及其家人在室内不通风时也常有流泪、咳嗽等症状发生。后经监测表明,室内氨气浓度严重超标是A某及其家人发生不良症状的直接原因。据调

---

① 案例来源参考张梓太、于宇非:《从江苏省首例家装污染案看环境侵权特殊规则的司法适用》,载《科技与法律》2004年第1期。

② 张梓太、于宇非:《从江苏省首例家装污染案看环境侵权特殊规则的司法适用》,载《科技与法律》2004年第1期。

查,该商品房建于冬季,C 施工方为防混凝土冻结影响进度而在混凝土中添加了一种溶剂,而 A 某住房中的氨气是这种溶剂不断挥发所致。①

汪劲教授认为,该案件属于居住环境受到污染,不属于《环境保护法》上"环境"的范畴,因此是居室环境卫生问题,而不是大气污染问题。A 某所遭受非环境污染侵害,应当按照《合同法》《产品质量法》和侵权法解决。②

（二）案件涉及的争议问题

上述都是关于室内污染问题的案件。室内污染、装修污染、车内污染等新型的"第三类型公害",近年来在我国不断涌现并频频现诸报端。如何在法律上明确室内污染的法律性质,是目前理论中的一个热点问题。这些案件是否属于环境侵权案件,室内污染等是否构成"环境污染",因室内污染而承担之民事责任的法律性质是否构成"环境污染责任",在理论上存有争议,司法实践中也有不同做法:一种观点认为,室内污染不构成"环境污染",因室内污染而产生的民事法律责任不能构成"环境污染责任";另一种观点则认为,室内污染是环境污染的特殊类型,因此室内装修污染构成环境侵权。

有意思的是,两种观点通常都会把《环境保护法》第 2 条关于"环境"的定义,即"本法所称环境,是指影响人类生存和发展的各种天然的和经过人工改造的自然因素的总体,包括大气、水、海洋、土地、矿藏、森林、草原、野生生物、自然遗迹、人文遗迹、自然保护区、风景名胜区、城市和乡村等",作为支持其观点的法律根据。③ 从司法实践角度看,法院以《环境保护法》第 2 条关于"环境"的定义作为依据,对室内污染是否属于"环境污染"持肯定和否定态度的案例其实都存在。《侵权责任法》出台之后,第八章规定了"环境污染责任",上述关于"环境"定义的争论也没有结束。根据全国人大法工委编写的《侵权责任法释义》,仍然通过援引《环境保护法》第 2 条来定义"环境"。

可以肯定,如果依据《环境保护法》第 2 条的定义,"环境"外延的确无法涵盖"室内环境""机动车内污染"这类案件。因为结合《民法通则》第 124 条

---

① 这种观点将室内环境污染与"环境污染侵害"区别开来,意图说明对室内装修污染的救济不通过《大气污染防治法》,但仍然可以通过一般侵权法得到救济。按照这种逻辑,"环境污染侵害"似乎应该是构成环境侵权的类型之一。汪劲:《环境法学》,北京大学出版社 2006 年版,第 1 页。
② 汪劲:《环境法学》,北京大学出版社 2006 年版,第 5 页。
③ 持否定观点者以《环境保护法》第 2 条证明室内污染并非环境侵权调整的对象,如汪劲:《环境法学》,北京大学出版社 2006 年版,第 5 页。但汪劲教授同时认为,该案例可以按照产品质量法、侵权法来处理。这种观点值得赞同。但《侵权责任法》颁布后,对环境污染侵权概念的界定系采取《环境保护法》第 2 条的环境概念来界定,如此一来,若按汪劲教授意见,则《侵权责任法》又无法解决本案涉及室内污染问题。由此看出,问题关键是"环境"概念如何界定。肯定的观点如张梓太、于宇非:《从江苏省首例家装污染案看环境侵权特殊规则的司法适用》,载《科技与法律》2004 年第 1 期。

规定,"违反国家保护环境防止污染的规定,污染环境造成他人损害的,应当依法承担民事责任",在《侵权责任法》颁布之前,所谓的"污染环境",立法者的本意应该是指传统上所谓的"公害"这一概念,这一点应该没有异议。在《侵权责任法》颁布之后,从相应立法背景资料来看,也很难说"污染环境"这个概念的内涵、外延已经做出实质性的突破和改变。①

但从司法实践角度来讲,室内环境污染、车内污染等新型的"第三类型公害"应纳入环境侵权法的救济范围,而且也符合国内外的立法司法实践。具体来说,应该以《侵权责任法》为契机,建立环境侵权一般法和环境侵权特别法的二分立法模式,即将《侵权责任法》第65条作为环境侵权的一般条款,建立一般环境侵权体系;在此之外,根据《侵权责任法》其他条文和《环境保护法》及各单行污染防治法建立特别环境侵权体系,将环境侵权类型化。如此一来,上述两个案例的受害人都可以借助《侵权责任法》第65条作为请求权基础寻求救济,并且可以与合同法的违约责任、产品责任等形成请求权竞合的情形,从而更有利于保护受害者,这也符合其他国家做法。

实际上,在目前司法实践中,室内装修污染案件污染受害者一方有通过环境侵权途径寻求救济的,有通过违约责任途径得到救济的,除此之外,还有通过产品责任法获得救济。② 总之,法治社会,社会个体之合法人身、财产受到侵害,有可归责于加害方之事由且符合社会正义理念,法律理应提供救济。所谓"权利必有救济"。而且,这也符合当代世界通行之法治理念,为受害者提供法律救济途径,这正是"环境权"理论的基本目的和核心内容。

那么,"环境侵权""环境侵权责任"概念直接借助《环境保护法》第2条的规定来定义,是否具有合理性?

笔者认为,《环境保护法》第2条对"环境"的定义,不够科学、严谨。仅就外延的列举来讲,"城市"和"乡村"作为"环境"概念的外延,就是不适当的。如果从法学上,尤其是私法角度进一步考察③,则可以认为,"环境侵权""环境侵权责任"不能简单借助《环境保护法》第2条的"环境"概念得到定义,"环境侵权""环境侵权责任"中的"环境"应有不同于《环境保护法》第2条的内涵和外延。

---

① 这一论断的依据,可以参考有关环境污染的比较法分析、具体类型列举等方面,有关环境污染问题都是结合相应污染防治单行法讨论的,其论述内容和话语并未见新的知识增量。参考全国人大常委会法制工作委员会民法室编:《侵权责任法:立法背景与观点全集》,法律出版社2009年版,第871—872页。
② 代表性案例见2004年11月22日CCTV-1今日说法。
③ 至于在公法上,这个"环境"概念是否适当,值得研究。

按通常理解,"环境"是"围绕某中心存在物的存在的总和",因此对"环境"概念的定义,首先要确定中心存在物。基于不同的定义目的和需求,可以选择不同的中心存在物,因此有不同的"环境"概念。《环境保护法》第2条的定义明确,环境是指"影响人类生存和发展的……自然因素的总体",因此这个定义是以"人类"为中心存在物的环境。

以人类为中心存在物的"环境"并不适合作为私法的概念。因为民法,就其本性而言,是个人主义的,其理论话语的语境,也是个人主义的话语语境。① 民法的语境下,民事主体是"小我",民法的核心范畴是"权利",民事主体的通常表述是"权利主体",民事权利的核心内容是"人身、财产"权益。因此,在"民法"的话语体系中很少能发现"人类"的字眼。民法的价值观念里,也看不到对"人类性问题"的关注。因为民法,是为每个"自私、自利的小市民"的生活设置秩序。因此,民法的"环境"概念,应该是以社会活生生的"个人"为中心的"环境"。"人类"的环境超越了"自私、自利的小市民"的视野、价值和能力。而《环境保护法》第2条的"环境"定义,则是一个以"人类"为中心存在物的"环境"概念,是一个从人类性的视野、立场所看到的"环境"概念,因此可能是一个公法的概念,但肯定不适合作为私法尤其是民法上的概念。

从上述观点出发,对"环境侵权"概念的定义,诉诸《环境保护法》第2条的规定,这种学理上、立法上②、司法上的普遍做法,在方法论上是存有问题的。对《侵权责任法》第65条规定的"污染环境"之"环境",需要重新定义,重新从私法角度给予定义,重新站在私人的立场上给予定义。

## 二、"环境"概念的私法定义

笔者认为,《侵权责任法》第65条的"环境",即是"民事主体"所处之外部存在的总和,在"环境侵权"的调整范围内,即民事主体暴露于其中的物理空间、外部世界。按照这一定义,大气污染、水污染、放射性污染等自然是环境侵权法的救济对象,而室内污染、装修污染也是环境侵权责任法救济的对象。对这一定义的合理性有如下补充说明:

第一,将"环境"概念界定为受害方之人身、财产暴露于其中的外部世界、物理空间,不会对现行环境保护法、侵权责任法的体系及其学理构成冲击。《环境保护法》开宗明义,"为了保护和改善生活环境与生态环境,防治

---

① 侯佳儒:《意思自治之为民法学基本原理》,载《江海学刊》2010年第6期。
② 参见全国人大常委会法律工作委员会主编:《中华人民共和国侵权责任法释义》,法律出版社2010年版,第867页。

污染和其他公害,保障人体健康,促进社会主义现代化建设的发展,制定本法。"因此,由立法目的决定,《环境保护法》对"环境"概念的界定是以人类为中心存在物的"环境"。但即使大气污染、水污染等所谓之"环境污染侵权"之所以侵害特定人之人身、财产权益,也是因为特定人之人身、财产暴露于该大气、水体之一部——仅仅限于特定主体暴露于其中的一部。因此,用此"环境"概念代替《环境保护法》的"环境"概念,实际上更准确,并不会因此而影响以《环境保护法》和各污染防治法为基础的、旨在救济环境污染的环境侵权法律体系。

第二,也是最重要的一点,就是环境侵权的本质属性。环境侵权之所以有别于传统侵权形态,之所以有必要在法律上予以特别处理,其根本原因在于法律救济技术上的特殊性。这一点,可以借用这样一句话来解释:"立法上之所以将环境污染致人损害作为特殊侵权行为对待,其原因不在于简单的术语抽象,而在于术语背后的类型、归责、因果、损害、时效等制度差异。即便生态破坏行为能够进入侵权法的调整范畴,亦不必然意味着其当然适用污染致人损害的归责。"①

总之,通过《环境保护法》第2条的规定定义环境侵权概念中的"环境",并无实益。从保护个人人身、财产权益的角度考察,对"环境"概念应予以重新定义是必要的,也是合理的。

## 第五节 环境侵权界定的关键词(三):污染

### 一、疑难问题与学理争议

1. 过氧导致鱼死亡案例

A是某镇居民,自己拥有一鱼塘养鱼。B新建一河坝,位于A的鱼塘上游。春季河坝泄水,致使A所养之鱼大量死去,损失若干。经权威机构监测,鱼死亡是因河坝泄水,水中氧气过足,鱼过氧而死。A诉于法院,言B之泄水污染鱼塘造成个人财产损失,请求法院依《侵权责任法》第65条规定,责令B给予赔偿若干。

问题:"鱼过氧死亡"是否适用《侵权责任法》第65条关于"环境污染责任"的法律规定?"过氧死亡"属于《侵权责任法》第65条所谓的"污染"?

---

① 吕忠梅、张宝:《环境问题的侵权法应对及其限度——以〈侵权责任法〉第65条为视角》,载《中南民族大学学报》(社会科学版)2011年第3期。

2. 2227 户梨农诉市交通委员会等环境损害赔偿纠纷案

1997年,某省公路部门在该区国道路段栽种桧柏后,附近梨园收成开始逐年下降。2003年夏初大面积爆发梨锈病,梨树连续两年绝收,2227户梨农认为梨锈病爆发是大量栽种桧柏破坏了原有的良好农业生态环境所致,因而将该市交委等7家单位诉至法院,请求判令被告清除沿线栽种的桧柏,赔偿经济损失5800万元,误工费、药费共计734万余元以及诉讼开支56万元。被告则辩称其种植行道树是合法行为,桧柏存在并不必然导致梨锈病的发生,梨锈病爆发是由多种因素促成。

一审认为,原告不能证明梨树减产与种植桧柏之间有必然的因果联系,判决驳回原告诉讼请求。原告不服,认为该案构成环境污染侵权或环境侵权。二审则认为,该案涉及自然界中各种植物的相互影响、生物链相互作用问题,对于此类问题给人们生产、生活造成的影响,我国目前尚无法律规范予以调整,因此不属于民事诉讼的主管范围,故裁定撤销一审判决,驳回起诉。①

3. 仁安村委会等与刘某等环境侵权纠纷上诉案

仁安村村委会于1993年、1996年、2001年相继开办三个村办煤矿,后分别将之转让给吴某等人。在煤矿开采过程中,该村平时用于生产、生活取水的引水渠发生断流,刘某等村民认为是采矿使煤炭矿层遭到破坏所致,遂将该村委会、吴某等诉至法院,要求停止侵害、排除妨碍并赔偿损失。

一审认为,因水资源破坏而引起的诉讼属于环境侵权诉讼,适用举证责任倒置原则,被告未举证证明其开采行为与水资源受到破坏无关,则应当承担举证不能的法律后果,故要求被告连带赔偿原告每人3000元;被告采矿行为虽已构成环境侵权,但其采矿属依法取得国家许可的合法行为,故对原告主张被告停止侵害、排除妨碍的诉讼请求不予支持。二审认为,一审法院通过释明,已充分告知当事人本案为环境侵权纠纷案件,当事人均未提出异议,原审并无不当,故判决驳回上诉,维持原判。②

问题:上述2—3这两个案件是否属于环境污染侵权诉讼?

## 二、"污染"的定义

这涉及对"污染"概念的定义。

依照目前学界通说,所谓"环境污染"是指人类在生产和生活中,直接或

---

① 案例来源:重庆市第二中级人民法院(2007)渝二中民终字第141号民事判决。转引自吕忠梅、张宝:《环境问题的侵权法应对及其限度——以〈侵权责任法〉第65条为视角》,载《中南民族大学学报》(社会科学版)2011年第3期。

② 同上。

间接地向环境排放超过其自净能力的物质或能量,使环境的生物、化学、物理等性质发生变异,从而使环境的质量降低,对人类的生存与发展、生态系统和财产造成不利影响的现象。这个定义的特点,在于突出对"污染"现象的价值判断内容,突出强调特定物质、能量的排放直接或间接导致"环境的质量降低,对人类的生存与发展、生态系统和财产造成不利影响的现象"。"降低""不利"这些词语突出强调污染的否定性、消极性内容。应该说,这个概念适用于描述绝大多数情形下的"污染现象",但却有片面性。

其实,"环境污染"主要特征是因人类活动产生的物质或因子进入环境,引起环境系统的结构与功能发生变化,从而危害人体健康和生物的生命活动的现象,因此"环境污染"概念的内涵应该是,因人类活动排放特定物质或者能量,引起环境系统的结构和功能污染,从而危害人类生命健康、财产或者其他生命活动的现象。即"环境污染"在自然科学上的本质特征,是产生了"环境影响"①;其在法学上的本质特征,这种"环境影响"侵害了他人的人身、财产等权益。而且从比较法上看,德国的《环境责任法》,用的是"环境影响",而非"环境污染"。②

笔者认为,用重新定义的"污染"概念,可以认定本节的三个案例都属于环境"污染"案件类型。对于过氧导致鱼死亡案例,系因 B 公司大坝泄水,导致鱼塘氧气过多,这种"环境影响"使 A 养的鱼死亡,A 自然应得到赔偿。对于"2227 户梨农诉市交通委员会等环境损害赔偿纠纷案"和"仁安村委会等与刘某等环境侵权纠纷上诉案",都属于被告方行为"对环境产生影响,这种影响侵害人身财产权益",符合"污染"定义,因此应该对受害方给予赔偿。

## 第六节  环境侵权的定义和特征

### 一、环境侵权的含义

综合前几节内容,所谓"环境侵权",即指因特定人之生产、生活活动将特定物质或能量引入环境,导致环境的物理、化学、生物等性质发生变异,因而对暴露其中的他人人身权益、财产权益造成侵害或有侵害之虞的民事法律

---

① 实际上,自然科学上的定义也是如此。全国科学技术委员会对环境污染的定义:"人类活动产生的有害物质或因子进入环境,引起环境系统的结构与功能发生变化,危害人体健康和生物的生命活动的现象。"有害,应该是相对于特定对象而言的。——可见,所谓的"有害",应该是相对于"特定对象"而言的;而目前主流的界说,其"有害"的针对的"特定对象",预设为"人类"——"对人类的生存与发展、生态系统和财产造成不利影响的现象"。

② 〔德〕马克西米利安:《侵权行为法》,张新宝译,法律出版社 2006 年版,第 297 页。

事实。这里,"特定人"即侵权人、加害人;"另一方"即被侵权人、受害方;所谓"环境",即受害方之人身、财产暴露于其中的外部世界、物理空间;"污染"即指因人类活动排放特定物质或者能量,引起环境系统的结构和功能改变,从而危害人类生命健康、财产或者其他生命活动的现象。这个"环境侵权"概念,侵害的是他人的人身权益、财产权益,等同于"环境污染侵权",是仅针对环境污染救济的狭义的"环境侵权"概念。顺应环境侵权的这一界定,则环境侵权责任,即加害人因其环境侵权事实而应承担的民事责任。

### 二、环境侵权的特征

这个概念包含如下要点:

第一,环境侵权所侵害的对象是"他人人身、财产权益"。其中是否包括"环境权",需要做进一步分析,如果将"环境权"性质界定为某种"他人人身、财产权益",则"环境权"就包含在环境侵权侵害的权益范围之内。但目前学术界对"环境权"的观点过于博杂,因此不宜在环境侵权侵害对象中使用"环境权"这一术语。

第二,"环境"即受害方暴露于其中的外部世界、物理空间。这个"环境"的定义要区别于《环境保护法》第2条的"环境"概念。理由重申如下:(1)《环境保护法》中的"环境"概念不是私法上的概念,在法律技术层面,不能作为《侵权责任法》适用援引的依据。(2)《环境保护法》开宗明义,"为了保护和改善生活环境与生态环境,防治污染和其他公害,保障人体健康,促进社会主义现代化建设的发展,制定本法"。[①] 因此,立法目的决定了《环境保护法》对"环境"概念的界定是以人类为中心存在物的"环境"。大气污染、水污染等所谓之"环境污染侵权"之所以侵害特定人之人身、财产权益,也是因为特定人之人身、财产暴露于该大气、水体之一部——仅仅限于特定主体暴露于其中的一部。因此,用此"环境"概念代替《环境保护法》的"环境"概念,实际上更准确,并不会因此而影响以《环境保护法》和各污染防治法为基础的、旨在救济环境污染的环境侵权责任法律体系。(3)坚持认为"环境"概念必须局限于《环境保护法》第2条的规定,并无实益,也无必要,而且有违法治之理念。法治社会,社会个体之合法人身、财产受到侵害,有可归责于加害方之事由且符合社会正义理念,法律理应提供救济。所谓"权利必有救济"。而且,这也符合当代世界通行之法治理念,为受害者提供法律救济途径,这正是所谓之"环境权"理论的基本目的和核心内容。

---

[①] 《中华人民共和国环境保护法(1989)》第1条。

第三,环境侵权致害的原因,从根本上讲是因为将特定物质、能量引入环境,因而引起环境物理、化学、生物等性能改变,因而致害。这一特征,将有关采光权、通风权等权利保护问题排除在环境侵权救济范围之外。① 理由如下:(1)采光权等的法律救济,一直是物权法上相邻权的保护内容。在法律实践层面比较有效,环境侵权无救济之必要。(2)之所以产生"环境侵权"相关理论,是因为在法律理论和法律实践层面,"环境侵权"给传统侵权法带来挑战和难题,即因果关系问题、损害特点等,这些问题是所谓的"采光权"案件等不具备的特点,而这些问题恰好又是决定"环境侵权"之为"特殊侵权"的根本原因。(3)环境侵权有别于其他侵权行为的根本特征,就是因为其特殊的侵害途径。因特定物质、能量介入环境介质,引起环境性能改变,进而侵害人身、财产权益,这一侵害的特殊途径,导致环境侵权的因果关系难题、举证责任倒置问题,这一特殊途径衍生出损害的潜伏性、长期性等特征,引发在诉讼活动中对专家证据的依赖、对医学因果问题的依赖等特殊问题。实际上,在英语中,"环境侵权"概念基本上等同于"有毒有害物质致害侵权",即"environmental tort"和"toxic tort"在英文里本是同义语。②

第四,"环境侵权"包括公害侵权的类型,也包括有毒有害物质、危险废物等污染防治法的内容。"环境侵权"应是对现行环境法学中全部污染防治法的私法救济手段。理由:(1)环境侵权是一种特殊的侵权行为。其之所以特殊,不在于其内容一定要是某种类型污染,而在于其法律适用及其程序上与一般侵权行为存在差异。比照有关有毒有害、危险废物等肇事的情形,其面临的法律适用难题也是因果关系、举证责任、专家证人、潜在的大量受害者等问题,因此环境侵权区别于其他侵权行为,在其法律技术层面的特征;而环境污染侵权与有毒有害物质、危险物质、危险废物等侵权具有相同性,也是因为在法律技术层面的类似。(2)在目前环境法学的体系下,涉及有毒有害物质污染防治内容的,实际上是有毒有害物质管理法。顺应这种体系,环境侵权实际上包括环境污染侵权和有毒有害物质侵权两类,即传统的公害侵权和有毒有害物质侵权。

第五,环境侵权是一种民事法律事实。所谓民事法律事实是根据民法的规定,能够引起民事法律关系的产生、变更或消灭的客观情况。作为民事法律事实的环境侵权,其法律效力是侵权人要承担环境侵权责任,被侵权人得

---

① 这一观点也为其他学者所采纳。如张宝:《环境侵权归责原则之反思与重构》;邹雄:《环境侵权法前沿问题研究》。
② "Environmental tort""toxic tort"和"chemical tort"在美国实际上是基本等同的。美国有关环境侵权法的著作和教材,通常都冠名 environmental and toxic tort。

享有侵权之债请求权。

第六，强调"特定物质"而非"有害物质"，强调引起环境的性能改变，而非恶化。事实上，所谓"污染"只是一种通常用语，其表达的真实含义，是对环境带来物理、生物、化学性质的改变。至于是否"有害"，这是一个价值判断，要取决于对象的选择，对谁、对什么是否有害。而且，司法实践中的案例也已经暴露了这个"污染"的通常定义的不足，因此有必要重新定义。

第七，将加害人之活动分为生活活动和生产活动。这样区分的目的，实际上是要对环境侵权进行初步类型化，即对生产活动和生活活动在适用法律上，要做适当区分。"环境侵权"是个极为宽泛的概念，在"环境侵权"概念下，具体的事实情态千差万别。因此，对加害人之活动做"生活活动"和"生产活动"的区分，深有必要。

第八，按照本书对"环境侵权"的定义，《侵权责任法》中对环境侵权的法律规定，显然不仅仅限于第八章第65条至第68条关于"环境污染责任"的4个法律条文。在第九章"高度危险责任"中规定了环境侵权的法律条文还包括：第70条民用核设施发生核事故造成他人损害的法律责任规定，第72条关于易燃、易爆、剧毒、放射性等高度危险物造成他人损害法律责任的规定，第74条、第75条、第76条、第77条关于高度危险物造成他人损害的法律责任规定等等。理由大致有三：(1) 有毒有害物质、放射性物质肇事是环境侵权概念存在初衷之一，此一点前文已经提及。(2) 高度危险责任之分类依据，系依照危险活动之性质，其特殊性体现在活动性质之"异常危险"，而环境侵权则依照肇事事实、加害行为的领域而划分，二者存在交叉之领域，此一交叉领域即第九章涉及的放射性物质、剧毒、危险物致害场合。(3) 第九章对"高度危险责任"之规定，是无过错责任之特殊形式，"高度危险责任"与"环境污染责任"的差异，主要体现在免责事由的规定上。但在其他方面与一般环境侵权存在共同点，即损害之特性、因果关系难题、专家证据依赖等，并无二致。"高度危险责任"之认定，亦须考虑特定之"环境""空间、时间因素"等。前文已经论及，此一"环境"概念满足本书所谓之"环境侵权"概念之"环境"定义，而且，也满足"环境侵权"概念之内涵。所以，高度危险责任涉及的部分内容是"环境侵权"的外延。

# 第三章　环境侵权责任法的归责原则

## 第一节　概　　述

### 一、归责原则的概念与意义

　　天灾人祸,在所难免,因此而发生的损害如何避免、如何分配,是一大难题。对法律人而言,必须面对并提供解决途径。落实在侵权责任法上,损害之分配即是损害责任之负担问题,其首先就涉及"归责"问题。而言及"归责"首要的问题,就是关于确定责任归属所应遵循的标准,即归责原则问题。

　　"归责",即确定责任之归属。稍做详细解释,归责即法律责任的归结,它是针对违法行为所引起的法律责任进行判断、确认、追究与免除的活动。[①]再进一步解释,按德国学者多伊彻的说法,归责就是"决定何人,对于某种法律现象,在法律价值判断上应负担其责任";按德国学者拉伦茨的说法,是指"行为人负担行为之结果,于受害人而言,即填补其所受之损害"[②];按我国台湾地区学者邱聪智的说法,"在法律规范原理上,使遭受损害之权益,与促使损害发出之原因者(Urheber)结合,将损害因而转嫁由原因者承担之法律价值判断因素,即为'归责'意义之核心"[③]。

　　所谓"归责原则",即确定责任归属所应遵循的基本规则。具体表述或有不同,如归责原则系指"在行为人因其行为或者物件致他人损害的事实发生以后,应依何种根据使之负责,此种根据体现了法律的价值判断,即法律应以行为人的过错还是应以已发生的损害结果,抑或以公平等作为价值判断标准,而使行为人承担侵权责任"[④]。或按照德国学者拉伦茨的说法:"在侵权

---

[①] 张文显:《法理学》,法律出版社1997年版,第150页。
[②] 转引自王泽鉴:《民法学说与判例研究》(第五册),中国政法大学出版社1998年版,第259页。
[③] 邱聪智:《庞德民事归责理论之评介》,载《台大法学论丛》第11卷第2期。
[④] 王利明、周友军、高圣平:《侵权责任法疑难问题研究》,中国法制出版社2012年版,第129页。

责任法中,某人应赔偿他人因一定事故使其权利或利益所受到的损害,显然,这时在损害赔偿义务人与损害行为之间,必须存在某种联系,这项法律规定,才会显得合理。"这种联系即是归责的根据或原因,这里提到的"干涉的特别理由",即是"归责事由"或"归责原则"。①

归责原则在侵权责任法当中具有重要地位,"归责原则在整体上指导着侵权行为的立法,对侵权责任理论体系的建构也具有根本性的影响"。② 一定的归责原则体现了一个国家的侵权立法政策,体现了法律的价值判断。侵权责任归责原则直接决定了侵权责任构成要件,并会对侵权举证责任的担负、免责事由、损害赔偿原则、方法产生影响。

**二、损害负担的一般原理**

损害如何负担,侵权责任法提供了四种解决方案:自己责任、过错责任、无过错责任和多元损害填补模式。前两种方案是传统民法分配损害的主要模式;后两种方案在现代社会,日益凸显其重要性。

(一) 自己责任和过错责任

个人自负损失是世界各国法律的普遍规则。究其根源,此一法律规则深合罗马法上的"所有权人自食其果(casus serrtit dominus)"思想。尤其在近代社会背景下,这一原则是私法分配损害的根本性原则,与私法的意思自治理想密切相关。③

私法肯定个人意思自治系私法理想,因为"人是自身目的"、人具有"理性"和"自由意志"两种"神圣的东西"。而人既然是"自身目的",个人事务就应交给个人自决、自理,但个人亦须自负后果——这即是"个人责任原则",包含两个内容:一是自己责任原则,二是过错责任原则。对于"自己责任原则",即个人只对自己的行为负责,且必须对自己的行为负责。有三层含义:第一,根据意思自治原理,个人行为是个人意思之外化,相应结果系个人理性的选择,而个人选择其行为亦应担负其行为结果,符合正义概念;第二,个人仅对自己的行为负责,他人行为后果须由他人担负,不可替代、不可连坐。④

"过错责任原则",也称"过失责任原则",即个人对他人损害承担责任,

---

① 严格意义上来说,"归责事由"和"归责原则"有区别,但在本书中二者不做区分。
② 王利明:《侵权行为法归责原则研究》,中国政法大学出版社2003年版,第18、115页。
③ 侯佳儒:《民法基本原则解释:意思自治原理及其展开》,载《环球法律评论》2013年第4期。
④ 张俊浩主编:《民法基本原理》(上),中国政法大学出版社2000年版,第33页。

须以自身具有过错为必要条件。这一原则,是自己责任原则的延伸和补充。第一,凡有损害发生,个人须自担后果;他人遭受损害,他人须自担其损失,这是自己责任的要求,"良好的政策应让损失停留于其所发生之处";第二,但如果有"特别干预的理由",个人须对他人损害承担责任①;第三,在民法基本原则层次,这一"特别干预的理由",即是个人对他人损害的产生具有过错。

个人责任是意思自治原理的题中之意。私法追慕个人生活自治,尊重和肯定个人具有自由和理性能力,"作为对价,个人就过错行为承担责任,体现了对人的尊重"②。反过来,对个人的过错行为"课以责任,因此也就预设了人具有理性行动的能力,而课以责任的目的,则在于使他们的行动比在不负责任的情况下更具理性。它还预设了人具有某种最低限度的学习能力和预知能力,亦即他们会受其对自己行动的种种后果的引导"③,即个人之所以承担责任,即在于法律尊重理性个人的生活自治,私法奉行意思自治。④

(二) 无过错责任

无过错责任是相对于过错责任而言的,即责任的承担不以加害人主观上有过错作为前提条件。我国台湾学者多称之为"无过失责任"。在欧洲,也常被表述为"客观责任""危险责任"。比照过错责任,无过错责任原则具有如下特点:(1)不以行为人主观上具有过错为要件;(2)无过错责任仅仅适用于法律明确规定的特殊场合。

无过错责任作为一般归责的理由,理论上的探讨和争论一直存在,有危险说、利益说、支配说、严格责任说、公平说、利益均衡说、因果关系说、损失分担说等。但以危险说最为可信。危险说最早起源于德国,德国法上将各种企业责任统称为危险责任。按照王泽鉴先生的解释,其基本思想在于对"不幸损害"的合理分配,其基本理由有四点:"(1)特定企业、物品或设施的所有人、持有人制造了危险来源;(2)在某种程度上,仅该所有人或持有人能够控制这些危险;(3)获得利益者,应负担责任,系正义之要求;(4)因危险责任

---

① 王泽鉴:《侵权行为法》(第一册),中国政法大学出版社2001年版,第11页。

② 过错责任作为一般归责的理由,按照王泽鉴先生的观点有如下三点:(1)道德原因。每个人应当为自己的过错行为造成的损害承担责任,这是正义的要求;反之,如果行为人主观上不具有过错,在道德上就不应受到非难,也不应承担侵权责任。(2)社会价值。任何法律都在"自由"与"秩序"两种价值之间调和,过错责任适用的基础是个人得享自由,但应就过错行为,担负责任。(3)人的尊严。过错责任肯定人的自由,承认理性人的选择,作为对价,个人就过错行为承担责任,体现了对人的尊重。王泽鉴:《侵权行为法》(第一册),中国政法大学出版社2001年版,第13页。

③ 〔英〕F.哈耶克:《自由秩序原理》(上册),邓正来译,生活·读书·新知三联书店1997年版,第90页。

④ 王泽鉴:《侵权行为法》(第一册),中国政法大学出版社2001年版,第13页。

而生的损害赔偿,得经由商品服务的价格机能及保险制度予以分散。"①

（三）损害的综合填补机制

现代社会,风险剧增,事故频发,危机四伏,单一法律制度已经不足以解决损害之填补和分散问题。顺应时变,采取多元法律手段对损害予以填补的机制在一些国家立法中渐渐形成。在此背景下,越来越多的学者主张侵权责任法的研究应置于损害综合填补机制的框架下来考虑,"不仅应该综合通盘研究各种填补制度始能得其全貌","并应该参照社会、政治、经济之发展状态,彻底检讨各项损害填补制度所应负担之功能,以决定何种损害事故,应该由何种制度加以规范,最为恰当"。②

这种观点显然对传统侵权责任法的地位提出了挑战。这种理论主张多种损害填补制度应并存,并进而认为侵权责任法不过是现代社会进行损失分担或转换的制度工具之一。对于损害的分配而言,侵权责任法也不是最为有效的制度,损害分配主要通过两种途径达成：其一,通过价格机制来分配损害,即由企业承担损失,然后再由企业把赔偿费用计入成本进而转嫁到消费者身上；其二,通过责任保险、基金等社会安全机制来分散损害。③

自19世纪以来,自己责任和过错责任原则是侵权法的归责原则,即权益受到损害,仅在他人主观上具有过错的前提下,损害方可由他人承担。反过来说,个人仅对因其主观上存有过错而对他人造成的损害承担责任。过错责任原则为《法国民法典》《德国民法典》《日本民法典》等所采纳,在英美法中也通过法院判例确认了这一原则。因此,过错责任原则是侵权法的一项基本归责原则。及至近代,侵权法又产生了无过错责任原则以应对新型侵权救济现象。无过错责任原则不以加害人主观上的故意和过失为承担损害填补责任的前提和要件。由此,有关侵权责任归责的事由,产生过错责任和无过错责任这一基本分野。在此基础上,有关归责原则体系问题的争议得到展开。④

---

① 王泽鉴：《侵权行为法》（第一册）,中国政法大学出版社2001年版,第16页。
② 王泽鉴：《民法学说与判例研究》（第二册）,中国政法大学出版社1998年版,第169页。
③ 针对环境损害分配,我国也有学者认为："侵权法理论的不断发展和环境侵权自身的特殊性对传统环境民事责任理论提出了挑战。出于维护正义、稳定社会秩序和可持续发展的需要,以环境侵权损害填补为主要内容的环境民事责任的社会化为各国民法和环境法所共同关注。从道义责任向社会责任的转变、个人赔偿机制向社会赔偿机制的转变、单一侵权损害赔偿向综合性社会安全体制转变,是建立环境损害综合填补机制的必要前提。"周珂、杨子蛟：《论环境侵权损害填补综合协调机制》,载《法学评论》2003年第6期。
④ 也有学者反对这种过错责任、无过错责任二分的分类法,认为应建立"对自己加害行为的责任""准侵权行为责任与无过错责任、过错推定责任"的体系。张新宝：《侵权责任法原理》,中国人民大学出版社2005年版。

### 三、学理上的争议问题

我国法律对环境污染责任归责原则的立法,最早可回溯到1982年的《海洋环境保护法》,该法第92条明确规定,"完全属于下列情形之一,经过及时采取合理措施,仍然不能避免对海洋环境造成污染损失损害的,造成污染损害的有关责任者免予承担责任:(1)战争行为;(2)不可抗拒的自然灾害;(3)负责灯塔或者其他助航设备的主管部门,在执行职责时的疏忽,或者其他过失行为,是由于第三者的故意或者过失造成污染损害海洋环境的,由第三者承担赔偿责任"。该条款开创了我国环境污染采取无过错责任归责的先河。以此为开端,1984年的《水污染防治法》第55条第3款、第4款规定,"水污染损失由受害者自身的责任所引起的,排污单位不承担责任",也采取了无过错责任的立法模式。1989年的《环境保护法》、1987年的《大气污染防治法》以及其后颁布有关环境保护法,均效仿《水污染防治法》规定了有关环境污染责任的归责原则。

此外,《民法通则》在第106条第2款、第3款,明确了我国侵权民事责任归责原则,即过错责任原则和无过错责任原则。在此基础上,《民法通则》第124条进一步明确规定,"违反国家保护环境防止污染的规定,污染环境造成他人损害的,应当依法承担民事责任"。《侵权责任法》颁布后,在侵权责任归责原则基础上,第八章第65条至第68条、第九章部分条文专门对有关环境侵权责任做出规定。

我国《侵权责任法》系采取过错责任和无过错责任的二元归责体系,这已被立法机关所认可。① 但对于我国环境侵权责任法究竟采取何种归责原则,在《侵权责任法》颁布之前和之后,都一直有争议。

在《侵权责任法》颁布之前,关于环境侵权责任归责原则的代表性观点主要有五种。② 《侵权责任法》颁布后,第八章规定的"环境污染责任"系采取无过错责任归责原则,得到我国学界和实务界的多数专家赞同,但也有学者持有异议。如有学者通过考察我国现行归责原则的理论和实践,认为我国环境侵权责任归责原则问题在"学说上存在过错责任与无过错责任之争,立法上面临《物权法》和《侵权责任法》的抵牾,实践中不同类型案件适用不同

---

① 全国人大法律委员会在第十一届全国人大常委会第六次会议上所做的说明中指出,"我国侵权责任制度实行过错责任和无过错责任相结合的原则"。对这个问题,详细论述见本书第一章,本节不作赘述。

② 奚晓明、王利明主编:《侵权责任法条文释义》,人民法院出版社2010年版,第367—368页。

的归责原则"三重悖论。①

可以看出,无论在《侵权责任法》颁布之前还是颁布之后,关于环境侵权责任归责原则问题就一直有争议。对这些理论观点,可以稍做梳理:

第一,对于《侵权责任法》颁布之前的第二种观点,认为环境侵权责任仅采纳过错责任原则的观点,目前已经罕有支持,不足采信;对于无过错责任为主、公平责任为辅说,由于笔者认为公平原则的本质系衡平原则而非民法基本原则,公平责任自然也非环境侵权责任归责原则,因此第五种观点也不足采信;对于过错责任为主、无过错责任原则为辅说,其考察对象仅仅以《水污染防治法》为根基,对象过窄,不足采信。

第二,过错责任和无过错责任区分说将人为导致的环境问题做环境破坏和环境污染二分,其实是认定环境污染责任系采纳无过错责任。由于本书将"环境侵权"仅仅限定为环境污染责任,不包括对环境破坏的救济,因此第三种观点(过错责任和无过错责任区分说)其实与第四种观点在针对环境污染责任上,并无二致。

第三,《侵权责任法》颁布之后,有关环境污染侵权归责原则的争议,仍在于无过错责任是否是唯一的原则。根据前文,在《环境侵权责任法》颁布之前,关于环境侵权归责原则的最终疑问,也仅在于无过错责任是否是唯一原则。

那么,环境侵权责任归责,根据我国现行法,是否仅采纳"无过错责任"一条原则呢?由于本书对"环境侵权"的重新定义,同时对"高度危险责任"的地位也做了重新解读,因此在本书的概念框架下,关于环境侵权责任归责原则问题的讨论,会更为复杂。有必要对我国环境侵权责任归责原则做全面梳理,并相应建构我国环境侵权责任法的基本体系。

本章的核心问题和主要观点:我国现行环境侵权责任法的立法体系实际上是采纳了过错责任和无过错责任的二元归责体系。学理上也应顺应此种思路,建立过错责任和无过错责任并存的环境侵权责任法学体系。

**四、基本概念辨析**

凡理论研究,皆始于对基本概念的准确界定和辨析,法学尤其如此。

---

① 张宝:《环境侵权归责原则之反思与重构》,载《现代法学》2011 年第 4 期。张宝博士进一步认为:"环境侵权未能依据环境学规律区分为拟制型污染侵权和实质型污染侵权,进而适用相应的归责原则:实质型污染侵权适用无过错责任;拟制型污染侵权适用过错推定责任,超标视为过错,在双方均无过错时,则以公平责任作为损失分担的原则。"对环境侵权作拟制型污染侵权和实质型污染侵权二分,这种观点颇有见地,有待进一步深入研究。

"概念是解决法律问题所必需和必不可少的工具。没有限定严格的专门概念,我们便不能清楚地和理性地思考法律问题。"①因此,对环境侵权责任归责原则的研究,首先应对一些基本概念进行语义辨析,唯其如此才能减少理论上因概念界定不明所导致的无意义的争执。

1. 危险责任

"危险责任"(Gefaahrdungshatang)是德国法上的概念,一般认为就是"无过错责任"。②

2. 过错推定

过错推定又称过失推定,是指在损害事实发生后,基于某种客观事实或条件而推定行为人具有过失,从而减轻或者免除受害人对过失的证明责任,并由被推定者负担证明自己没有过失的规则。从本源上来说,"推定"是诉讼法上的证据法则,而非固有的实体法原理。③ 过错推定原则具有如下特点:(1)过错推定是过错责任的一种特殊形式。(2)过错推定适用举证责任倒置的方式;(3)过错责任不区分过错程度;(4)过错推定仅仅适用于法律规定的一些特殊侵权行为。

3. 公平责任

通说认为,公平责任就是指"在法律规定的情形下,根据当事人双方的财产状况等因素,由双方公平合理地分担损失"。④ 一些学者认为,我国《侵权责任法》第24条规定"受害人和行为人对损害的发生都没有过错的,可以根据实际情况,由双方分担损失",表明我国侵权责任法确立了公平责任原则,并认为公平责任原则主要适用于无行为能力人或限制行为能力人致人损害、完全行为能力人暂时丧失意识或失去控制时致人损害、紧急避险致人损害、高楼抛物致人损害不能确定侵权人等情况。针对环境污染领域,有学者进一步认为,公平责任主要存在于以下两种场合:第一,行为人未违反国家或地方污染物排放标准,但排污行为仍然造成损害后果的发生,即行为人的行为不具有违法性,且受害人亦不具有过错;第二,行为人的排放行为尚无国家或地方标准,排污行为造成损害后果的发生,且双方均无过错。

笔者认为,公平责任原则的本质系衡平法上的原则,不能视为侵权责任

---

① 〔美〕博登海默:《法理学》,邓正来译,中国政法大学出版社1999年版,第486页。
② 王泽鉴:《民法学说与判例研究》(第一册),中国政法大学出版社1998年版,第156页。
③ 在笔者看来,推定本源系证据法规则而非实体法原理,正好说明过错推定不能成为侵权责任法的基本原则,即归责原则。目前对归责原则的探讨,之所以有三元论、四元论之说,系归纳法的滥用结果,是一种记笔记的思维习惯,但凡相关,我必收纳。但是,演绎才是理论的本质。
④ 王利明、周友军、高圣平:《侵权责任法疑难问题研究》,中国法制出版社2012年版,第170页。

法的归责原则。但公平责任原则也的确在侵权责任法当中存在,只不过其存在根据,不能用侵权责任法的原理来阐释。①

但也有学者指出,公平责任即"衡平责任"(Billigkeitshaftung)或"具体的衡平主义(Prinzipderkonkreten Billigkeit)",同时认为"公平责任并不是一项与过错责任、过错推定和严格责任并列的原则,而只是辅助上述归责原则发挥作用的原则"。② 就公平责任原则实际的功效而言,这种观点确实概括出公平责任在侵权责任法中的地位,如果抛开对何为"原则"这一问题的争执,这种观点值得赞同。

4. 严格责任

严格责任(strict liability)概念产生于英美侵权法,其基本含义按照英国学者 Heuston 和 Buckley 援引赖兰兹案件的阐释,"一个人自担风险而行事,并就意外发生的损害承担责任,无论他是否具有不当的动机或者过失"。③ 按照美国《布莱克法学词典》,严格责任即无过错责任。但须明确,严格责任是英美侵权法上专用的概念,不能简单地将其与大陆法上的某个概念划上等号,因为它们各自的适用范围和免责事由不尽相同。

5. 绝对责任

绝对责任(absolute liability)通常被视为无过错责任的同义语。但有学者指出,绝对责任要比无过错责任更为严格,表现在承担绝对责任的主体不具有任何免责事由,而严格责任下,责任主体具有免责事由。④

6. 高度危险活动

"高度危险活动"(abnormally dangerous activities)是适用严格责任的一种特殊形式。美国法律研究院的《侵权法重述——纲要》第519节和第520节对"异常危险活动"做出了规定。第519节规定了一般原则,第520节规定了"异常危险活动"的判断标准。

---

① 通说认为,公平责任原则系公平原则(作为民法基本原则)的具体表现之一。但对于民法基本原则的解释,笔者认为应纳入私法原理的解释框架,无法通过私法基本原理——意思自治原理——获得解释的,不能认为是民法基本原则。而公平原则欲成为民法基本原则,却无法通过意思自治得到阐释,因此公平原则不是民法基本原则,自然公平责任原则的地位也值得怀疑。关于公平原则、公平责任原则的地位,笔者另有专文论述;对于民法基本原则问题,参考侯佳儒:《民法基本原则之"成文法局限性克服论"反思——就徐国栋先生的〈民法基本原则解释〉展开分析》,载《中国政法大学学报》2013年第3期;侯佳儒:《民法基本原则解释:意思自治原理及其展开》,载《环球法律评论》2013年第4期。
② 王利明、周友军、高圣平:《侵权责任法疑难问题研究》,中国法制出版社2012年版,第170—171页。
③ 转引自王军:《侵权法上严格责任的原理和实践》,法律出版社2006年版,第5页。
④ 同上书,第5—6页。

第519节规定:"(1)进行异常危险活动者应对该活动对他人人身、土地或者动产造成的损害承担责任,即使他行使最大关注以防止该损害的发生。(2)该严格责任仅限于其发生的可能性构成该活动的异常危险性的损害。"第520节规定:"在确定某一活动是否是异常危险时,应当考虑以下因素:(1)是否存在对他人的人身、土地或动产造成某些损害的高度风险;(2)由此发生的损害构成严重损害的可能性;(3)即使行使合理关注,仍无法消除该风险;(4)该活动在多大程度上不是一个普遍的做法;(5)该活动对进行该活动的地点而言是否不适当;(6)该活动的危险特性在多大程度上超出它对社区的价值。"①《侵权法重述——纲要》还在第520A节对航空器造成地面损害做了专门规定。

《欧洲侵权法基本原则》第5章规定了严格责任,其中第5:101条规定了"异常危险活动":"(1)如某一异常危险活动具有导致损害的特有风险并且实际导致了损害,那么实施这一活动者应对这种损害负严格责任。(2)某一特定活动在下列情况即为异常危险活动:① 即使已尽实施该活动所有管理上应尽的注意,仍然会引起可预见的和极高的风险;② 并非一些通常的做法。(3)损害风险的高低视损害的严重性和发生的可能性而定。(4)本条不得适用于本原则其他条款、国内法或国际条约明确规定了严格责任的活动。"②

7. 高度危险责任

《侵权责任法》第九章规定了"高度危险责任"。笔者认为,这里的"高度危险责任"基本上相当于欧美法上的"异常危险活动"责任。③

8. 过错客观化

过错客观化是指以"善良管理人"在社会生活中所应尽到的注意义务作为过失判断根据的过失理论。根据这一理论过失的判断即变为:凡行为人的损害行为违反了善良管理人所应注意的义务,除有法律规定的无责任能力情况外,即认为过失成立。

---

① 〔美〕肯尼斯·S.亚伯拉罕等:《侵权法重述——纲要》,许传玺等译,法律出版社2003年版,第141、143—144页。
② 〔欧〕欧洲侵权法小组:《欧洲统一侵权法:文本与评注》,法律出版社2009年版,第8页。
③ 全国人大常委会法制工作委员会民法室编:《侵权责任法:立法背景与观点全集》,法律出版社2010年版,第897—911页。

## 第二节 比较法上的环境侵权归责原则

### 一、德国法考察

对于环境侵害,德国法做出两类区分:其一,是由于人们日常活动或企业无需政府许可的营业活动引起的环境侵害,这被称之为一般性的环境侵害;其二,是经政府许可的经营活动,即企业的产业活动引起的环境侵权,被称之为特殊类型的环境侵害。以此分类为依据,德国环境侵权法律涉及两个方面,即以《德国民法典》为根据的一般性侵权规定,和以事关环境侵权的专门性法律为依据的特殊类型的环境侵权的规定。① 对于一般性环境侵权的规定,其法律规定有两部分内容:其一是《德国民法典》的第906条有关不可量物入侵的规定②,其二是《德国民法典》第823条关于过错责任的规定。

不可量物侵入,也常被译为"干扰侵害"。《德国民法典》第906条规定了不可量物侵害制度。该条文原文为:"在干扰不损害或者较轻微损害土地的使用的范围内,土地所有权人不得禁止煤气、蒸汽、臭气、烟气、煤烟、热气、噪声、震动和其他来自他人土地的类似的干扰的侵入。如果此类干扰对土地的通常使用或者对土地的收益所造成的妨害超出预期的程度,所有权人可以要求适当的金钱赔偿。"除此之外,有关不可量物侵害制度的规则还体现在《德国民法典》第1004条③、第823条④、第826条⑤和德国《联邦污染控制法》等法律当中。

有学者将德国法上的不可量物侵害制度分为三类:(1)营业活动造成的不可量物侵害制度,即由获得许可的营业活动所产生的不可量物侵害;(2)基于一般生活活动所产生的不可量物侵害制度;(3)关于无须许可而从事的营业活动产生的不可量物侵害制度。一般认为,对于第一种不可量物侵害,是公法上的不可量物侵害,适用无过错责任进行规制;但对于第二、三种

---

① 全国人大常委会法制工作委员会民法室编:《侵权责任法:立法背景与观点全集》,法律出版社2010年版,第863页。
② 《德国民法典》第906条。
③ 《德国民法典》第1004条(关于排除妨害以及不作为的请求权),是关于所有权人要求正在发生的损害的行为人排除妨害的请求权,以及对有损害之虞的行为人不作为的请求权的规定。
④ 《德国民法典》第823条规定:"因故意或者过失不法侵害他人生命、身体、健康、自由、所有权或者其他权利者,对他人因此而产生的损害负赔偿责任。违反以保护他人为目的的法律,负相同的义务。"
⑤ 《德国民法典》第826条规定:"以违反善良风俗的方式故意对他人施加损害的,行为人对他人负有损害赔偿义务。"

情形,则是私法上的制度,适用过错责任调整。1974 年《联邦污染防治法》将其解释为"对人体、动物、植物或其他物质,足以产生影响的空气污染、噪声污染、振动、光、热、放射性及其他类似的破坏现象"。对于不可量物入侵,通常认为属于《物权法》上的相邻关系范畴,制度的核心内容不是损害赔偿而是消除危害,因此这有别于侵权法,由其制度目的决定,不可量物入侵适用不考虑侵害人的主观是否具有过错。

《德国民法典》第 823 条是关于过错责任的规定。"因故意或过失不法侵害他人的生命、身体、健康、自由、所有权或其他权利者,负有向他人赔偿由此所生损害的义务。"对于第 823 条的适用对象,是其他无法用相邻关系制度调整的一般性环境侵权损害赔偿,但不包括损害后果仅仅限于精神损害的情形,而且根据德国司法判例,对清洁的空气、水和舒适生活环境的利益(即所谓的环境权、环境权益问题),不在第 823 条"其他权利"的范畴之内。①

对于特殊类型的环境侵权,属于无过错责任,德国法上称之为"危险责任"的规范内容,是特别法上的环境侵权,主要是规定在德国《环境责任法》②和《水利法》③中。《环境责任法》适用于特定设备影响环境致害的情形,该法第 1 条规定:"由于附录一列举之设备对环境造成影响而导致任何人身伤亡、健康受损或财产损失,设备所有人应对受害人因之而生的损害负赔偿责任。"附录一列举了 96 种不同设备类型,对这些设备责任系承担无过错责任。对于未完工的设备,该法第 2 条规定:"(1) 如果环境影响是由尚未完工设备所引发,且该影响是以设备完工后存在之危险性为基础,该未完工设备之所有人应负本法第 1 条之责任;(2) 如果环境影响是由停建之设备所引发,且该影响是以设备关闭前存在之危险性为基础,此前设备之所有人应负本法第一条之责任。"

对于《水利法》,该法明确规定适用危险责任,即无过错责任。德国《水利法》第 22 条规定:"向水体(包括河流、湖泊、沿海和地下水)投放或导入物质,或者变更水体原来的物理、化学或生物性质,致损害他人者,就其所生损害负赔偿责任。如果是多人使水域产生影响,那他们作为整体负债人而承担

---

① 全国人大常委会法制工作委员会民法室编:《侵权责任法:立法背景与观点全集》,法律出版社 2010 年版,第 864 页。
② 德国《环境责任法》作为 1990 年 12 月 10 日颁布的法律的第 1 条(《德国联邦法律公报》第一部分 1990 年第 2634 号)由德国联邦议院批准通过,自 1991 年 1 月 1 日起生效;该法经 2002 年 7 月 19 日法律第 9 条第 4 款(《德国联邦法律公报》第一部分 1990 年第 2674 号)修改。具体条文见王军主编:《侵权行为法比较研究》,第 543—562 页,杜景林译。也有译为《环境赔偿责任法》,见前引《侵权责任法立法背景与观点全集》,第 864 页。
③ 也译为《水法》、《水务法》。

责任。"

在《德国民法典》中，私法上的不可量物侵害制度是"相邻关系法"的重要组成，而"相邻关系法"又是"所有权"章节的组成。因此，德国民法中，相邻关系法的立法目的旨在调节不动产所有人之间的权利冲突，相邻关系法包括不可量物侵害制度，其实是对所有权绝对原则的限制。也正是在这个意义上，德国法上，相邻关系法和不可量物侵害制度的法律性质，都被视为是所有权的限制。

**二、法国法考察**

法国法中调整环境侵权问题的法律制度主要有三个法律依据：民法典关于一般侵权的规定、民法典中的"近邻妨害"责任（类似于我国的相邻关系制度）和民法典中的特别侵权制度。"近邻妨害"是处理相邻环境侵权问题的主要法律制度。

1. 民法典中的一般侵权行为责任

《法国民法典》关于侵权责任的一般规定体现在第1382条和第1383条之中。第1382条规定："任何行为使他人受损害时，因自己的过失而致行为发生之人对该他人负赔偿的责任。"第1383条规定："任何人不仅对其行为所致的损害，而且对其过失或懈怠所致的损害，负赔偿的责任。"这两条规定也是环境侵权的基本法律依据。这两条规定了过错责任归责原则，基于过错责任要求被侵权人须证明侵权人主观上存在过错，因此司法判例中很少看到根据这一法律条款获得损害赔偿的情况，原告往往败诉。①

2. 民法典中的"近邻妨害"责任

《法国民法典》中的"近邻妨害"是类似于我国相邻关系的法律制度。所谓"近邻妨害"是指相互邻接土地的所有人或者利用人之间发生的烟雾、噪声、振动、光、热、粉尘、辐射等不可量物入侵邻地所造成的干扰性侵害，以及对邻地的日照、通风、电波的干扰以及挖掘、排水等导致的邻人侵害。近邻妨害属于相邻关系范畴，以土地比邻为要件，以物权请求权为基础，不考虑侵害人主观条件，受害人要承担一定限度内的"容忍义务"，超出限度之外的侵害才可以求偿。因此，加害人承担责任的核心要件是，损害达到了"异常性"和"过度性"。自1844年法国最高法院根据近邻妨害理论对工厂污染公害进行判决以来，损害超越邻人之通常忍受限度即成为法院判定近邻妨害成立的唯

---

① 全国人大常委会法制工作委员会民法室编：《侵权责任法：立法背景与观点全集》，法律出版社2010年版，第866页。

一实质要件。①

3. 民法典中的特殊侵权行为责任

《法国民法典》第1384条（第1款）规定，"任何人不仅对其自己行为所致的损害，而且对应由其负责的他人的行为或在其管理之下的物件所致的损害，均应负赔偿的责任"。在司法实践中，这一规定适用于工厂排放废气、废水、噪声、危险物质致害的情形。

### 三、美国法考察

英美法系国家的法律体系由普通法和制定法构成，有关环境侵权损害赔偿是普通法和制定法共同调整的内容。

（一）对普通法的考察

英美法系中所谓的"侵权法"体现为各种侵权行为事实的集合，体现为各种被告行为的类型集合。在环境侵权领域，有四种法律制度得到适用，即侵犯（trespass）、干扰妨害（nuisance）、过失（negligence）和严格责任（strict liability）。

（1）所谓侵犯（trespass），是指其结果直接损害他人人身、财产或其他权利的行为，加害人的主观意图不是该行为的构成要件。即侵犯适用无过错责任。

（2）所谓干扰妨害（nuisance），被译为妨害②、干扰妨害③、侵扰④等，概括地讲，就是指源于某人不合理的、无根据的、不合法的使用和利用其动产或者不动产，或者源于某人的合法行为导致他人或者公众权利受到妨害和干扰并产生烦扰、不便、不适或伤害的场合。美国《侵权法重述——纲要》第三版直接将 nuisance 定义为，"nuisance 即 private nuisance（私人干扰妨害）和 public nuisance（公共干扰妨害）"。⑤ 前者是侵权行为，其成立以过错为构成要件，其过错判定标准为对注意义务的违反；后者既可能是侵权行为，须承担严格责任，也可能构成犯罪。

要承担过错责任的"私人干扰妨害"，通常适用领域包括：其一，侵占原

---

① 王明远：《环境侵权救济法律制度》，法律出版社2001年版，第228—234页。
② 同上书，第245—258页。
③ 全国人大常委会法制工作委员会民法室编：《侵权责任法：立法背景与观点全集》，法律出版社2010年版，第869页。
④ 〔美〕肯尼斯·S.亚伯拉罕等：《侵权法重述——纲要》，许传玺等译，法律出版社2006年版，第256页。
⑤ 同上书，第821A款，见第256页。

告土地的案件类型;其二,对原告土地造成物理侵害的情形;其三,以气味、烟尘、噪音、烟雾等方式干扰原告使用或者享受其土地的情形;其四,干涉土地通行权或利益。对于私人干扰妨害,英国法上,惯例可以成为被告的抗辩理由。

所谓 public nuisance,是对"公共共有权利的不合理干扰",其具体情形包括:其一,有关行为是否为对公共健康、公共安全、公共和平、公共舒适或便利的重大干扰,或者其二,有关行为是否被成文法、条例或行政法规所禁止;或者其三,有关行为是否有持续的性质或已造成永久或长期性的影响,并且是否——如行为人知道或者有理由知道——对该公共权利有重大的影响。①

(3) 过失(negligence),既是侵权行为的主观要件,也是一种侵权类型。过失以加害人的主观过错为承担责任构成要件。但由于环境诉讼的特殊性质,加害人主观过错的证明极为困难,因此 negligence 在环境侵权领域适用有限。但 20 世纪 70 年代以来,negligence 理论有两个发展,增加了受害人利用 negligence 获得救济的可能性:其一是"事实自证"原则的出现,其二是对"注意义务"外延的扩展,negligence 承认各专门环境立法所确认的保护公众健康、安全和防治污染的义务,违反该义务构成过失。

(4) "异常危险活动"(abnormally dangerous activities)是英美侵权法诉因之一。因从事异常危险活动致害,须承担严格责任,即不问加害人主观上是否存在过错。美国法院将严格责任理论广泛适用于因有毒有害物质管制而致害的案件。

(二) 对制定法的考察

自 1970 年以后,美国采取专门立法方式来确立环境损害赔偿制度,系采无过错责任。如《综合环境治理损害赔偿法》《安全饮用水法》《清洁水法》和《清洁空气法》等,都有无过错责任的规定。

### 四、日本法考察

日本的环境侵权责任归责原则,采取的是过错责任与无过错责任相结合的原则。因秉承《日本民法典》第 709 条关于侵权责任一般归责原则的规定②,"公害过错责任论"通过对传统民法理论的不断发展和完善得以形成;而"公害无过错责任论",则是为充分救济公害事件的受害人而要求公害企

---

① 〔美〕肯尼斯·S.亚伯拉罕等:《侵权法重述——纲要》,许传玺等译,法律出版社 2006 年版,第 257 页。
② 《日本民法典》第 709 条规定:"因故意或过失侵害他人权利或受法律保护之利益者,负因此而产生的损害赔偿责任。"

业承担侵权责任过程中,通过一系列公害事件的审理与判例,逐渐形成。①并且,公害无过错责任的适用是有条件的,仅在法律有特别规定的场合,公害侵害者才可以依照无过错责任起诉加害者。② 换句话说,无过错责任的适用对象仅仅为大气污染、水体污染等引起的公害,对于噪声、振动、地面沉降、恶臭等有害物质引起的公害,无过错责任并不适用。具体来讲,规定适用无过错责任的包括《矿业法》第109条③、《大气污染防治法》第25条④、《水质污染防治法》第19条⑤等,也包括放射性污染领域。对于相邻环境侵权问题,日本通过学理和判例,建立了"容忍义务"理论予以解决。

## 第三节 我国环境侵权责任的归责原则体系

### 一、确立归责体系的基本考量

就环境侵权责任归责原则而言,其体系建构,同样具有多种选择和可能性,并且受制于多种因素。就我国环境侵权责任归责原则的确立而言,应综合考虑具体的侵权样态、各种侵权归责原则的功能及其限度、比较各国立法经验、协调我国现行法律体系、兼顾我国当前学理解释及司法判例、平衡侵权责任归责原则与侵权责任构成要件之间的关系等各方面因素。具体来说,有如下要点:

第一,侵权责任归责原则的选择,应首先考虑不同侵权事实的具体样态。因为侵权事实的样态不同,进而产生侵权所造就的损害具有差异;因为侵权所致损害存有差异,则对损害之填补与分散方式会有差异;因为损害之填补与分散方式具有差异,其实就是侵权所致损害之负担分配方式——即归责原则——具有差异。此一事实,似乎不言自明。但在理论研究中,常常发生舍

---

① 具体适用情况及其判例,参见日本律师协会主编、王灿发监修:《日本环境事实典型案例与评析》,中国政法大学出版社2011年版。
② 〔日〕原田尚彦:《环境法》,于敏译,法律出版社2001年版,第21页。
③ 日本1939年《矿业法》第109条第1款:"为了采掘矿物而挖掘土地,由于排放坑水或废水、堆积废石或排放矿烟,对他人造成损害时,损害发生时该矿区的矿业权者,或者损害发生时矿业权业已消灭,矿业权消灭时该矿区的矿业权人,负赔偿该损害的责任。"
④ 日本1968年《大气污染防治法》第25条第1款规定:"企业因伴随其活动而向大气中排放(包括飞散)有害于人体健康的物质(指烟尘、特定物质或粉尘。而作为仅对生活环境有害的物质则是政令规定以外的物质)。从而侵害了人的生命或健康时,与该排放有关的企业者对由此而引起的损害承担赔偿责任。"
⑤ 日本1970年《水污染防治法》第19条规定:"伴随企业的活动排放含有有害物质的废水或废液,或者向地下渗透而危害了人的生命和身体时,与该排放或地下渗透有关的企业者,应承担由此而引起的损害赔偿责任。"

本逐末的现象,只知争议归责原则却忘却为何争议,不可不察。

第二,侵权责任归责原则体系的建构,须关注各种侵权归责原则的功能、价值及其限度。从功用主义立场考虑,所谓的归责原则不过是分配损害的工具、措施、手段。但工欲善其事,必先利其器,亦必先"知"其器。对归责原则而言,各种归责原则之产生、制度之价值、制度之局限都有成熟探讨,因此,针对某一特定侵权或环境侵权类型,究竟适用何种归责原则,应结合该侵权事实之具体样态与归责原则之功能特性,反复考量,方能确定。

第三,确立环境侵权责任法的归责原则体系,须协调与《侵权责任法》归责原则体系的关系。环境侵权是一种特殊的侵权形态,这是学界的通说,《侵权责任法》也是以"特殊侵权"形式对环境侵权予以规定。因此,对环境侵权责任归责原则的确认,无论是在学理上还是立法上,都要兼顾与一般侵权责任归责原则体系的衔接。具体来说,环境侵权责任归责原则的确立和解释,应该与一般侵权责任归责原则理论解释在体系上协调一致,即在统一的侵权责任法理论体系背景下,建构和阐释环境侵权责任理论体系。

第四,须平衡归责原则与构成要件之间的关系。归责原则问题与构成要件问题紧密相关,互为影响。言其"紧密相关",不难理解;但言其"互为影响",需要特别关注。可以看到这样一种现象,虽然侵权法的归责原则有一元论、二元论、多元论各种学说,但在具体司法实务上,所得后果之差异未见显著。以德国和法国为例,虽然德国有"过错责任""危险责任"二分体系,而法国仅凭"过错责任"撑起侵权责任法全局,但同一案例在两国的审判结果,或可相同。究其原因,在于除却"原则"之论,还有"要件"一说,而对于侵权责任成立要件之如何定义、各要件成立之标准如何认定,这些问题完全可以化解在原则问题上的争执。尤其在过错责任客观化的理论背景下,过错责任与无过错责任也并非情同水火,截然分立。因此,有关归责原则也包括构成要件的理论争执,实际上是在多种可能性方案之间的选择。因此,对归责原则体系确立的立论,需要更高层面的政策性、方法性考量。

第五,关于环境侵权责任归责原则的建构,并不存在统一的模式或者理想的样板。通过比较法考察可以发现,对环境侵权的救济,即便是仅仅就环境污染侵权而论,各国普遍采用过错责任与无过错责任相结合的二元归责体系。但在具体侵权责任形态上,各国又有差异。以噪声为例,在日本法上系采纳过错责任归责原则;在德国法上,基于立法目的旨在对噪声消除危害,因此其适用的是无过错责任原则;在法国法上,噪声问题借助"近邻妨害"责任进行救济,并以损害超过"忍受限度"为要件,同时法国法上还通过特殊侵权制度规制工厂排放的噪声;在美国法上,噪声一般通过"私人干扰妨害"制度进行救济,且通常以加害人的过错为要件。

可见,法学上任何针对特定问题的理论阐释,都具有多种可能性,并非一成不变或者只有唯一一种方案。因此,对环境侵权责任归责原则体系的确立及其理论建构,不应是为了追求某种学理论证上的自洽,也不应是某种概念或逻辑推理的结果。环境侵权责任归责原则、环境侵权构成要件的研究,都应尽可能地尊重主流学界界说,尤其是立法现状、立法机关意见和司法实践,从而在多种可能性的建构中寻求务实的处理结果。

第六,要尽可能比照国际上其他国家的普遍做法。这样说的理由,主要在于我国目前私法领域的立法、学理,都与国际社会有趋同化的趋势。无论立法还是学理,都经常比照国际做法来确立合理性,这已经成为我国理论对合法性论证的一种经常论述策略。因此,尽可能借鉴其他国家做法,这样应该更易于促成我国侵权法体系、环境侵权理论体系尽早确立统一的范式。

基于如上考量,本书认为我国环境侵权责任法实际上确立了过错责任与无过错责任并存的二元归责体系,从理论上看,这种"二元论"的归责原则体系也比无过错责任归责原则的"一元论"体系更为合理。

## 二、我国环境侵权责任的二元归责体系

(一)我国《侵权责任法》确立了二元论的归责体系

按前文,所谓"环境侵权"即是因特定人之生产活动或生活活动将特定物质或能量引入环境,导致环境的物理、化学、生物等性质发生变异,因而对暴露其中的他人人身、财产权益造成侵害或有侵害之虞的民事法律事实。以此概念为根据,在我国现行法的框架下,与环境侵权责任相关的法律规定应包括但不限于:

(1)民事法律领域:基于《物权法》第90条规定的相邻关系而得保护的"环境侵权"(生活性污染侵权)、基于《侵权责任法》第65—68条规定而得保护的"环境侵权"(生产性污染侵权)、基于《侵权责任法》第69—77条规定而得保护的"环境污染侵权"(有毒有害物质侵权)等内容。

(2)环境保护法领域:《环境保护法》中的相应规定,《大气污染防治法》《水污染防治法》《噪声污染防治法》《固体废弃物污染防治法》《放射物污染防治法》等环境保护单行法当中关于环境侵权责任的规定。

对于环境侵权责任归责原则,目前学界的通说以《侵权责任法》第八章"环境污染侵权"为根据,认为我国环境污染侵权系采纳无过错责任。但是根据有关解释,这种观点实际上是含保留意见的。

根据全国人大法工委编的《中华人民共和国侵权责任法释义》:"在立法

过程中,对环境污染责任采用无过错责任的归责原则争议不大。值得注意的是,从侵权纠纷角度研究环境污染责任,根据不同的污染源,适用不同的归责原则。居民之间生活污染适用过错责任,主要受物权法规定的相邻关系解决,不受本章调整。而企业生产污染等污染环境的适用无过错责任原则。"①这个解释有如下含义:

第一,环境污染责任的归责,"根据不同的污染源,适用不同的归责原则";第二,污染源有生活污染和生产污染之分;第三,依照《侵权责任法》第65条,生产性污染责任采用无过错责任原则;生活污染适用相邻关系解决,不受《侵权责任法》第八章调整。

总结上述观点,实际上就是这样一个意思:在我国环境污染侵权领域,适用的是过错责任和无过错责任并存的原则。对于生活污染,根据《物权法》相邻关系理论,适用过错责任;对于生产污染,则依据《侵权责任法》适用无过错责任。可见,我国立法上实际已经明确环境污染侵权系采纳无过错责任与过错责任的二元归责体系。

将环境污染分为生活污染和生产污染,并在法律适用上予以区别对待,笔者赞同。具体来讲,对生活污染适用相邻关系、采取过错责任归责原则来处理,对生产性污染适用更严格的特别法处理。②

还要说明一点,《侵权责任法》第九章规定的"高度危险责任"应纳入环境侵权责任归责原则体系。理由如下:

(1)对于放射性污染、有毒有害物质的管制,一直是环境法的重要内容,也是环境侵权责任法救济的重要对象,这在德国、日本、法国、美国各国立法皆然。

(2)将放射性污染、有毒有害物质污染排除在环境侵权概念之外,对环境法学体系是个挑战,破坏环境法理论完整性。

(3)第九章所谓的"高度危险责任",基本上相当于美国《侵权法重述》和欧洲统一侵权法基本原则中的"异常危险活动",其分类依据是活动内容的"异常危险性",在此项下,对化学品、有毒有害物质、放射性物质成为"异常危险活动"的可能界定对象,因此在环境污染领域,第九章涉及放射性物质、有毒有害物质管制的内容,构成环境侵权的外延。

(4)《侵权责任法》第九章的归责原则,是无过错责任原则,这一点没有

---

① 王胜明主编:《中华人民共和国侵权责任法释义》,法律出版社2010年版,第326页。
② 这里尚有疑问者:其一,如何区分生活污染与生产污染?其二,生活性污染侵权责任是否仅能通过《物权法》第90条规定的相邻关系获得救济?这些问题,有待深究。本书第六章的第六节"相邻环境侵权"将对此详细探讨。

异议,其与一般无过错责任之区别,在于免责事由的规定更为严格,其系所谓的"绝对责任"。

(5) 环境侵权之所以为法律规定上的"特殊"侵权,体现在法律应对上之特殊难题及特殊对策,在这一点上,"高度危险责任"在适用过程中依然存在。如损害之长期性、潜伏性、难以觉察性,损害与加害行为之因果关系难题,对专家证据的依赖,潜在受害者的众多,等等。因此,在法理解释上,环境侵权可以涵盖"高度危险责任"的问题。

(6) 对环境侵权概念的界定,特别强调"因特定人之生产活动和生活活动将特定物质或能量引入环境",此处之特定人之活动将物质或能量引入环境,涵盖相应活动开展中因对特定物质、能量之管控失禁、管控失职之情形。

(二) 二元归责体系的合理性

对于我国环境责任的归责原则体系,究竟采取无过错责任一元归责体系合理,还是过错责任、无过错责任二元归责体系适当,对此可以从理论上进行比较(见表3-1:环境侵权责任归责原则体系比较:一元论与二元论)。

如果采取"无过错责任"的一元论归责体系,其面临的主要难题:(1) 对生活污染侵权采取无过错责任,容易加重加害者的负担,使个体的社会生活动辄得咎,有悖私法伸张自由的价值禀赋;(2) 与世界各国多数立法经验相悖;(3) 将无过错责任引入相邻关系法律调整领域,容易导致受害人救济困难,不利于相邻纠纷解决,也有悖相邻关系法的基本原理。

如果采取过错责任与无过错责任并存的二元归责体系,则较为合理。但其仍然面临难题:针对生活性污染,如何协调《侵权责任法》第65条、《物权法》第90条和各个污染单行法已经确立的"无过错责任"原则,仍然有待进一步研究。

(三) 二元归责体系下的环境侵权责任成立要件

与环境侵权责任归责原则紧密相关的,就是环境侵权责任的成立要件问题。

目前,我国学界对环境侵权责任的构成要件主要有以下几种观点:(1) 二要件说。二要件说又有两种观点:一种观点认为,环境污染责任的构成要件包括污染环境造成损害的事实,以及损害与污染环境行为之间有因果联系[①];另一种观点认为,环境污染责任的构成要件包括污染环境的行为,以

---

① 周珂:《环境法》,中国人民大学出版社2008年版,第85页;王利明:《侵权行为法》,中国人民大学出版社1993年版,第455页。

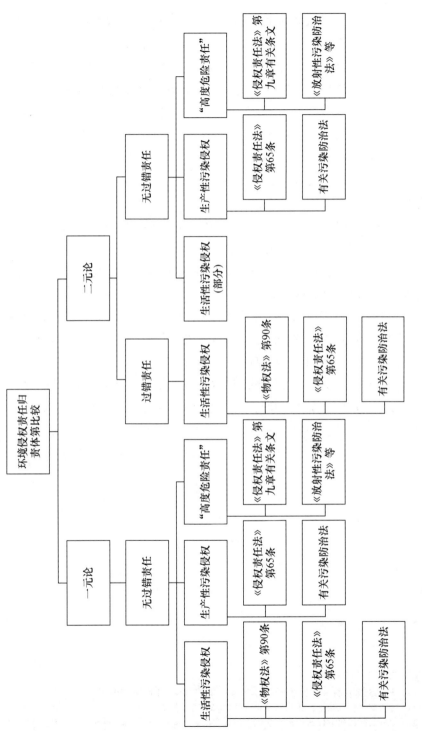

图 3-1 环境侵权责任归责原则体系比较：一元论与二元论

及污染环境的行为造成他人损害。①（2）三要件说。三要件说又有三种观点：其一，环境污染责任的成立要件有三个，具体包括违反环境保护法律的污染环境行为、客观的损害事实以及因果关系②；其二，有学者表述为污染环境的行为、损害、污染环境的行为与损害之间具有因果关系③；其三，还有学者表述为污染环境的行为具有违法性、污染环境造成的损害事实以及污染环境的违法行为与损害事实之间具有因果联系④。除却一些表述上的差异，这些学说均认定环境侵权责任的构成要件应当包括污染环境的行为、环境污染致人损害的事实和因果关系，但对于"违法性"是否是环境侵权责任成立要件，存有极大分歧。

本书认为，我国环境侵权责任构成要件也应该包括两种类型：

（1）适用无过错责任原则的环境侵权责任构成要件包括三个：污染环境的行为，即环境侵权事实；环境污染致人损害的事实，即权益侵害；污染环境的行为与损害之间具有因果关系。

（2）适用过错责任原则的环境侵权责任构成要件除了前面三个，尚包括过错。即过错侵权责任的责任成立要件包括环境侵权事实、权益侵害、因果关系和过错（包括故意和过失）四者。

可以看出，本书并未在环境侵权责任构成要件中采纳"违法性"要件。对环境侵权责任成立要件的研究，将是本书第四章至第六章的研究内容。

---

① 马俊驹、余延满：《民法原论》，法律出版社2007年版，第1072—1074页。
② 杨立新：《侵权法论》，人民法院出版社2005年版，第495页。
③ 张新宝：《侵权责任法原理》，中国人民大学出版社2005年版，第374页；吕忠梅：《环境法导论》，北京大学出版社2008年版，第177页。
④ 曹明德：《环境侵权法》，法律出版社2000年版，第164页；张梓太：《环境法律责任研究》，商务印书馆2004年版，第80页。

# 第四章　环境侵权责任成立要件之一：权益侵害

## 第一节　权益侵害的一般问题

### 一、侵权责任法与权益侵害

（一）权益侵害的概念

权益侵害即民事主体的民事权益遭受侵害。权益侵害是侵权责任成立必备要件之一，其特征如下：

第一，权益侵害是民事权益遭受侵害。所谓民事权益，是指民事主体在民事活动中享有的权利和利益，它具有三个特征：（1）利益性，即民事权益系以一定的物质利益为内容；（2）法定性，即民事权益的内容和保护方式由法律予以规定，并由民法加以保护；（3）依赖性，民事权利是民事法律关系内容的一个方面，与民事义务不可分。

第二，权益侵害须是由侵权行为所造成的权益侵害。德国法上，其区分责任成立的因果关系和责任范围的因果关系。前者是指行为与权益受侵害之间的因果关系；后者是指权益受侵害与损害之间的因果关系。[①] 我国民法上并无如此分类理论，但在认定侵权责任成立要件问题上，须认定权益侵害必须是侵权行为造成的。

第三，权益侵害不同于损害。权益侵害表明权利的圆满状态受到不利影响，损害是权益侵害的结果。

（二）侵权责任法保护的"权益范围"

权益侵害是指民事权益遭受侵害。民事权益是侵权行为侵害的对象，也是侵权责任法保护的对象。确定侵权责任法保护对象的范围——"权益范围"——是一国立法首要解决的问题。根据拉伦茨的观点，"权利范围"即

---

[①] 史尚宽：《债法总论》，中国政法大学出版社2000年版，第134页。

"某个人……全部的权利或者受法律保护的利益的总和"①,则"权益范围"就是个人所享有的全部权利或者受法律保护的利益的总和。

权益范围的确定在侵权责任法上意义重大,权益范围限定了侵权责任法的适用空间,是侵权责任成立要件的重要组成内容,并且还为损害赔偿提供前提。②

任何法律都有其特定的权益保护对象,但其保护的范围和方法要受到其调整对象的制约,也受到其立法目的、功能定位的影响。就侵权责任法而言,其权益范围的确定也受制于上述两方面因素:

(1) 从侵权责任法调整对象角度来看,侵权责任法的保护范围应限于平等主体之间发生的财产关系和人身关系纠纷领域,其保护对象应以"民事权益"为限。所谓"民事权益",进一步解释就是"人身、财产权益",其本质上是私法上的权益,其内容和保护方式系由民事法律所规定和保障。

(2) 从侵权责任法的功能角度看,界定群己权界是其核心作用,如何平衡个人自由(包括活动自由、行使权利自由)与权益保护(他人固有利益乃至可期待利益)是其重要任务。侵权法必须在个人自由、他人均享自由以及自由人的冲突利益之间寻求适当的平衡:一方面是个人的自由、每个人都自由,它对应于我们所享有的人格自由、思想自由和行为自由;另一方面是权利保护界限,它对应于我们不受干扰地享有自己生理、心理能力和财产的自由。如何协调二者关系,其直接表现在侵权责任法保护的"权益范围"设置上。

### 二、我国《侵权责任法》保护的"权益范围"

我国《侵权责任法》第 2 条第 1 款规定,"侵害民事权益,应当依照本法承担侵权责任",明确了我国侵权责任法保障的权利范围和适用的法律依据。第 2 款规定,"本法所称民事权益,包括生命权、健康权、姓名权、名誉权、荣誉权、肖像权、隐私权、婚姻自主权、监护权、所有权、用益物权、担保物权、著作权、专利权、商标专用权、发现权、股权、继承权等人身、财产权益",进一步明确了我国侵权责任法保护的"权益范围"。概括起来,有如下要点:

第一,"权利"和"利益"作区分。我国《侵权责任法》上的"权益范围"包括两类:一是权利,并且限于绝对权,绝对权是《侵权责任法》保护的主要权利类型,主要包括如下几类:(1) 人格权;(2) 身份权;(3) 物权;(4) 知识产权;(5) 股权、继承权等其他权利。二是利益,利益也是侵权法保护的客体。

---

① 〔德〕拉伦茨:《德国民法通论》,法律出版社 2003 年版,第 48—49 页。
② 朱岩:《侵权责任法通论·总论》(上册),法律出版社 2011 年版,第 123—124 页。

《侵权责任法》第 2 条第 2 款使用"等人身、财产权益"的表述,其应解释为包含了利益。

第二,我国《侵权责任法》上的"权益范围"具有开放性的特点。主要体现在:(1)《侵权责任法》第 2 条规定的"民事权益",其本身是一个不确定概念;(2)《侵权责任法》第 6 条第 1 款中使用了"民事权益"的概念,结合第 2 条第 2 款的"等人身、财产权益"表述,可以看出,它不限于已经列举的民事权利,还包括其他民事权利和利益。

第三,我国侵权责任的规范大量散见于各种法律、法规当中。第 2 条第 1 款规定的"应当依照本法",表明《侵权责任法》是所有侵权责任裁判的最终依据。在这里,"本法"即是《侵权责任法》,但结合《侵权责任法》第 5 条规定,"其他法律对侵权责任另有特别规定的,依照其规定",则为侵权一般法和侵权特别法做出衔接,二者结合构成实质意义上的侵权责任法。强调《侵权责任法》是所有侵权责任裁判的最终依据,一方面表明"侵害民事权益"即应由《侵权责任法》调整;另一方面,该条文也隐含着《侵权责任法》只是调整因"侵害民事权益"产生的法律问题。

## 第二节　环境侵权责任法的权益保护范围

### 一、权益范围界定

前文提出,"环境侵权"系指因特定人之生产、生活活动将特定物质或能量引入环境,导致环境的物理、化学、生物等性质发生变异,因而对暴露其中的他人人身权益、财产权益造成侵害或有侵害之虞的民事法律事实。对这一定义,本书特别强调"环境侵权"的侵害对象为"他人的人身、财产权益",即"他人的人身、财产权益"是环境侵权责任法的权益保护范围。同时,本书又特别指出,环境侵权侵害的权益范围不包括"环境权""环境权益"——除非这些"环境权""环境权益"在性质上被视为"人身、财产权益"。

但在前文,对上述观点的理由及合理性并没有展开进一步的论述。尤其是对这些观点的论证,完全是从民法学、主要是从《侵权责任法》的条文出发,论证在《侵权责任法》的框架下,已经完全排除了对"环境权""环境权益"予以私法救济的可能性。但对于环境法学界针对"环境权"问题提出的有关理论主张和理论诉求,却没有进行直接回应和展开研究。为此,本章对作为环境侵权责任成立要件之一的"权益侵害"的研究,除了对其一般性问题进行分析,关注的重点会放在有关"环境权""环境权益"的理论探讨上。

## 二、环境权研究的前提性思考

目前国内学界对"环境权"的大部分理论研究,总体的特点就是研究者实际上是把"环境权"从其产生的具体语境中抽离出来,把"环境权"看成是一个抽象而透明的概念,然后置换到当下中国的特定时空和语境,研究者进而根据个人的问题意识、理论追求、价值取舍对其予以填充、加工和再创造,最后导致相当一部分环境权理论观点存在过于个人化、过于理想化、过于理论化、缺少实用性的特点和倾向,也导致学界对环境权理论的研究常常是百家争鸣,但无法达成共识。

有鉴于此,本书将避开以往对环境权问题的研究思路,将不再对环境权理论进行学说史的全面总结和归纳,不再对各家有关环境权的理论观点进行逐一分析、检讨和评述。① 取而代之的,本章将对规范形态的环境权进行分析、归纳——主要是从有关环境权的国际法规范②出发,探讨"环境权"在国际法上的渊源和具体内容,据此形成关于"环境权"内容体系的初步框架,然后再以这个"环境权"为标准,对我国现行法进行分析,检索和识别涉及"环境权"的规定和内容。最后,通过比较国际法和国内法上关于"环境权"的规定的差异,本书将阐明笔者在环境权问题上持有的基本立场和核心观点。

但需要特别指出的是,本书对"环境权"概念并没有进行定义——概念是抽象的,但关于环境权的规则是具体的,目前的研究现状已经表明对"环境权"在抽象的概念界定层次去探讨不是一条有效的研究路径,继续借助抽象的、学术性、个人色彩浓厚的"环境权"概念建构去讨论环境权问题,只能继续在抽象的思想疆域天马行空,但在司法实践的角度却收益甚少。因此,从环境权的规范形态、具体内容的梳理去研究环境权问题,可能更有裨益。

---

① 环境权是国内环境法学研究的一个理论热点所在,论著较多。有关环境权的各家理论观点可以参见徐祥民、田其云:《环境权:环境法学的基础研究》,北京大学出版社 2004 年版;周训芳:《环境权论》,法律出版社 2003 年版;余俊:《环境权的文化之维》,法律出版社 2010 年版;吕忠梅:《论公民环境权的民法保护》,中国人民大学出版社 2005 年版;张震:《作为基本权利的环境权研究》,法律出版社 2010 年版;侯怀霞、倪振峰:《私法上的环境权及其救济研究》,复旦大学出版社 2011 年版;邹雄等:《环境侵权法疑难问题研究》,厦门大学出版社 2010 年版,第 1—40 页。

② 对于什么是"国际法规范",在理论上是存有争议的,会牵涉一系列国际法基本问题的探讨。鉴于本书的研究内容只是对事关"环境权"的规则和规范进行梳理,目的仅在于探究学界所谓的"环境权"在规则形态层面究竟是如何的状况,而不在于对其规范属性作深入分析,因此,本节中的"国际法规范"只是在最一般的意义上予以把握,即涉及环境权规则的各种国际法律文件或准法律文件。

还要看到,笔者在本章用来检索国际法及国内法上法律规范的"环境权",其本身就已经负载了笔者对"环境权"持有的特定价值判断:将其主体仅限于公民这种先入为主的做法有其必要性和合理性。本书对环境权的研究系在侵权责任法框架下展开,而侵权责任法系民法之组成内容,民法系以平等主体之间的财产关系和人身关系为调整对象,而民事主体中,得为"环境权"主体的应仅以个人为限①,个人又不过是"公民"这一概念在不同语境下的另一种称谓,因此,本书的"环境权"系在私法语境下予以研究和运用,对此不可不察。

## 第三节　环境权及其理论评述

### 一、国际法中涉及"环境权"的规范

（一）相关规则

国际社会对"环境权"的认识始于 20 世纪 60 年代末 70 年代初。1972 年 6 月,联合国在瑞典首都斯德哥尔摩召开人类环境大会,大会通过了《联合国人类环境宣言》,首次将人权与环境联系起来。自此之后,有关环境权的规定和讨论频频出现在国际条约、区域性条约以及国际法律文件当中。这些法律文件主要包括两类,一类是以环境保护为目的的国际法律文件,其中有关公民环境权的内容是作为环境保护的重要途径被提及;另一类是有关人权条约当中,环境权被作为一项"基本人权"而得以被确认和申明。这些法律文件包括国际公约、区域性公约,也包括联合国大会决议、联合国或者联合国专门机构或其他会议通过的原则宣言等,即是所谓的"软法",它们虽然不是传统意义上的国际法渊源,不具有约束力,但是它们并不缺少权威性,它们作为国家之间达成的、或者国际组织认真制定的规范被记录下来,它们之所以被制定出来即具有使其成为规范性文件的目的;只不过,对于这些"软法"文件如何解释、如何以及何时遵守,参加国具有很大自由裁量权。而在环境权的国际法律文件中,这种"软法"文件占有重大篇幅,因此仍然有必要予以梳理。

---

① 民法上的主体其实也有多种,通说包括个人和法人,但国家、企业等也在特定情况下可以成为民事主体。因此,单就主体形态不能完全鉴别何为民事主体,民事主体亦须结合民事权利、民事义务等概念方能界定。因此,本书将环境权主体限定为"公民",换句话即是说,本书实际上将"环境权"预先设定为"民事权益"。考虑到本书系以侵权责任法为研究对象,并且是在民法的语境下进行研究,这种做法应是妥当的。

## 1. 国际环境法律文件中的环境权

在国际环境法律文件中,1972 年的《斯德哥尔摩宣言》首开先河,确认和申明公民具有环境权;1992 年的《环境与发展里约宣言》第 10 条对这一环境权具有的三项核心程序性权利——获得信息的权利、参与权和求助于司法的权利——予以进一步明确;2010 年 2 月的《国家环境信息获取、环境事务参与及获得环境司法救济立法导则》,为环境权的这三项核心程序权利性内容提供了具体的、可操作的指引。

具体来说,下列法律文件中包含涉及环境权的条款:1972 年《斯德哥尔摩宣言》①,1982 年《世界自然宪章》②,1990 年联合国大会第 45/94 号决议③,1992 年《环境与发展里约宣言》④,1999 年《环境权比斯开宣言》⑤,联合国环境保护署大会第 SS.XI/5 决定,《国家环境信息获取、环境事务参与及获得环境司法救济立法导则》⑥。

## 2. 国际人权法律文件中的环境权

1948 年的《世界人权宣言》为全人类平等享有基本人权建立了一个框架,以之为基础,一系列人权法律文件得以出台。环境权最早在人权公约中的出现,始于 1966 年的《经济、社会和文化权利国际公约》,该公约规定了人类享有有益健康的环境权、良好的工作环境权、良好的生活条件权和健康权等内容。《公民权利和政治权利国际公约》规定了自治权和自由处置自然财富和资源的权利,规定法律面前所有生命平等。此外,第 14—26 条实际上也为公民程序性环境权保护提供了国际法上的依据。在其后出现的人权公约和有关人权的国际法律文件中,这些内容被进一步重申。

---

① 《联合国人类环境会议宣言》又称《斯德哥尔摩宣言》,1972 年 6 月 16 日联合国人类环境会议第 21 次全体会议在斯德哥尔摩通过。第 1 条原则:"人类有权在一种能够过尊严和福利的生活环境中,享有自由、平等和充足的生活条件的基本权利,并且负有保护和改善这一代和将来的世世代代的环境的庄严责任。"

② 联合国大会决议,A/RES/37/7, 联合国大会第 37 届会议 1982 年 10 月 28 日通过。第 23 条规定:"人人都应当有机会按照本国法律个别地或集体地参加拟订与其环境直接有关的决定;遇到此种环境受损或退化时,应有办法诉请补救。"

③ 1990 年 12 月 14 日,联合国第 68 次大会再次通过了第 45/94 号决议,决议明确指出所有人都有生活在能够满足其健康和福利所需要的环境下的权利。该决议呼吁努力确保人类有一个更好的、更加有益健康的环境。

④ 联合国环境与发展大会,里约热内卢,1992 年 6 月 3 日至 14 日。

⑤ 1999 年 9 月 24 日,UNESCO 大会决定,30 C/INF. 11。《环境权比斯开宣言》宣言第 1 条宣称:"每个人个别地或者与其他人联合地享有健康和生态平衡的环境的权利。"

⑥ 2010 年 2 月 24 日至 26 日,UNEP 第 SS.XI/5 号决定,Guidelines for the development of national legislation on access to information, public participation and access to justice in environmental matters。全文对国家立法促进环境信息知情权、环境事务参与权和获得司法救济的权利提供可操作性的指引。

具体来说,涉及环境权的国际人权公约包括:《世界人权宣言》①(UDH,1948),1966 年联合国大会通过的《经济、社会和文化权利国际公约》②和《公民权利和政治权利国际公约》③,1979 年联合国大会通过的《消除对妇女一切形式歧视公约》④,1989 年联合国大会通过的《儿童权利公约》⑤。

3. 区域公约中的环境权

涉及环境权的区域公约主要包括:《美洲人权公约》⑥及《美洲人权公约附加议定书》⑦,1986 年《人类与人民权利非洲宪章》⑧和《关于在环境事务中

---

① 第 3 条:"人人有权享有生命、自由和人身安全。"
第 8 条:"任何人当宪法或法律所赋予他的基本权利遭受侵害时,有权由合格的国家法庭对这种侵害行为作有效的补救。"
第 21 条:"(二)人人有平等机会参加本国公务的权利。"
第 22 条:"每个人,作为社会的一员,有权享受社会保障,并有权享受他的个人尊严和人格的自由发展所必需的经济、社会和文化方面各种权利的实现,这种实现是通过国家努力和国际合作并依照各国的组织和资源情况。"
第 24 条:"人人有享有休息和闲暇的权利,包括工作时间有合理限制和定期给薪休假的权利。"
第 25 条:"(一)人人有权享受为维持他本人和家属的健康和福利所需的生活水准,包括食物、衣着、住房、医疗和必要的社会服务;在遭到失业、疾病、残废、守寡、衰老或在其他不能控制的情况下丧失谋生能力时,有权享受保障。"

② 1966 年 12 月 16 日联合国大会决议 2200A(XXI)。第 1 条(自治权和自由处置自然财富和资源的权利)。第 7 条(对舒适的生活环境的权利以对安全、健康的工作、休息环境的权利);第 11 条(享有适当的生活标准的权利,包括食物、住房以及生活条件逐步改善的权利);第 12 条(提出了改善环境、促进工业清洁生产的权利,第 2 款直接提及了与环境保护有关的事项);第 15 条(文化生活的权利以及分享科技进步成果的权利)。

③ 联合国大会 1966 年 12 月 16 日第 2200A(XXI)号决议。第 1 条(自治权和自由处置自然财富和资源的权利);第 6 条(生命权)。此外,第 14—26 条实际上也为公民程序性环境权保护提供了国际法上的依据。

④ The Convention on the Elimination of All Forms of Discrimination against Women(*CEDAW*),1979 年 12 月 18 日联合国大会第 34/180 号决议通过,1981 年 9 月 3 日生效。涉及环境权的规定是第 14 条第 2 款:缔约各国应采取一切适当措施,消除对农村地区妇女的歧视,以保证她们在男女平等的基础上参与并受益于农村发展,尤其是保证她们有权:……(h)享受适当的生活条件,特别是在住房、卫生、水电供应、交通和通讯方面。

⑤ 1989 年 11 月 20 日联合国大会第 44/25 号决议通过。涉及环境权的规定是第 23 条:"人人都应当有机会按照本国法律个别地或集体地参加拟订与其环境直接有关的决定;遇到此种环境受损或退化时,应有办法诉请补救。"第 24 条规定,儿童有权享有可达到的最高标准的健康;为了实现这一权利,成员国应消除疾病和营养不良现象,包括在初级保健范围内利用现有可得的技术和提供充足的营养食品和清洁饮水,要考虑到环境污染的危险和风险。

⑥ 《美洲人权公约》于 1969 年 11 月 22 日由美洲国家间人权特别会议通过。1978 年 7 月 18 日生效。

⑦ 1988 年 11 月美洲国家组织大会通过了《美洲人权公约附加议定书》,又称《圣萨尔瓦多议定书》(San Salvador Protocol)。《美洲人权公约附加议定书》第 11 条规定:"每个人应享有生活于健康环境中的权利和获得基本公共服务的权利。成员国应当促进保护、保存和改善环境。"

⑧ Africa Charter on Human and People's Rights,1981 年 6 月 27 日通过,1986 年 10 月 21 日生效。涉及环境权的规定是第 24 条:"所有人民应该享有能够适合他们发展的一般的令人满意的环境的权利。"

获得信息及其决策过程中公众参与、获得司法公正的公约》①。在这些区域性公约当中值得一提的是《美洲人权公约》,用清晰的语言规定成员国有义务采取积极措施实现环境权。再有,《非洲宪章》对"一般的令人满意的环境权"做出了定义。

（二）国际法中"环境权"的内容

关于环境权的具体内涵与内容,到目前为止并不存在一项有法律约束力的国际文书来予以明确和界定。但根据目前国际法律文件的核心原则和基本精神,可以认为环境权的基本内容包括实体性权利和程序性权利两项内容。实体性的环境权即"安全和健康的环境权",所有的人,无论男女老幼,都有权享有安全和健康的环境以及涉及或依赖于安全和健康的环境的其他基本人权②。具体而言,这一"安全和健康的环境权"又包括两项权利:健康权和适足环境权。另外,还有三项核心的程序权利与实现安全和健康环境权相关:获得信息的权利、参与权和求助于司法的权利,包括在安全和健康环境权这项实体权利遭受侵害时,获得纠正和救济的权利。这些权利体现在1992年的《环境和发展里约宣言》和联合国欧洲经济委员会1998年在丹麦奥胡斯通过的《公众在环境事务中获得信息、参与决策及诉诸司法的权利的奥胡斯公约》等文件中。

1. 实体性环境权

《经济、社会、文化权利国际公约》("三权"公约)是最早把环境保护和人权具体联系起来的国际人权条约。公约规定,人人有权享受可能达到的最高标准的身体和精神健康,人人有权获得教育,并享受科学进步及其应用的成果。③ 另外,《儿童权利公约》也涉及环境问题。该公约规定,儿童有权享受能够达到的最高水平的健康,有权享受有利于身体和精神发育的生活标准。④ 但是,联合国人类环境会议通过的《斯德哥尔摩宣言》,是国际文书中对具体的"安全和健康环境权"的最清楚表述。宣言称,"人类有权在一个保

---

① Convention on Access to Information, Public Participation in Decision-Making and Access to Justice in Environmental Matters, the Aarhus Convention,《关于在环境事务中获得信息及其决策过程中公众参与、获得司法公正的公约》,又称《奥胡斯公约》。该公约是欧洲经济委员会环境政策委员会于1998年6月25日在"欧洲环境"第四次部长级会议上通过的,有39个国家签署,截至2001年11月已有17个国家批准生效,对环境信息公开规定得较为完善的国际社会立法,从环境信息获得、环境事务参与决策到获得司法救济,都做了较为完善的规定。

② 《1948年世界人权宣言》,第22、25和27条;《1996年经济、社会和文化权利国际公约》,第1、6、7、11、12、13和15条;《1979年消除对妇女一切形式歧视公约》,第11和14条;《1989年儿童权利公约》第24和27条。

③ 《1996年经济、社会和文化权利国际公约》第1、6、7、11、12、13和15条。

④ 《1989年儿童权利公约》第24条和27条。

证尊严和福祉的优质环境中获得自由、平等和适当生活条件的基本权利,并且负有为当代和子孙后代保护和改善环境的庄严责任"。①

（1）健康权。《经济、社会、文化权利国际公约》第12条对健康权做出规定:"一,本公约缔约各国承认人人有权享有能达到的最高的体质和心理健康的标准。""二,本公约缔约各国为充分实现这一权利而采取的步骤应包括为达到下列目标所需的步骤:① 减低死胎率和婴儿死亡率,使儿童得到健康的发育;② 改善环境卫生和工业卫生的各个方面;③ 预防、治疗和控制传染病、风土病、职业病以及其他的疾病;④ 创造保证人人在患病时能得到医疗照顾的条件。"

（2）适足环境权。根据有关国际公约,公民的适足环境权具体包括三项内容:公民应当享有健康环境权、适足工作环境权和适足生存环境权。

——公民享有在健康生活环境中生活的权利。最先明确将环境权作为一项基本人权加以规定的是1988年《美洲人权公约附加议定书》。该议定书第11条规定:"每个人应享有生活于健康环境中的权利和获得基本公共服务的权利。成员国应当促进保护、保存和改善环境。"

——适足工作环境权。《经济、社会和文化权利国际公约》第7条规定,成员国承认"人人有权享受公正和良好的工作条件",特别要保证"妇女享受不差于男子所享受的工作条件"。该公约第2条第1项要求每个成员国"每一缔约国家承诺尽最大能力个别采取步骤或经由国际援助和合作,特别是经济和技术方面的援助和合作,采取步骤,以便用一切适当方法,尤其包括用立法方法,逐渐达到本公约中所承认的权利的充分实现。"经济、社会、文化权利委员会在其发表的关于工作权的第18号一般性意见中指出,公约第6条所提及的工作必须是过得去的工作。该工作必须尊重人的基本权利,如必要的工作安全条件和报酬。过得去的工作预示着工作必须尊重劳动者的基本权利和自由。为了实现工作权,国家应该采取措施确保工作具有可接受性和一定的质量保证。保护工作权包括许多方面,其中最重要的应当是公正和良好的工作条件,特别是安全的工作条件。

——适足生存环境权。《经济、社会、文化权利国际公约》第11条第1项规定,成员国"承认人人有权为他自己和家庭获得相当的生活水准,包括足够的食物、衣着和住房,并能不断改进生活条件。各缔约国将采取适当的步骤保证实现这一权利……"为了保障公民适足生存环境权的实现,公约第2条第1项规定"每一缔约国家承诺尽最大能力个别采取步骤或经由国际援

---

① 《1972年联合国人类环境会议》通过的《关于人类环境的斯德哥尔摩宣言》,原则1。

助和合作,特别是经济和技术方面的援助和合作,采取步骤,以便用一切适当方法,尤其包括用立法方法,逐渐达到本盟约中所承认的权利的充分实现。"

2. 程序性环境权

在1992年召开的联合国环境与发展大会上,《环境与发展里约宣言》对公民的环境参与权都给予确认。《环境与发展里约宣言》中的原则一将人类置于可持续发展的中心:"人类处于普受关注的可持续发展问题的中心。他们应享有以与自然相和谐的方式过健康而富有生气的生活的权利。"《环境与发展里约宣言》中的原则10确立了环境参与权:"环境问题最好是在全体有关市民的参与下,在有关级别上加以处理。在国家一级,每一个人都应能适当地获得公共当局所持有的关于环境的资料,包括关于在其社区内的危险物质和活动的资料,并应有机会参与各项决策进程。各国应通过广泛提供资料来便利及鼓励公众的认识和参与。应让人人都能有效地使用司法和行政程序,包括补偿和补救程序。"1998年在丹麦的奥胡斯通过的《公众在环境事务中获得信息、参与决策及诉诸司法的权利的奥胡斯公约》(以下简称《奥胡斯公约》)是目前唯一现有的具有法律约束力的多边环境协定,专门用于解决公民参与环境决策的程序性环境权利问题。

(1) 环境知情权,规定在《奥胡斯公约》的第4条"获取环境信息"和第5条"收集和散发环境信息"当中。

《奥胡斯公约》对环境知情权的规定有这样几个特点:第一,对"环境信息"的界定相当宽泛。第2条第3款对"环境信息"做了广泛定义,包括与环境因素和生物多样性相关的信息,可能影响环境、人类健康、安全或生活条件的活动、行政措施、协定、政策、立法、方案和规划的信息,还包括环境决策中所用的成本效益分析与其他经济学分析。第二,第4条规定,任何人(公众)都有权获得环境信息。行使这种权利不需要因为个人受到影响或对某事项具有某种权利或利益。这种权利也不限于当事国公民才能享有。第3条第9款"非歧视条款"确保在越境案件中,外国公民和非政府组织享有与内国当事人相同的权利。第三,对不予公开的例外以及说明拒绝理由的方式规定了额外的限制。公约认为环境信息只有在"公开会严重危及公共安全"的情况下才能够被拒绝,至于说明拒绝理由的方式,公约强调应该采取"限制性方式",并说明"公开涉及的公共利益以及所要求的信息与影响环境的排放之间的联系"。第四,提供信息的时限短。公约中把提供环境信息的期限规定为1个月,只有当要求"数量巨大而又复杂的信息"时才是2个月的时间。第五,清楚地说明了信息收费问题。每一个国家都可以允许公共管理机构在不超过合理的数量范围内收取费用,但收费情况应让申请者了解。

综上可以看出,《奥胡斯公约》对环境知情权的规定通过保障公众获得必要的环境信息,从而为公民积极参与环境决策提供条件。

(2) 环境决策参与权。

有关环境决策参与权规定在《奥胡斯公约》中的第 6 条"公众参与有关具体活动的决策",第 7 条"公众参与环境方面的计划、方案和决策"以及第 8 条"公众参与拟订执行规章和/或有法律约束力的通用准则文书"当中。

《奥胡斯公约》规定公民环境参与权有这样几个特点:第一,在环境决策参与主体上,第 6 条规定的参与权只有"相关公众"才能享有,但第 2 条第 5 款将其定义为"受到或可能受环境决策影响,或有利益在其中的公众",根据这一定义的目的,促进环境保护并符合任何国内法要求的非政府组织应被认定为利益相关者。第二,公约强调必须建立一定的制度性框架来保障公众参与环境决策。

(3) 获得司法救济权利。

有关获得司法救济权利规定在《奥胡斯公约》中的第 9 条"诉诸法律"当中。《奥胡斯公约》第 9 条对司法救济权做了规定,当原告的权利被妨害或具有"充分利益"时,可以起诉违反国内环境法的行为。

《奥胡斯公约》没有定义"充分利益",它的内涵似乎比第 6 条采用的"相关公众"要窄,缔约国也未就它如何促进非政府组织的公益诉讼达成一致。第 9 条第 3 款规定,有权参与决策的当事人也有权对决策结果的合法性提起行政或司法审查。一般性的不履行环境法的行为也违反第 9 条第 3 款。第 9 条第 4 款要求:提供充分、公正和有效的救济。

## 二、中国现行法中涉及"环境权"的条款

中国目前为止已经签署、或批准、或加入的人权条约当中,涉及环境权问题的主要包括《经济、社会和文化权利国际公约》《公民权利和政治权利国际公约》和《儿童权利公约》。根据《公民权利和政治权利国际公约》第 2 条第 2 款,《经济、社会和文化权利国际公约》第 2 条第 1 款和《儿童权利公约》第 4 条的规定,中国有义务采取相应立法措施保证公约在国内的执行。这些公约当中,许多关于环境权的规定,事实上已经转化为我国的现行法规范。考察我国现行法,可以发现,无论是实体性环境权的规定,还是程序性环境权的规定,在我国法律中都大量存在。

(一) 实体性环境权的规定

关于实体性环境权的法律规定,主要体现在《物权法》当中。《物权法》

第 89 条规定:"建造建筑物,不得违反国家有关工程建设标准,妨碍相邻建筑物的通风、采光和日照。"第 90 条规定:"不动产权利人不得违反国家规定弃置固体废物,排放大气污染物、水污染物、噪声、光、电磁波辐射等有害物质。"

在 1989 年修改《环境保护法》时,由学者提出的草案中曾经明确规定"公民有在良好适宜的环境中工作和生活的权利",但后来在正式通过的法律中被删去。目前我国《环境保护法》正在修改,许多学者提出要增加关于"环境权"的规定。

值得一提的是,虽然《环境保护法》没有对环境权做出规定,但是在一些地方性法规和规章中,存在有关"环境权"的条款。如 1990 年 4 月发布的《宁夏回族自治区环境保护条例》①,1994 年制定、2005 年修订的《上海市环境保护条例》②,1995 年 7 月制定、2002 年 1 月修订的《福建省环境保护条例》③,1990 年 7 月制定、2004 年 9 月修订的《中国人民解放军环境保护条例》④。

(二) 程序性环境权的规定

有关环境权的程序性权利内容,目前没有专门予以规定的立法。但是通览中国现行法律制度,仍然可以为程序性环境权的存在找到法律依据。这些法律依据既体现在有关民法、行政法和刑法的实体法规定当中,也体现在相应的程序法规范当中;既表现在作为环境保护基本法的《环境保护法》当中,也体现在 2002 年颁布的《清洁生产促进法》《水污染防治法》《环境影响评价法》等环境保护单行法当中。

(1) 环境知情权。

关于环境知情权,在我国现行法中得到规定。如 1989 年颁布的《环境保护法》第 11 条规定:"国务院和省、自治区、直辖市人民政府的环境保护行政

---

① 该条例第 8 条规定:一切单位和个人,都有享受良好环境的权利和保护环境的义务,对污染和破坏环境的行为有权进行检举和控告。
② 该条例第 8 条规定:一切单位和个人,都有享受良好环境的权利,有权对污染、破坏环境的行为进行检举和控告,在直接受到环境污染危害时有权要求排除危害和赔偿损失。
③ 该条例第 8 条规定:公民有享受良好环境的权利和保护环境的义务。一切单位和个人有权对污染和破坏环境的单位和个人进行检举和控告。
④ 该条例第 6 条规定:军队所有单位和人员都有保护和改善环境的义务,都有在符合规定标准的环境中工作和生活的权利、对环境质量知情的权利以及获得环境损害补偿的权利,并有权对污染和破坏环境的行为进行监督、检举和控告。

主管部门,应当定期发布环境状况公报。"再如 2002 年的《清洁生产促进法》①,2009 年 8 月公布的《规划环境影响评价条例》②。

(2) 环境决策参与权。

关于环境决策参与权,在我国现行法中得到规定。如 2002 年的《中华人民共和国环境影响评价法》第 5 条规定:"国家鼓励有关单位、专家和公众以适当方式参与环境影响评价。"第 11 条规定:"专项规划的编制机关对可能造成不良环境影响并直接涉及公众环境权益的规划,应当在该规划草案报送审批前,举行论证会、听证会,或者采取其他形式,征求有关单位、专家和公众对环境影响报告书草案的意见。但是,国家规定需要保密的情形除外。编制机关应当认真考虑有关单位、专家和公众对环境影响报告书草案的意见,并应当在报送审查的环境影响报告书中附具对意见采纳或者不采纳的说明。"第 21 条:"除国家规定需要保密的情形外,对环境可能造成重大影响、应当编制环境影响报告书的建设项目,建设单位应当在报批建设项目环境影响报告书前,举行论证会、听证会,或者采取其他形式,征求有关单位、专家和公众的意见。建设单位报批的环境影响报告书应当附具对有关单位、专家和公众的意见采纳或者不采纳的说明。"再如 1998 年国务院颁布的《建设项目环境保护管理条例》,第 15 条"建设单位编制环境影响报告书,应当依照有关法律规定,征求建设项目所在地有关单位和居民的意见"。

(3) 获得司法救济权利。

关于获得司法救济权利,在我国现行法中得到规定。如 1989 年《环境保护法》第 41 条,"造成环境污染危害的,有责任排除危害,并对直接受到损害的单位或者个人赔偿损失。赔偿责任和赔偿金额的纠纷,可以根据当事人的请求,由环境保护行政主管部门或者其他依照法律规定行使环境监督管理权的部门处理;当事人对处理决定不服的,可以向人民法院起诉。当事人也可以直接向人民法院起诉"。再如 2004 年修订的《固体废物污染环境防治法》

---

① 该法第 6 条规定:"国家鼓励开展有关清洁生产的科学研究、技术开发和国际合作,组织宣传、普及清洁生产知识,推广清洁生产技术。国家鼓励社会团体和公众参与清洁生产的宣传、教育、推广、实施及监督"。第 17 条规定:"省、自治区、直辖市人民政府环境保护行政主管部门,应当加强对清洁生产实施的监督;可以按照促进清洁生产的需要,根据企业污染物的排放情况,在当地主要媒体上定期公布污染物超标排放或者污染物排放总量超过规定限额的污染严重企业的名单,为公众监督企业实施清洁生产提供依据。"

第 31 条规定:"根据本法第 17 条规定,列入污染严重企业名单的企业,应当按照国务院环境保护行政主管部门的规定公布主要污染物的排放情况,接受公众监督。"

② 该条例第 13 条第 1 款规定:"规划编制机关对可能造成不良环境影响并直接涉及公众环境权益的专项规划,应当在规划草案报送审批前,采取调查问卷、座谈会、论证会、听证会等形式,公开征求有关单位、专家和公众对环境影响报告书的意见。但是,依法需要保密的除外。"

第 84 条第 3 款、第 85 条、第 86 条和第 87 条;2008 年修订的《水污染防治法》第 85 条第 4 款、第 88 条、第 87 条和第 88 条。

在民事法律当中,也包括获得司法救济权利的规定。如 1986 年颁布的《民法通则》第 83 条规定:"不动产的相邻各方,应当按照有利生产、方便生活、团结互助、公平合理的精神,正确处理截水、排水、通行、通风、采光等方面的相邻关系。给相邻方造成妨碍或者损失的,应当停止侵害,排除妨碍,赔偿损失。"第 124 条规定:"违反国家保护环境防止污染的规定,污染环境造成他人损害的,应当依法承担民事责任。"再如 2009 年颁布的《侵权责任法》第 68 条规定"因第三人的过错污染环境造成损害的,被侵权人可以向污染者请求赔偿,也可以向第三人请求赔偿。污染者赔偿后,有权向第三人追。"等等。

### 三、中国环境权理论评析

#### (一) 环境权研究陷入"闲谈"之境

中国法学界开展环境权理论的研究,始于 20 世纪 80 年代初。《中国社会科学》1982 年第 3 期发表的蔡守秋先生的《环境权初探》一文,是中国法学界系统地研究环境权理论的开端。自此之后,"环境权"概念便成为中国法学界一个研究的热点问题。历经 30 余年,期间成果丰硕、论者众多,即便今日,这个问题仍然是环境法学理论的一个热点、难点和基本问题点。[①] 但令人遗憾的是,一方面是研究者众多,场景蔚为壮观,但另一方面,又争议不绝。对"环境权"问题,人人似乎都有话说,但似乎少有人说得清晰、说得准确;对"环境权"问题,似乎已经说了很多,但似乎还有许多依然没有说。

这种处境着实尴尬。环境权问题,依然身在我们理智所不及的"阴影"和"晦暗"中,借用海德格尔的话来讲,环境权研究已经身堕"闲谈之境",饱受日常语言引致的"沉沦"之苦,环境权问题因此也走入"遮蔽状态"。当环境权话语渐渐演变、堕化成为"闲言",则环境权研究就难于回溯到环境权向所由来的根基上去,有关环境权的"话语"也由此进入一种"封闭"状态。由于人们在"闲言"之际自以为达到了对所谈及的东西的领会,就更加深了这

---

[①] 在中国期刊网上进行检索,截至 2014 年 1 月 15 日,具体检索结果如下:以"环境权"作为关键词进行文献数据库检索,共有文献 1689 篇,第 1 篇文献系发表于 1980 年的《国外法学》的《日本环境会议的总结与展望》,作者小林直树、田空;2013 年尚有 40 篇文献以"环境权"为关键词;以"环境权"作为关键词进行优秀硕士论文数据库和博士论文数据库检索,共有文献 97 条,其中博士论文 2 篇,优秀硕士论文 85 篇;以"环境权"作为关键词进行期刊数据库检索,共有文献 1216 篇;以"环境权"为检索词在文献数据库进行全文检索,检索记录 17203 条;以"环境权"为检索词在期刊数据库进行全文检索,检索记录 9490 条;以"环境权"为检索词在优秀硕士论文数据库和博士论文数据库进行全文检索,检索记录 5673 条。

种"封闭"。由于这种自以为是,一切新的诘问和一切分析工作都被束之高阁,并以某种特殊的方式压制延宕下来。①

对此现状,许多学者都提出批评。如有学者认为,"环境权是一个有着良好动机的伪命题,……其实,环境权论者早就或多或少意识到了环境权存在的重大缺陷,他们之所以一方面承认这些缺陷,另一方面又孜孜不倦地为它证成的原因在于它依附于一个良好的动机,被寄予了支撑环境法理论体系的希冀"。② 有学者分析目前环境权理论陷入困境的成因,认为"环境权实际上是环境法治萌芽阶段的产物,作为权利文化应对环境危机的本能反应,它反映了人们试图通过增设权利来解决环境问题的努力,但这种努力的结果,就目前来看,并不成功。其失败的根源在于权利与愿望的本质差别。"③针对目前环境权理论观点繁荣、共识贫瘠的现状,有学者更是尖锐地对环境权研究的方法和理论倾向提出批评,"环境权难以操作和得不到法院的支持的一个重要原因,是学者在环境权研究中的乌托邦倾向和巫师化倾向",所谓的"乌托邦"倾向即过于理想化的理论建构与社会实践、公众预期严重脱节;所谓"巫师化"倾向即研究者意在标新立异,背离学术研究通常规范,拼凑组合敷衍成章,一如巫师做法。④ 言语虽过犀利,个中却颇有见识。

(二)关于环境权问题的基本观点

环境权研究历史悠久、资料浩繁,如果展开系统研究,将不胜其苦。同时,对环境权问题,目前中国环境法学界较为熟悉,因此,本书在此仅表明一种立场,对观点不做深入展开。

第一,基于本书的研究对象系环境侵权责任法,因此本书对"环境权"的把握,系在民法语境下展开,本书已经预先地将"环境权"设定为私权。但这种做法,并不排斥对环境权在其他法律学科领域进行研究,也并不排斥对"环境权"性质做其他界定。事实上,正如前文通过检索国际法、国内法所发现的,"环境权"权利内容极为广泛,并且散见于现行法各个法律领域当中。这里需要特别指出的是,"环境权"权利内容过于宽泛,任何试图将环境权性质做一个简单处理、统一界定都难以成功,而且也缺乏实际意义。即便法律承认环境权系"人权""宪法性权利",但仍需要对其具体内容做进一步分解,

---

① 〔德〕马丁·海德格尔:《存在与时间》,陈嘉映、王庆节译,生活·读书·新知三联书店2000年版,第195—198页。
② 彭运朋:《环境权辨伪》,载《中国地质大学学报(社会科学版)》2011年第3期。
③ 巩固:《环境权热的冷思考——对环境权重要性的疑问》,载《华东政法大学学报》2009年第4期。
④ 周训芳:《环境权论》,法律出版社2003年版,第121页。

而这项工作,我国立法一直以来都在丰富有关环境权的这些具体内容。从这个角度来讲,环境权理论自身的价值值得考量。对其价值,似乎可以借用莫泊桑的小说《人生》最后一句话来概括:"既不如想象的那样好,也不如想象的那样坏!"

第二,对环境权制度的法律建构,不能出于一种理念、理论建构的需要,而应采取务实的态度。就我国现行法来讲,虽然《宪法》没有规定"环境权",《环境保护法》也没有规定环境权,但是有关环境权的法律规范并不少见。当然,如果我国《宪法》《环境保护法》能将环境权写入,将有利于推动我国环境保护事业的发展,但其实效未必如学界所预期的那样显著。目前我国环境权保护问题的关键,不是缺乏法律依据,而是有法不依、违法不究等问题。回顾30余年的环境权理论研讨,其真正价值可能体现在激发民众环保意识、权利意识,而不是体现在法律制度建构领域。笔者曾有文章慨叹民法当中"意思自治"这个术语充满魔力,其实"环境权"概念就恰恰类似"意思自治",它也是一个充满诗意的词汇,它以诗的两种姿态呈现于我们的思想世界:一方面,它以其诗性的精神和气质,强烈地冲击我们体察私法制度的直观感受,陶冶我们的私权意识、私法观念,并激发我们追慕自由的理想和热情;而另一方面,它又以其诗的精神和气质,让我们慎思明辨的理性倍感窘迫、疑难——"环境权",不也是含义仿佛昭昭如白日不言自明,但耗费我们30余年学术热情,仍是让我们的理性能力倍感疑难的"晦蔽者"吗?①

第三,对环境权的研究,尤其要强调学科视角问题。任何一个问题,任何一个学科都可以做研究。但在不同的学科,同一问题会有不同的视域,也会有不同的图景。解决这一问题,不同学科还会有不同的思路和方法。环境权,可以是伦理学意义上的道德权利,也可以是法律意义上的"法律权利";就法律权利而言,"环境权"可以是私法上的私权,也可以是人权法上的人权,还可以是宪法上的宪法权利。问题的关键,恰恰不是它的属性,而是当我们界定其成为"某种权利",我们意图主张什么。——借用时下一本畅销书的书名:《当我们谈论爱情,我们在谈论什么》,那么,当我们说环境权是私权、宪法性权利、人权时,我们是否清楚我们意图说些什么呢?对环境权的研究,目前要特别强调这种学科的问题意识、学科视野、学科思路。

第四,对于环境权的研究,环境法学界对之寄予厚望,希望多年来诸多困扰中国环境法发展的疑难问题都能借之得到清理,初衷虽好,但是却未必奏

---

① 侯佳儒:《意思自治之为民法学基本原理:基于语义分析的创造性理解和阐释》,载《江海学刊》2009年第6期。

效。法律制度有现实土壤,法学有自身的历史和话语逻辑,"环境权"作为一个新的概念,要纳入既有的法律、法学体系,不仅需要启后,更需要承前。如果和主流法学造成太大断裂,并不利于环境权自身理论的建构。否则,"环境权"就只能得到外行眼中的青睐和惊异,但得到法学同行的冷眼和漠视。

还要看到,法律有其自身的功能局限。主观地对某一法律寄予希望,而不能充分认识这一法律自身的原理、体系和功能所在,最终并不利于解决问题。比如,有学者主张"环境权"应该成为环境侵权责任法的保护对象,从初衷看是好的,就是为了环境损害能够得到救济。但是从环境侵权责任法自身的属性、功能、作用和基本原理角度看,"环境权"可以成为环境侵权责任法的保护对象,但受到保护的"环境权",其属性必须是环境侵权责任法能够保护的人身、财产权益。如此一来,环境权可以被环境侵权责任法保护,但是希望借此救济环境损害的意图却落空了。究其原因,环境侵权责任法因其自身的私法性质所决定,功能存在局限,对于环境损害,其只能是爱莫能助。

第五,法学学科的最大特色,其不但可以像哲学一样是一种思想体操——我们仅可以谈论正义、自由、民主、权利;也是一门实用的学科——一门经世济民的工具。尤其对于部门法研究,任何概念的理论建构,应该具有实用主义的考虑。如果能放弃对大一统的"环境权"理论建构的理想,审视我们的立法现实,其实"环境权"并不陌生,已然存在。在目前情况下,"环境权"理论的走向,似乎更适合做拆解、散装处理,通过不断将环境权的权利内容规定到各个法律领域,进而在我国建立起"环境权"相关法律制度。对于中国环境权制度建构而言,这是一种暗度陈仓的做法,却可能更为实际,更为有效。

(三) 小结

"环境侵权"的侵害对象为"他人的人身、财产权益",即"他人的人身、财产权益"是环境侵权责任法的权益保护范围。对这一概念,本书又特别强调,不包括"环境权""环境权益"——除非这些"环境权""环境权益"性质上属于"人身、财产权益"。

对于环境权问题,本书认为:"环境权"的内容并非单一,其实质是一"权利束",因此,任何将环境权限定为某一特定权利的努力,都注定会失败。这是因为,我国的法学概念、理论体系更接近大陆法系,而大陆法系的"权利"界定,都是先明其属性,进而分解其内容;但英美法上的"权利"研究,不过是一系列"权利束",并不需要特别强调明晰属性。因此,把"环境权"这么庞杂的内容用一种权利属性去界定,注定不会成功。但如果对"环境权"做多维视角界定,其实已经是将"环境权"纳入多种法学学科体系考察了——而这一点,正是本书所主张的,对"环境权"进行拆解,进而分散到各个法学学科进行分解处理。这样的环境权理论,其关注点在"环境权"具体内容之实,非环境权抽象属性之虚。

# 第五章 环境侵权责任成立要件之二：因果关系

## 第一节 概　　述

### 一、因果关系问题的地位和意义

因果关系是侵权责任成立法上的重要问题[①]，对此可以从两方面考察：其一，因果关系是侵权责任成立的必备要件之一。无论是过错责任还是无过错责任、一般侵权责任还是特殊侵权责任，其侵权责任的成立都须以加害行为与损害后果之间形成因果关系为前提条件，否则在受害人和加害人之间无法形成侵权责任法意义上的损害赔偿法律关系。[②] 其二，因果关系是判断侵权责任是否成立的关键环节。在侵权责任成立要件的逻辑体系中，首先是确认是否有权益侵害事实的发生，接下来就是要确认肇事事实与权益侵害事实之间是否有因果关系的存在，进而才衍生出对肇事事实是否具有"可归责事由"的判断问题。

从立法上看，世界各国的成文法典都未对因果关系的含义做出规定。"此一奇特之现象：任何国家之法学领域中，均不能避免因果关系之问题，却未见到任一成文法典对之做具体规范！在法学领域殊少见之"，而"因果关系之具体内容，有志一同被留给判例及学说，由法院以具体案件论断因果关系，由学说从学理开发因果关系"。[③] 因此，对因果关系问题的研究，主要依赖对有关司法判例和学说的阐释。

但从学理上看，因果关系认定问题一直都是侵权责任法学上的头等难题。理查德·莱特（Richard Wright）直言，"因果关系拒绝了各种使之成为有

---

[①] 因果关系有侵权责任成立法上的因果关系和侵权责任承担法上的因果关系之分，具体分类及意义见后文。本章以侵权责任成立之因果关系为研究对象。

[②] 〔欧〕欧洲侵权法小组：《欧洲侵权法原则：文本与评注》，于敏、谢鸿飞译，法律出版社2009年版，第51页。

[③] 曾世雄：《损害赔偿法原理》，中国政法大学出版社2001年版，第95页。

用的、可理解的表达的努力,成为一个在其性质、内容、范围以及重要性上都存在极大分歧的领域"。① 我国台湾地区民法学者王泽鉴教授民法造诣精深,但对侵权责任法上的因果关系问题也怀有敬畏,在其《侵权责任法》一书中谦称:"本书关于因果关系部分的论述虽有 50 余页,但多在重复他人已经说过的见解,并说了许多不值得说的话。"②

在司法实践中,因果关系问题也是最为困扰法院立案、法官判案的阻碍。③ 在传统侵权责任法领域是这样④,在环境侵权领域更是如此。⑤ 事实上,如果固守传统侵权责任法中有关因果关系认定的理论,司法实务中相当数量的环境侵权案件受害者都将无法得到救助,尤其是在大规模环境侵权事故当中,有关企业的排污行为与受害者群体之间的损害之关系,极难判断。⑥ 也正因为如此,为了适应环境侵权救济的需要,在传统侵权责任法的因果理论之外,各国司法实务中形成了各种因果关系认定的新学说,这些学说与传统侵权责任法因果关系理论组合在一起,就构成了环境侵权责任法的因果关系理论体系。

## 二、文献研究综述

因果关系在法学领域是个重要而又疑难的问题这一结论,无论对英美法系还是大陆法系,都是恰当的。因此,有关因果关系研究的文献和资料,自然会浩繁盈案,数目众多。但囿于笔者阅读范围所限,除却英文资料,目前中文

---

① Richard Wright, Causation in Tort Law, 73 *Calif. L. Rev.* 1735 (1985).

② 王泽鉴:《侵权责任法》(第一册),中国政法大学出版社 2001 年版,第 187 页。

③ 因果关系难于证明成为环境纠纷难以进入司法诉讼程序的最大障碍之一(即使不是最大障碍),这是熟知我国环境诉讼领域人士的共识之一。吕忠梅教授主持的国家社科基金重大项目"环境友好型社会中的环境侵权救济机制研究"课题组多涉及环境侵权诉讼的多项问题作了调研和访谈,在"新型环境纠纷不能纳入诉讼机制的原因"部分,"因果关系认定困难"是环境纠纷不能纳入诉讼机制的重要因素之一。吕忠梅:《理想与现实:中国环境侵权纠纷现状及救济机制构建》,法律出版社 2011 年版,第 95 页。

④ 王泽鉴教授就认为,因果关系的认定是最困扰法院与学者的问题。王泽鉴:《侵权责任法》(第一册),中国政法大学出版社 2001 年版,第 187 页。

⑤ 对于因果关系认定困难的原因,周珂教授总结出三点原因:"(1)污染物在环境中具有潜伏性和积累性,污染行为与损害后果之间往往历时久远,时过境迁,此种时空延伸使因果关系认定极为困难;(2)许多污染是多因素复合作用的结果,例如,某人患上肺癌,其病因有可能是工厂超标排放废气造成的污染,也有可能是居住在公路附近吸入过多汽车废气,还可能是在工作环境中被动吸烟所致,甚至可能是这三种原因复合损害的结果;(3)对于各种污染物的性质、毒性,及其在环境中迁移、扩散和转化的规律,现有的科技水平还不足以认识清楚,或者不足以证明环境污染与损害后果之间的因果关系,这需要利用环境分析、化验等技术手段,并具备渊博的科技知识和专门的仪器设备,以及相当的人力、财力,这无论是对于受害人还是对于司法部门来说都有相当的困难。"参见周珂主编:《环境与资源法学》,法律出版社 2009 年版,第 99 页。

⑥ 可参考本书前文关于大阪西淀川公害诉讼的经过,该案是颇为典型的大规模环境侵权事故,其法律诉讼过程及其难点也具有代表性。

专著及论文主要包括如下几方面内容：

在法理学领域，首先就要提到《法律上的因果关系》(causation in the law)，该书由英国著名法学家 H. L. A. 哈特（H. L. A. Hart）和托尼·奥诺尔（Tony Honore）合著，在英国初版于 1959 年、再版于 1985 年，并于 2005 年经张绍谦和孙战国两位学者翻译而引入中国。①《法律中的因果关系》是法学领域有关因果关系问题的权威著作，该书一方面对英美法系国家法律中的因果关系理论和实践进行了透彻分析，同时也对大陆法系国家因果关系理论进行了比较研究；该书既从实体法角度研究了法律中人们何以对其行为及相应结果承担法律责任，也从程序法角度研究了如何在诉讼程序中解决因果关系的认定和证明问题。此外，韩强博士的《法律因果关系理论研究：以学说史为素材》从梳理因果关系理论的学说演变史入手，对历史上曾经出现过的、具有较大影响力的因果关系理论和著名的司法判例做出解读，全面展示出法律因果关系理论发展演变的基本脉络，是一部十分有价值的著作。② 孙晓东和曾勉两位学者合著的《法律因果关系研究》采用规范分析、案例分析以及比较分析的研究方法，对法律因果关系的本质、性质、功能以及认定标准等问题也进行了分析和探讨。③

在部门法学中，以刑法和民法这两个法学传统学科最为丰富。在民法领域，首先要提到的就是荷兰学者施皮尔主编的《侵权法的统一：因果关系》一书，经易继明等学者翻译在国内出版。该书作为侵权法欧洲工作组——蒂尔堡工作组（Tilburg Group）的重要工作成果，以因果关系问题为中心，设计问卷表，欧洲各国侵权责任法领域的权威学者针对问卷表的问题，结合本国的通说、立法和司法实践做出回答，而后主编在国别报告的基础上撰写比较报告，指出各国的异同，为草案相关主题的拟定提供基础。该书的出版对我国学者全面、系统而深入了解大陆法系国家因果关系理论十分有价值。

我国台湾地区学者陈聪富的《因果关系与损害赔偿》参考英美法文献、综合台湾地区学说及法院见解，探讨了侵权行为法上因果关系的概念、事实上因果关系及法律上因果关系（相当因果关系）之区别、因果关系在政府赔偿案件的判断等，对因果关系的基本问题进行了深入研究。④ 冯珏博士的《英美侵权法中的因果关系》专注于英美法领域的因果关系理论，提出侵权

---

① 〔英〕H. L. A. 哈特（H. L. A. Hart）、托尼·奥诺尔（Tony Honore）：《法律上的因果关系》，张绍谦、孙战国译，中国政法大学出版社 2005 年版。
② 韩强：《法律因果关系理论研究：以学说史为素材》，北京大学出版社 2008 年版。
③ 孙晓东、曾勉：《法律因果关系研究》，知识产权出版社 2010 年版。
④ 陈聪富：《因果关系与损害赔偿》，北京大学出版社 2006 年版。

法中因果关系理论主要包括三个核心内容,即原因与结果之间的条件关系、原因与纯粹条件的对照、将异常条件归于人的行为。《英美侵权法中的因果关系》根据休谟和穆勒所坚持的因果关系的规律理论,深入阐发了条件关系的判断方法,并据此评价英美侵权法中的"假若没有"标准和 NESS 标准。① 刘信平博士的《侵权法因果关系理论之研究》一书,对普通法的近因理论和大陆法系的相当因果关系理论进行深入分析,提出近因说植根于美国的实用主义哲学基础、相当因果关系说源于科学的概率理论的观点,并对我国侵权法因果关系理论体系框架的建构提出建议。②

除了上述专著和译著成果,在论文方面,关于因果关系国内学者也作出较多研究。在中国期刊网上,如果以"因果关系"为关键词,在"期刊"栏下,"民商法"学科项下,计有 930 个检索结果,而在"法理、法史"学科有 440 个检索结果,此外尚有博士和优秀硕士论文 492 篇。在中国期刊网上,检索"环境侵权+因果关系",在"文献"下有 180 个检索结果,博士和硕士优秀论文 62 篇。③ 这些研究成果显然极大推动了人们对侵权责任法上有关因果关系问题的认识。但由于因果关系问题自身的复杂性,许多疑难问题在我们的理智中,仍处于晦暗地界。

在环境侵权责任法领域,疑难问题尤其多,甚至在一定意义上可以认为,是因为环境侵权等现代侵权现象的出现,使得人们发现传统侵权法上因果关系理论的不足和缺陷,进而人们又发现因果关系问题在侵权责任法上异常复杂。

### 三、本章内容和结构

本章包括如下内容:

对侵权责任法上因果关系的一般原理进行梳理,内容涉及因果关系的概念、特点、分类和样态,以及环境侵权责任成立法上因果关系问题的特殊性。

对因果关系理论进行比较法考察。本节将首先对传统侵权责任法上因果关系理论进行回溯,然后针对环境侵权诉讼的特殊性,探讨各国司法实践中通过环境侵权诉讼对侵权责任成立法上因果关系理论的推进。本书对传统侵权责任法上因果关系理论进行了详细分析,这种体例安排有如下考量:

---

① 冯珏:《英美侵权法中的因果关系》,中国社会科学出版社 2009 年版。
② 刘信平:《侵权法因果关系理论之研究》,法律出版社 2008 年版。
③ 检索日期:2014 年 1 月 15 日。

其一,本书认为我国环境侵权责任法的归责原则其实是过错责任、无过错责任二元归责体系,因此在法律适用上,环境侵权因果关系问题也具有多个层次,针对不同的案例类型,传统侵权责任法上的因果关系理论仍有用武之地。其二,环境侵权责任法是侵权责任法的特别法,因此,全面梳理侵权责任法的因果关系理论体系,也为研讨环境侵权责任因果关系问题厘清背景和奠定基础。

针对我国环境侵权责任法中因果关系适用的难题进行分析,主要是针对《侵权责任法》颁布之后理论中的一些争点进行研究。

## 第二节　侵权法上因果关系的一般原理

### 一、因果关系的概念

(一) 因果关系的一般含义

一般而言,因果关系即原因与结果之间的关系,因前"因"而生后"果",有后"果"必有前"因",前因与后果之间的此种"联系"即因果关系。因果关系普遍存在于客观世界的万事万物之间,具有客观性、特定性、时序性等特征,对于这种因果联系,正如我国台湾有学者所谓,其乃"万物事理之逻辑事项","因果关系系以万物之事理为其内容,以逻辑推理之方法推论其关系之事项"[1]。在这里,须对这一观点做进一步补充:万物之内在事理固然客观、不以人的意志为转移,但对这一事理的认识须仰仗人的"逻辑推理方法",而人的逻辑推理方法具有主观性。

(二) 侵权责任法上因果关系的特点

侵权责任法上的因果关系是指侵权事实与权益侵害现象之间的因果关系,具体来说,就是指"在符合侵权责任法的责任构成要件(包括责任成立与责任承担)的体系框架内,在加害来源与损害后果之间具有关联性"[2]。

侵权责任法上的因果关系是指侵权事实与权益侵害现象之间的因果关系,它有两个核心特征:

其一,侵权事实和权益侵害现象之间的联系具有客观性,其内容反映的是"万物之事理"[3],符合自然科学上的因果规律;

---

[1] 曾世雄:《损害赔偿法原理》,中国政法大学出版社2001年版,第95页。
[2] 朱岩:《侵权责任法通论·总论·责任成立法》,法律出版社2011年版,第183页。
[3] 曾世雄:《损害赔偿法原理》,中国政法大学出版社2001年版,第95页。

其二,侵权责任法上的因果关系认定同时具有主观性,一个社会内在的文化观念、道德伦理、立法政策都是影响侵权责任法上因果关系是否成立的价值判断因素。① 因此,法律上针对因果关系的"逻辑推理方法",不仅依赖于自然科学的知识和判断,还依赖法学价值观念的考量。

对于科学考量和法学考量的关系,苏力先生指出,"科学发现的因果关系仅仅是指出了事物和现象之间的联系,这种因果关系并不能而且也不应当直接决定法律责任的分配"。② 个中理由,苏力先生指出三点,殊值赞同:其一,"科学研究发现的因果关系,即使是完全正确的,也往往会形成一个无限的链条……法律必须在某个地方切断这种因果链,仅仅考虑或着重考虑这其中的某一个因果关系,并以此为基础来确定责任的分配"。其二,"现实的科学研究及其发现都具有某种局限性,因此,不能完全依据或仅仅依据现有科学发现的因果关系来分配法律责任"。其三,"法律总是有效率的考虑,并且有时间、人力、物力的限制,因此,法律的重要特点之一就是强调规则性,通过规则性可以大大减少判断所需要的大量精确信息"。

事实上,法学考量、法律中的价值判断因素是最终决定侵权责任法上因果关系的重要因素。如日本学者水野谦认为,"在一定的类型下对因果关系必须进行分类评价"③。在我国,也有民法学者强调,"法学上的因果关系一方面具有客观性,需要借助自然科学的因果关系规则来判断,体现法律所调整的事实属于客观世界;另一方面,最终决定侵权责任法上的因果关系的仍然是一些重要的价值判断因素"。④

## 二、因果关系的学理分类

根据不同的标准,因果关系在侵权责任法学上可以划分出不同类型。其中重要的因果关系分类包括两种,即事实上因果关系与法律上因果关系之分,责任成立法上的因果关系(作为侵权责任成立必备要件)和责任承担法上的因果关系(用于确定责任承担范围)之分。

---

① 典型例证如英美侵权责任法上的 Magon Mound 案件:"被告在码头卸载一种原油——重油,不慎泄入港口的海面上,原告正在修理船舶,火星不慎落到漂浮在海面上的原油上,意外起火焚烧了码头,被告据此对火灾是否应承担损害赔偿责任?"这个案例的关键问题,与其说是被告疏忽行为与船坞火灾之间是否存在因果关系的科学判断,不如说是立法政策上如何平衡受害人的权益保护和原告的个人自由。参考朱岩:《侵权责任法通论·总论·责任成立法》,法律出版社 2011 年版,第 183—184 页。
② 苏力:《法律与科技问题的法理学重构》,载《中国社会科学》1999 年第 5 期。
③ 转引自〔日〕圆谷峻:《判例形成的日本侵权行为法》,赵莉译,法律出版社 2008 年版,第 109 页。
④ 朱岩:《侵权责任法通论·总论·责任成立法》,法律出版社 2011 年版,第 183 页。

（一）事实上因果关系和法律上因果关系

在英国法上,因果关系被区分为两个层面,即事实上因果关系(cause-in-fact)和法律上因果关系(legal cause)。所谓事实上因果关系,是指被告的行为和原告的损害之间是否存在事实上的引起与被引起的关联性。① 所谓法律上因果关系,也被称为损害的间隔性(remoteness of damage)或者近因(proximate cause),是指基于法律政策考量而认定的被告的行为和原告的损害之间恰当的关联性。②

在英国法上,因果关系判断必须分两个步骤来进行:(1)判断事实上因果关系,采用的一般方法是"若无则不"检验法(but-for test)。(2)判断法律上因果关系。这实际上就是要判断损害的间隔性问题,属于政策判断。英国法院最初采直接后果规则,即只要没有外来的介入因素打破原因链,行为人对其行为的全部直接后果都负有责任③,后来又改采可预见性规则。④

（二）责任成立的因果关系和责任范围的因果关系

在德国法上,因果关系被分为责任成立的因果关系和责任范围的因果关系。责任成立的因果关系,是指侵害行为与权益侵害之间的因果关系;而责任范围的因果关系,是指权益侵害与损害之间的因果关系。⑤

### 三、因果关系的具体样态

现实世界中,万事万物之间的因果联系普遍存在、千头万绪,因果关系的链条周而复始、繁衍无穷。"蝴蝶效应"理论试图证明:"一只南美洲亚马孙河流域热带雨林中的蝴蝶,偶尔扇动几下翅膀,可以在两周以后引起美国德

---

① 日本学者田山辉明认为,"事实因果关系也称为责任成立的因果关系,是指基于故意或过失的行为与侵害权利之间的因果关系,即若无甲事实,则无乙结果"。〔日〕田山辉明:《日本侵权行为法》,顾祝轩、丁相顺译,北京大学出版社2011年版,第75页。
② 胡雪梅:《英国侵权法》,中国政法大学出版社2008年版,第134页。
③ 同上书,第151页。
④ 该规则是在1961年的Overseas Tankship(UK) Ltd. v. Morts Docks and Engineering Co. Ltd.案中确立的。在该案中,被告所租用的船在悉尼海湾装载石油时,其雇用的工人不慎将一些石油泄漏到水中,污染了很大一片水域。其中一些漂到原告码头附近,并与水中的木屑、碎棉花等混合在一起。原告的工人正在码头进行电焊维修作业,一些金属碎屑掉入水中点燃了混合在油污中的棉花和木头碎屑,并迅速引起一场大火,给码头造成了很大的损失。原告起诉要求被告赔偿,但法院认为被告不应承担责任,理由是:对被告而言,该损害太遥远。根据本案的事实,即使是一个合理人也无法预见到这种损害后果。参见胡雪梅:《英国侵权法》,中国政法大学出版社2008年版,第151页。
⑤ 如果权益侵害本身就是损害,这一区分是不必要甚至是不可能的。〔欧〕欧洲侵权法小组:《侵权法的统一:因果关系》,易继明等译,法律出版社2009年版,第86页。

克萨斯州一场龙卷风。"①但在法律世界中,因果关系的认定化繁为简,通过截断客观世界无尽无休的因果链条,只围绕侵权事实和权益侵害现象二者,以法律责任之成立与负担为限,对客观世界的因果关系进行认定和评价。但法律上的因果关系仍然样态繁复,对侵权责任法而言,一因一果、聚合因果关系、共同的因果关系、替代的因果关系、假设的因果关系、因果关系中断等问题殊值关注。

(一)一因一果

一因一果是指一个原因引发一个特定的后果的情形。作为最基本的因果关系样态,一因一果是侵权责任法研究因果关系的基本模型,其他复杂因果关系如一因多果、多因一果等,都以对一因一果因果关系样态的研究作为起点,通过对一因一果关系增加复杂变量展开研究。②

(二)聚合因果关系

聚合因果关系是指数个原因同时发生,即使不考虑其他原因,每一个原因单独即可以造成全部损害后果的情形。③我国《侵权责任法》第11条规定,"二人以上分别实施侵权行为造成同一损害,每个人的侵权行为都足以造成全部损害的,行为人承担连带责任",《欧洲侵权法原则》第2:102条规定,"在存在多个活动时,如同一时间每个活动都可以单独造成损害,则每个活动都视为损害原因"④,都属于此种情形。

(三)替代的因果关系

替代因果关系是指存在多个加害事实,每一加害事实都足以造成损害结果的发生,但无法确定真正的侵权人的情形,通常包括两种类型:(1)因数人侵权而导致的共同危险行为;(2)"天灾+人祸"的情形,即人的侵权行为和偶发的自然事件结合造成的侵权事实。我国《侵权责任法》第10条规定,"二人以上实施危及他人人身、财产安全的行为,其中一人或者数人的行为造成他人损害,能够确定具体侵权人的,由侵权人承担责任;不能确定具体侵

---

① "蝴蝶效应"由美国气象学家 Edward N. Lorentz 提出,是指在复杂系统中,不起眼的一个小动作却能引起一连串的巨大反应。Edward N. Lorenz, Reflections on the Conception, Birth, and Childhood of Numerical Weather Prediction, *Department of Earth, Atmospheric, and Planetary Sciences, Massachusetts Institute of Technology*, 22 October 2005.

② 朱岩:《侵权责任法通论·总论·责任成立法》,法律出版社2011年版,第188—189页。

③ 〔欧〕欧洲侵权法小组:《侵权法的统一:因果关系》,易继明等译,法律出版社2009年版,第207页。

④ 〔欧〕欧洲侵权法小组:《欧洲侵权法原则:文本与评注》,于敏、谢鸿飞译,法律出版社2009年版,第4页。

权人的,行为人承担连带责任",即属于此种情形。

(四) 共同的因果关系

共同因果关系是指存在多个加害行为,每一加害行为都不足以造成损害结果的发生,但数个加害行为结合在一起造成了同一损害后果的情形。我国《侵权责任法》第 12 条规定,"二人以上分别实施侵权行为造成同一损害,能够确定责任大小的,各自承担相应的责任;难以确定责任大小的,平均承担赔偿责任",即属于此种情形。

(五) 假设的因果关系

假设的因果关系是指,加害人的行为已经导致了损害,但是即使没有该加害行为,损害也会全部或者部分地因后来的独立原因而发生的情形。

(六) 因果关系中断

因果关系的中断是指在因果关系的链条中,因第三人行为、受害人行为或者其他外在原因而导致因果关系链条中断的情形。我国《侵权责任法》第 28 条规定,"损害是因第三人造成的,第三人应当承担侵权责任",这即是因第三人引发损害,而导致原有因果关系中断的情形。

## 第三节 比较法上的因果关系证明理论

### 一、传统民法主要学说

(一) 条件说

条件说在德国被称为"等值理论",在英美普通法中被称为"若无则不法则"(but-for test)。所谓条件就是指引起损害发生的所有事由。根据条件说,凡是对损害结果的发生起到作用的条件行为,都是该损害后果的法律原因。

依据条件说,检讨因果关系的过程为一种假设,即如果没有该事由是否仍旧出现侵害的后果。如果是,则在行为和损害后果之间不存在因果关系;如果否,则存在因果关系。此种方法体现为"剔除法"。在考察不作为的行为时,则体现为"替代法",即假若没该行为被实施,是否仍旧出现损害后果。如果是,则无因果关系;如果不是,则有因果关系。[①]

目前条件说在大陆法系国家被广泛采用。《欧洲侵权法原则》亦明确采

---

① 朱岩:《侵权责任法通论·总论·责任成立法》,法律出版社 2011 年版,第 189—190 页。

取条件说(第3:101条),即"若无某活动或行为就无损害,则该活动为损害的原因"。① 条件说因果关系理论在我国实践中也被广泛使用。

(二)实质原因理论

"条件说"或者"若无则不法则"容易造成侵权责任成立不当扩大②,实质原因理论由是产生以克服其弊端:"实质因素说首先由美国法学家史密斯(Jeremiah Smith)提出,其目的在于处理法律上的因果关系,而非事实上的因果关系。史氏认为以可能性理论或可预见性理论解决法律上的因果关系之问题并非圆满,因而提出实质因素说,以补其不足。依史氏之见解,所谓事实因素说,系指'被告之侵权行为对于损害之发生必须为一项实质要素(substantial factor)'。"③

实质原因理论区分引发损害后果的"真正原因"和"外在条件",认为"原因"与结果存在因果关系,而"条件"只是引发结果的外在诱发因素。依据原因说,侵权责任法上的因果关系不仅仅被理解为自然科学上的相互关联,而应被理解为事件众多条件(condition)中真正的原因(genuine causes)。④ 只不过,原因和条件如何区分,标准不甚明确,理论上有最后条件说、直接条件说、异常条件说、优势条件说等。

(三)相当因果关系说

条件说无法在多个原因中鉴别对结果具有"相当条件"。根据相当因果关系说,如果某种事件以一种并非无足轻重的方式通常提高了发生后果的客观可能性,则该事件为该后果的相当条件。⑤ 按照该学说创立者之一的Von Kries的观点,只有一个既定的偶然事件满足以下两个条件时,它才是损害的相当原因:第一,它必须是这一损害的一个必要条件;第二,它必须极大地"增加了"这一损害发生的客观盖然性。⑥

在相当因果关系说中,主要有两个争议问题:其一,以何时的认知为标准,来认定被告的行为是否增加了损害发生的客观可能性。Von Kries 教授认为,应当以个人的先见为准;而Rumelin教授认为,应当以客观的事后认识

---

① 〔欧〕欧洲侵权法小组:《欧洲侵权法原则:文本与评注》,于敏、谢鸿飞译,法律出版社2009年版,第5页。
② 详见朱岩:《侵权责任法通论·总论·责任成立法》,法律出版社2011年版,第191—193页。
③ 转引自陈聪富:《因果关系与损害赔偿》,北京大学出版社2006年版,第72—73页。
④ 朱岩:《侵权责任法通论·总论·责任成立法》,法律出版社2011年版,第192页。
⑤ 〔德〕冯·巴尔:《欧洲比较侵权行为法》(下卷),焦美华译,法律出版社2001年版,第503页。
⑥ 张新宝:《侵权责任构成要件研究》,法律出版社2007年版,第351页。

为准。① 其二,以何种人的模型为标准来判断。目前通说认为,考察相当因果关系不应从具体的侵害人角度出发,而是从一个处在行为人地位的"最优的观察者"所可能认识到的情况出发。②

相当因果关系说会因归责事由的差异而有不同因果关系判断标准:

(1) 在过失(Fahrlassigkeit)侵权中,必须认定行为与后果之间具有相当的因果关系,同时必须考虑到发生损害当时可以利用的所有经验。

(2) 在故意(Vor-satz)侵权情况下,即使后果极其异常、无法期待,行为人也必须承担此种侵权责任。

(3) 在危险责任情况下,相当因果关系也具有特殊性,即损害必须来源于危险的特殊作用和影响,基于此种影响和作用法律直接规定了受害人的损害赔偿请求权。③

(四) 法规目的说

法规目的说认为,在规范性的评价因果关系和认定成立损害赔偿义务时,归责必须与侵权人所违反规范的保护范围或者规范目的相吻合。④ 该学说是德国学者Rabel教授提出,其理论依据主要包括两点:其一,行为人就其侵害行为所生的损害是否承担责任是法律问题,应依据法规的目的来认定;其二,相当因果关系说的内容抽象不确定,难以合理界限损害赔偿的范围。⑤

在适用法规目的说时,要考虑如下三个因素:第一,受害人是否是法规所要保护的人的范围;第二,受害人遭受的损害是否属于法规保护的权益;第三,损害发生的方式是否是法规所要避免和防止的。⑥ 就相当因果关系说和法规目的说的关系,理论上存在不同的看法。德国多数学者认为,两者是并存的关系。在适用上,应当先适用相当因果关系说,再适用法规目的说。⑦

(五) 危险范围说

德国学者胡贝尔(Huber)在1969年基于法规目的理论提出了"危险范围理论",目的是要区分可归责于加害者行为的损害后果和受害人的"自我

---

① 程啸:《侵权行为法总论》,中国人民大学出版社2007年版,第276页。
② 朱岩:《侵权责任法通论·总论·责任成立法》,法律出版社2011年版,第194页。
③ 同上书,第194—195页。
④ 朱岩:《当代德国侵权法上因果关系理论和实务中的主要问题》,载《法学家》2006年第6期。
⑤ 王泽鉴:《侵权行为法》(第一册),中国政法大学出版社2001年版,第221—222页。
⑥ 曾世雄:《损害赔偿法原理》,中国政法大学出版社2001年版,第112页。
⑦ 王泽鉴:《侵权行为法》(第一册),中国政法大学出版社2001年版,第221页。

生活风险",加害人就一般的生活风险中所产生的损害并不承担损害赔偿责任。对于何为"一般生活风险",德国学者梅德里希认为:"原则上所有与人类的自然生存通常相连的引发有关法律上的不利益的可能性都为一般生活风险。"

## 二、环境侵权责任法上因果关系的特殊性

在环境侵权诉讼中,因果关系判断问题是法院立案、法官判案的最大阻碍之一,有必要对环境侵权诉讼中因果关系问题的特殊性进行分析。大体上看,与传统侵权法上因果关系相比,环境侵权诉讼中的因果关系问题可以归纳为如下三个特征:

第一,与传统侵权形态的因果关系问题比较,环境侵权因果关系极为复杂。对此也可以从三个方面总结其原因:"(1)污染物在环境中具有潜伏性和积累性,污染行为与损害后果之间往往历时久远,时过境迁,此种时空延伸使因果关系认定极为困难;(2)许多污染是多因素复合作用的结果,例如,某人患上肺癌,其病因有可能是工厂超标排放废气造成的污染,也有可能是居住在公路附近吸入过多汽车废气,还可能是在工作环境中被动吸烟所致,甚至可能是这三种原因复合损害的结果;(3)对于各种污染物的性质、毒性,及其在环境中的迁移、扩散和转化,现有的科技水平还不足以认识清楚,或者不足以证明环境污染与损害后果之间的因果关系,这需要利用环境分析、化验等技术手段,并具备渊博的科技知识和专门的仪器设备,以及相当的人力、财力,这无论是对于受害人还是对于司法部门来说都有相当的困难。"[①]

第二,环境侵权诉讼中当事人双方的实力悬殊,存在信息不对称问题,被告作为实力雄厚一方,往往更具信息优势、财力优势和地位优势,因此容易阻碍原告举证,并可能通过增加诉讼成本使得原告不得已放弃诉讼。

对此前文已经提及,公害诉讼、环境侵权诉讼当事人双方通常力量悬殊,一方往往是大企业,财力、人力、知识、社会资源丰富,而另一方往往是社会单一个体,相比在诉讼中处处居于弱势。但现实的诉讼过程往往是一场持久的战争,尤其在公害领域,其周期可能更长,因此在公害诉讼中赢得正义,艰难可想而知。从律师角度来看,要承办环境侵权诉讼案件,对其个人之专业能力、财务支持等要求极高,案件获胜率相比其他案件极低,成本效益考虑最不合算,因此对之往往望而却步。就根本而论,现代环境侵权诉讼通常涉及巨大经济利益,且事关社会的稳定与安全,还会涉及复杂的科学技术因素影响,

---

① 参见周珂主编:《环境与资源法学》,法律出版社2009年版,第99页。

并触及法律领域众多前沿艰深领域,因此其诉讼过程之艰难不待赘言。在这方面,如前文所述,印度博帕尔事件1984年发生,直到25年后12名法官开始审理这一案件,法官听取178名目击者证词,审查超过3000份文件后做出判决,8名涉案人员因"玩忽职守"获罪。但仅截至1984年底,这起事件就造成2万多人死亡,20万人受到波及,附近的3000头牲畜也未能幸免于难。在侥幸逃生的受害者中,孕妇大多流产或产下死婴,有5万人可能永久失明或终生残疾,余生将苦日无尽。再如西淀川公害诉讼从1978年提起,直到1998年最终解决,双方角力20年之久,众多受害者早已离世。

第三,环境侵权往往自身涉及高科技背景,因果关系证明具有高度的技术性、专业性,因此环境侵权因果关系证明自身存在科学上和技术上的难题。对此,可以前文提到的西淀川公害诉讼为例,该案很生动、具体地表明了环境侵权诉讼中因果关系证明之难,难在双方实力对比,难在科学和技术难题,难在环境侵权因果关系自身极为复杂。该案有三个争议性的法律问题,其中两项涉及因果关系证明。为此,作为被告的污染企业利用当时法律的不足、自身在经济和知识方面的优势,为原告举证创造各种困难。该案详情可以参照前文有关脚注,本节主要对该案涉及的因果关系问题进行分析:

1. 被告企业的主要污染源性质(到达的因果关系)

在原告居住地周围,当除被告企业工厂外别无其他排放源时,要证明谁是原告居住地严重的大气污染人虽然比较容易,但在本案中,除了被告企业的污染外,还在其周围交错着中小污染源,并且由于被告企业所主张的高烟囱大范围扩散论,在审判中就谁是西淀川区的大气污染人这一点争论激烈(到达的因果关系)。原告方的基本主张及所举证证据如下所述:

被告企业的工厂均在接近原告居住地、且对其形成包围的地区征地建厂,由此排出的以硫氧化物(Sox)物质为主的有害物质的排放量是其他排放源无法与之相比的大量排放,且其排放是长期的持续性排放。由此可以判明由这些被告工厂排出的烟尘大量达到了原告居住地。原告方依据20世纪60年代的航拍照片等对上述事实主张并举证这些被告企业工厂排出的大量烟尘大量到达了原告居住地,成为当地大气污染的主要原因。

被告企业在否定了大阪平原地形的气象特征的同时,主张被告企业工厂排出的烟尘已由高烟囱扩散,而用扩散公式加以计算的到达原告居住地的烟尘量极少,西淀川区大气污染的主要原因是由西淀川内中小企业排放的烟尘所致,特别强调冬季东北弱风下出现的高浓度污染是由位于区内东北的中小企业群造成的。

该案的第一次判决最终还是以大阪市等行政体执行的扩散模式为基础,指出其中存在的巨大误差,从而认定了被告企业的较高的污染贡献度。

2. 原告的疾病与大气污染的因果关系

在公害司法审判中,从现有的医学水平看,探明原告疾病的原因物质、全部证明其发病机理是难以完成的课题。特别是因大气污染导致的疾病,像支气管哮喘和慢性支气管炎等,通常被称为由大气污染以外的原因也能导致发作的非特异性疾病,从这一点也能说明将所有原告每个人的发病机理全部探明是不可能的。

在这个过程中,探明疾病与大气污染之间的因果关系的最有效的科学手段就是用疫学(流行病学)的方法。另外,在审判中经常成为争论焦点的因果关系也并非自然科学中"严格"意义上的自然的因果关系,而是以自然科学现有最高水平为基础而形成的法律意义上的因果关系。原告方也依据行政体实施的四大流行病学的调查(千叶调查、环境厅的六都市调查、大阪兵库调查、冈山调查)结果,举证证明了疾病与大气污染之间的流行病学上的因果关系。

这些被告企业就上述流行病学的调查结果,指责其不具有"科学的严密性",将因果关系的判断拖入漫无边际的不可知论的争论中。在此过程中,被告企业又将反驳的矛头直指个别因果关系问题,即强调公害病的发病由其他原因(吸烟、过敏症等)引起,或原告的疾病具有非公害性的嫌疑(假患者论)等。一审判决最后还是基本认可了以疫学方法得出的因果关系的举证效力,认定了大气污染与原告健康损害之间的因果关系。

可以看出,如果依照传统侵权责任法上的因果关系理论,原告方很难得到救济,或者说,这将是一项"不可能的任务"。也正因如此,该案实际上开创了通过疫学因果关系理论来证明环境侵权因果关系的先河。自此,侵权责任法上的因果关系理论在环境侵权诉讼领域得到了长足发展,殊值关注。

### 三、因果关系理论在环境侵权诉讼实务中的发展

在一些环境污染侵权诉讼当中,要证明损害事实与加害行为之间有因果关系往往十分困难,如果适用传统法学的因果关系理论,受害人很难得到救

济,为此,在世界各国环境侵权理论和实践中,产生了一些新的因果关系理论,如优势证据说、事实自证说、间接反证说、疫学(流行病学)因果关系说、盖然性因果关系说等,用以减轻环境侵权诉讼因果关系举证的责任。这其中,又以日本司法实务中提出的盖然性因果关系、疫学因果关系说和间接反证因果关系说较具代表性。

(一)高度盖然性因果关系说

所谓高度盖然性因果关系,指受害人只需证明侵害行为引起的损害可能性(盖然)达到一定程度,或证明如果没有该行为,就不会发生该结果的盖然性,便可推定因果关系。[①] 所谓"高度盖然性",是指一种具有较高可能出现的概率,在证明证据上采取优势证据原则,盖然性的标准将直接取决于侵权责任法的目的。

高度盖然性因果关系说有如下特点:(1)因果关系由原告(受害人)举证;(2)被告若不能提出反证来证明因果关系不存在,则推定因果关系存在;(3)原告只需证明该因果关系成立的可能性达到一定盖然性(概率)即可,不要求对全部技术过程进行举证。

根据高度盖然性因果关系说,环境侵权诉讼中的原告方通常只需就如下两个事实举证,法院就应推定因果关系的存在:其一,从工厂等排放的污染物质达到并蓄积于发生损害的区域,发生了作用;其二,该地域有许多损害发生。

在日本,高度盖然性因果关系说在公害诉讼中得到广泛运用。在"穿刺案件判决"当中,就是适用"高度盖然性因果关系说"来减轻诉讼因果关系举证责任的经典判例。

X(当时3岁)因化脓性髓膜炎于昭和三十年9月6日住进国家Y经营的东京大学医学院附属医院小儿科,接受医生A、B的治疗后脱离了重症状态并逐渐好转,但当月17日下午12点30分至1时左右之间接受了B的穿刺(通过腰椎穿刺采取髓液且将盘尼西林注入髓腔内,以下称"本案穿刺")手术时突然呕吐痉挛,造成右半身痉挛性不全麻痹,造成性格障碍、智能障碍以及运动障碍,现在仍留有智能障碍以及运动障碍的后遗症。

最高裁认定了以下事实:本案穿刺前X的髓膜炎症状正在逐渐好转,髓液中的细胞数比穿刺手术前减少显示病状正在好转。一般情况

---

[①] 周珂:《环境法学》,中国人民大学出版社2000年版,第100页。

下,穿刺手术后患者有呕吐现象,通常要避开饮食前后。但是本案穿刺却在 X 饮食后 20 分钟以内实施,是为了当日值班的 B 医生能按时出席当天的医学会而在该时间实施的。该手术是在护士将大哭大叫的 X 以骑马状固定住由 B 实施的,且一次没有成功又实施了数次,用了 30 分钟才完成。对于原本血管脆弱、住院时就有出血倾向的 X 来说,在此情况下实施本案穿刺手术有可能引起脑出血。在 X 的本案发病后到至少出院为止,主治医生 A 诊断其原因是脑出血从而实施了治疗。另外化脓性髓膜炎的复发概率通常很低,当时没有认定有可能复发的特别情况。X 遂向 Y 提出损害赔偿请求。

最高裁以下述理论明确了对诉讼中因果关系的证明立场。"诉讼上的因果关系的举证不是不允许任何疑点的自然科学的证明,而是对照经验法则综合审查全部证据,证明在特定的事实导致特定结果发生的关系上存在高度盖然性,该判断达到一般人不会置疑的程度,具有确定的真实性则足矣。"

因此,最高裁以此为前提对原审认为的根据本案诉讼中提出的证据难以判断本案发作和其后病变的原因是脑出血还是化脓性髓膜炎或者因此伴随的脑实质性病变的复发,再者,本案发作和其后病变的原因是否在于实施了穿刺无法判断,故驳回 X 的诉讼请求进行了批评。理由如下:

但是,(1) 原判决列举的乙一号证据(A 执笔的病历),甲第一、第二号证的各一、二(记载 B 制作的病历概要的书函)以及原审证人 A 的第二次证言与 X 的本案发作后或者至少到出院为止,本案发作以及以后的病变是作为脑出血来治疗的上述原审认定的事实相符,而且,鉴定人 C 认为本案发作始于突然痉挛伴随的意识混乱,随后引发了失语症,右半身不完全麻痹等的临床症状,则上述发作的原因极有可能是脑出血。(2) 脑电波的专家鉴定人 D 避开了对结论的断定,但对于甲第三号证据(X 的脑电波记录)认为,"由这些脑电波所见可以推定是脑机能不全和左侧前头以及侧头为中心的某种病变,即根据鉴定对象的脑电波所见,病巢部或者异常部位被判断在脑实质的左部"。(3) 前述原审确认的事实,特别是,本案发作是在 X 的病症稳定逐步恢复的阶段,本案穿刺实施后经 15 分钟乃至 20 分钟突然发生的,另一方面,化脓性髓膜炎复发的盖然性通常是非常低的,当时没有导致复发的特别事情,对以上事实关系从有关因果关系的上述前记一论述的观点来综合考虑,只要没有其他特别的情形,从经验法则上来看本案发作和其后的病变原因是脑出血,可以认定是本案穿刺导致的,最终肯定 X 的本案发作以及以后病变和本案穿刺结果有因果关系是正当的。①

高度盖然性因果关系说从经验事实出发,充分考虑到诉讼双方当事人之间的经济实力对比、知识水平、损害程度、被告赔偿能力、损害转嫁能力等因素,通过减少诉讼原告举证责任同时加强加害方因果关系举证责任,以实现对受害者的救济。在日本公害诉讼当中,得到广泛适用。但因证明力是否达到盖然性的标准需要依赖法官的"自由心证",因此在适用上为法官滥用自由裁量权留下可能,因此理论上对此多有诟病。这一学说目前在我国司法实践中也有应用。但目前仍然是一个有待完善的学说,需要进一步探讨。

(二) 疫学因果关系说

"疫学因果关系说"系采用流行病学统计学方法②,从流行病学分析某种疾病发生之原因及其关系较大的因素,通过分析判断进而判断因果关系是否成立。根据"疫学因果关系说",只要同时满足下述四个条件,即可判定因果之存在:

"(1) 某种因素在某种疾病发生的一定期间前存在着;(2) 该因素发挥作用的程度越显著该疾病的罹患率就越高(量与效果的关系);(3) 该因素被消除的场合该疾病的罹患率就降低,并且在没有该因素的群体中该疾病的罹患率是极低的;(4) 该因素作为原因其作用机制能够无矛盾地得到生物学上的说明。"③

利用流行病学统计学方法确定法律上的因果关系,系由日本富山"骨痛病诉讼"所开先河④。在日本富山"骨痛病诉讼"当中,之所以采取"疫学因

---

① "穿刺案件判决"(昭和五十年 10 月 24 日民集 29 卷 9 号 1417 页),转引自〔日〕圆谷峻:《判例形成的日本侵权行为法》,赵莉译,法律出版社 2008 年版,第 113—115 页。

② 流行病学肇始于 1854 年的伦敦霍乱。John Snow 用标点地图的方法研究了当地水井分布和霍乱患者分布之间的关系,发现在一口水井供水范围内霍乱罹患率明显较高,通过填埋污染源水井,结果成功避免了病菌的进一步流行。在流行病学中,并不要求对原因物质(如霍乱菌)进行特定化,也不一定需要对疾病发病的病理机能一一解析清楚,而只需发现并把握导致病因的环境因素,通过去掉该因素,达到防止疾病扩散传播的目的即可判定因果关系的存在。而流行病学统计学方法是从集体现象研究疾病的发生、分布、消长,并就有关某种疾病发生的原因、利用统计的方法,调查其疫学上可以考虑的若干因子与某种疾病之间的关系,从中选出关联性较大的因子,对此进行综合性研究及判断的方法。

③ 于敏:《日本侵权行为法》,法律出版社 2006 年版,第 200 页。

④ 该诉讼详细情形参见〔日〕日本律师协会主编:《日本环境诉讼典型案例与评析》,中国政法大学出版社 2011 年版,第 95—107 页。

果关系说",系因骨痛病辩护充分反省以往公害诉讼失败的教训,发现因果关系认定是最大的胜诉障碍。根据以往因果关系判断规则,如果原告不能证明骨痛病发病机理、不能证明镉与骨痛病之间的因果关系,诉讼中的因果关系就不能得到认定。但为证明镉与骨痛病之间在科学上的因果关系,就会陷入无休止的科学争论。加害企业财大气粗,但受害居民却往往因为无法承担庞大的诉讼费用、专家费用和取证费用等经济原因,最终在诉讼中败北。

如何证明镉与骨痛病之间的因果关系,是"骨痛病诉讼"的焦点。骨痛病辩护团通过广泛和深入讨论,最终确认提出"流行病学因果关系证明标准",阻止加害企业以"无限的科学争论"和"不可知论"拖延诉讼。富山地方法院最终接受了骨痛病辩护团的主张,采纳"疫学因果关系"作为该案认定因果关系的标准。下述富山地方法院判决,既明确说明法院适用疫学因果关系标准的理由,也明确否定了加害企业的主张:

> 所谓在公害诉讼中就加害行为与损害发生之间是否存在自然的(事实的)因果关系进行判断并确定时,单纯依靠根据临床学乃至于病理性的观点进行的考察还不足以判明下述存在特异性的加害行为与损害之间的自然的(事实的)因果关系,我们因此认为在此很难避免依据所谓流行病学观点进行的考察。
>
> 关于人经口腔摄食镉时镉是否被体内所吸收,人在经口腔摄食镉时是否会引发肾尿细管功能障碍,以及由于人经口腔摄食镉发生肾尿细管功能障碍时,没有其他因素仅因此功能障碍是否会引发骨软化症等内容,从此前的资料中已不言自明。至于在人经口腔摄食镉时体内的吸收率如何,人经口腔摄食镉时,以何种程度的量、何种程度的期间内积蓄在体内时会发生肾尿细管功能障碍,将镉对人体的作用以数量的形式严密地加以确定或经口腔被摄食的镉会否积蓄在人骨中等问题,无疑均在判断镉与本疾病之间是否存在因果关系时毫无必要。
>
> 关于本疾病的病理机能,不能否定其在大体内容上对如上认定可能做出一定的说明,探明当有必要,可作为今后的研究课题留待解决。虽说病理机能就其所有细节明白无误地阐明能更进一步明确病患原因,但反之,却不能断言病理机能不明确就不能确定疾病的原因。因此,镉与本疾病的关系无论从前述流行病学的调查、临床及病理角度进行的考察,还是从动物实验的结果上均非常明确。因此,在现阶段,对本疾病的病理机能,如前所述,就其大体内容做出一定说明就应予满足,故而对报

告中指出的若干疑点只要未予明确,本疾病发生的原因就无法确定的主张绝对不能苟同。①

"疫学因果关系说"与"盖然性因果关系说"相结合,为因果关系认定确立了具体、可操作的标准,大大减轻了原告的举证责任。在日本富山"骨痛病诉讼"之后,在大阪西淀川公害诉讼②、四日市大气污染公害诉讼等公害诉讼中,"疫学因果关系说"都得到适用,嗣后就被各国立法和司法实践所接受。

疫学因果关系说在环境侵权因果关系理论发展过程中,是一个具有里程碑意义的理论,非常具有创见。通过借助流行病学的理论来推断因果关系,这使得法律上的因果关系推断和认定具有了坚实的科学依据,具有说服力。疫学因果关系说为法官提供了具体的、可操作的因果关系认定标准,尤其是针对大规模环境侵权诉讼场合,借助流行病学理论推断因果关系,无疑节省了大量的诉讼成本,增加了因果关系认定以及审判结果的科学性。

疫学因果关系说的局限性主要体现在其适用范围有限,其适用需要特别严格的要件:(1)须为环境污染致人罹患疾病的场合;(2)该疾病与污染因果关系的认定需要借助多种科学知识;(3)主要针对群体性的健康损害事件较为有效,但对于个体性的环境侵权健康损害诉讼,却无法适用。

(三)间接反证因果关系说

根据间接反证因果关系说,如果被害人能证明因果链索中的部分事实,就推定其余事实存在,而由致害人负反证其不存在的责任。最先运用间接反证说的环境判例,是新潟水俣病诉讼。下述新潟地方法院判决,清楚说明间接反证因果关系适用的理由、条件和具体方法:

> 居住在新潟县阿贺野川流域的多数居民出现了类似所谓熊本水俣病病症的情况。X等(受害人以及死者的继承人)诉称,被害原因是因为Y工厂的排水里含有有机水银,因食物链索的结果故积蓄在该河的鱼体内,而居民则长期食用被污染的鱼,遂以侵权行为为理由要求Y赔偿精神抚慰金。Y反驳认为该河里的鱼类积蓄有机水银的原因也有可能是该河川上流的农地里流出的农药造成的,对X主张的因果关系提出异议。

---

① 〔日〕日本律师协会主编:《日本环境诉讼典型案例与评析》,中国政法大学出版社2011年版,第102—103页。

② 详见本书第一章脚注部分涉及的"大阪西淀川公害诉讼"介绍。

新潟地裁在判决中推认了 X 的被害和 Y 工厂的排水之间的事实因果关系。该判决认为,在因果关系的问题上:① 被害疾病患者的特定和该原因(病因)物质;② 原因物质达到受害人的路径(污染路径);③ 加害企业的原因物质的排除(生成至排除为止的过程)。"在本案这样的化学公害案件中,要求受害人阐明自然科学上的问题,从侵权行为制度依据的公平观点来看是不妥当的,关于前述①、②,如果相关多个证据能够在相关诸科学的关联上没有漏洞地说明清楚,则可以解释为从法律因果关系方面予以证明,对上述程度的①、②进行举证,达到了追击污染源至该企业之门的场合;至于③,应该说企业只要无法证明自己的工厂不存在污染源,则事实上推定为存在,其结果则解释为所有的法律上的因果关系都得到了证明。"

下面简单说明以下该判决的理由。"只要无法证明自己的工厂不存在污染源"是什么意思呢?下述考虑是正确的。本来原告应该举证说明①、②、③的全部,这是民事诉讼法的原则。但是①、②自身就是构成因果过程的事实(主要事实),虽然必须由原告证明,但是属于间接证据,即通过间接事实的堆积来证明。这样,在①、②被证明的场合,①、②还有③具有间接事实的意义,只要证明了①、②,根据间接证明原则,③也得到了证明。此时,被告为了让③这个事实真否不明就要积极证明可以推定③不存在的别的事实。"只要无法证明自己的工厂不存在污染源"就是指上述理论。①

间接反证说实际上起源于德国民事诉讼法上的"间接反证",即当主要事实有无尚未明确,由不负举证责任的当事人从反方向证明其事实不存在的证明责任理论。新潟水俣病诉讼判决之后,间接反证说在日本引起学界重视,相应理论得到逐步完善。

间接反证说无须对因果关系证明事实进行全部举证,针对环境侵权因果关系的特殊性,这一理论有助于矫正传统因果关系证明理论的不足,实现个案中的正义。而且,间接反证说适用范围广泛,在环境侵权诉讼中得到广泛适用。但目前这一学说仍然存在不足,有待完善。一方面,间接反证说的适用需要将因果关系的证明事实分为若干部分,但如何划分,学界并无统一意见,尚有争议。另一方面,间接反证说的适用需要依据"经验法则"来推定其它事实,但"经验法则"自身无疑具有主观性,这无疑也使得间接反证说理论

---

① "新潟水俣病案件判决"(新潟地判昭和四十六年 9 月 29 日判时 642 号 96 页),参见〔日〕圆谷峻:《判例形成的日本侵权行为法》,赵莉译,法律出版社 2008 年版,第 128—130 页。

的说服力打上折扣。但总体来说,间接反证说还是一个较为有效的环境侵权因果关系证明理论,在我国目前司法实践中也得到应用,理论界对此也有相当研究,但问题和争议依然不少,有待进一步探讨。

## 第四节 我国环境侵权责任法中的因果关系问题

### 一、概述

环境侵权诉讼案件类型繁多,因果关系问题所呈现出来的种类、样态也非常繁复。为满足司法实践的需要,面对多种多样、纷繁复杂的环境侵权案件因果关系判断问题,我国学者和法官总结实务经验,借鉴国外研究成果,形成了一些观点和学说。但就客观而言,这些因果关系学说并未形成体系,有关判例的因果关系论证较为薄弱,个别案例的判决不尽合理甚至于违背法理,但总结这些司法实务的经验仍然是目前推动因果关系理论发展的前提、起点和必由之路。

还要看到,实务中关于因果关系的观点差异较大,许多类似案例的司法判决缺乏一致性甚至完全相反。排除法律适用错误的情况,其实这种观点差异的存在也具有合理性,这些差异究其实质"并非所谓的学术流派的分歧与不同,而是针对具体案件所适用的不同的因果关系推定方法","因果关系的推定方法因具体案件的因果关系之复杂性与多样性之不同而有所差异,每一推定方法所适宜的案件是有限的。此多样性的因果关系推定法以减轻被害人的举证责任为出发点,本着公平、正义之法律精神而创设"[①]——这种见解殊值赞同,我国司法实践中有关因果关系问题及其理论的展开,也正是遵循这一逻辑。在一些特殊的环境侵权案件当中,来自域外的事实自证说、间接反证说、疫学(流行病学)因果关系说、盖然性因果关系说等理论都有得到适用。这些学说与我国传统侵权责任法学上有关理论组合在一起,构成了我国环境侵权责任法因果关系理论的主要内容。

因果关系证明主要涉及两个问题,一是因果关系的认定标准,二是因果关系的举证责任分配,一个是实体法上的内容,一个是程序法上的内容,二者互有区别,但又密切相关,构成我国环境侵权责任成立法上因果关系问题的两大争点。本节即以此二者为研究内容。

---

[①] 杨素娟:《论环境侵权诉讼中的因果关系推定》,载《法学评论》2003年第4期。

## 二、实务中的因果关系认定标准

王泽鉴先生曾经指出,"关于因果关系各国法律未多规定,系由法院实务创造不同的概念或理论,以界定行为人就其行为所生损害,应负责任的范围,体现不同的法律文化及思考方法"。① 而且,"在通常情形,因果关系的认定多不发生问题。实务上的案例,多具争议性,学说上乃创设各种理论,提供分析的工具,期能有助于在个案做公平合理的判断"。②

这一结论适用于我国环境侵权责任法中因果关系问题的理论与实务现状。在因果关系认定的问题上,我国司法实务中绝大多数的案例都能通过适用传统民法上的因果关系理论得到解决,但少数案例的因果关系认定无法通过传统学理得到解释,基于个案的公平、正义之考量,实务上形成了若干重要的因果关系认定标准。对于这些因果关系认定标准适用具有特殊性的案例,有一些受到了国外法学成果的影响,如疫学(流行病学)因果关系说、盖然性因果关系说等,但基于社会与法制背景差异、个案案情的不同,我国司法实务中的环境侵权责任因果关系认定标准问题也并非全然照搬他国经验,也有自己的特色。

### (一) 必然性因果关系说在实务中的采用

对环境侵权诉讼中的因果关系认定,我国司法实践中有一定数量的案例是采用"必然因果关系"标准的,即因果关系之成立,加害行为与损害后果之间须存在本质的、内在的必然联系。这一学说源自苏联民法,也是我国司法实践中普遍采用的传统理论。

典型案例如"阴秉权等诉北京铁路局案",北京铁路运输法院做出的判决书认为:"鉴于在本案中,被告北京铁路局的行为不具有违法性、阴秉权等十一名原告所诉损害后果不能成立、且二者之间没有必然的因果联系,因此北京铁路局的行为不构成侵权,所以不应承担任何民事责任。"③该判决书强调被告的行为与原告所诉的损害后果"二者之间没有必然的因果联系",并将之视为被告不应承担任何民事责任的理由之一。再如"景连喜等51户虾农诉中晨公司等在建港吹填作业中回水污染其养殖水源损害赔偿案"中,一审的天津海事法院认为,"管委会对建设施工的管理行为,与原告的经济损

---

① 王泽鉴:《侵权行为》,北京大学出版社2009年版,第180页。
② 同上书,第180—181页。
③ "阴秉权等诉北京铁路局案"的判决书《判决书字号:北京铁路运输法院(2001)京铁经初字第23号》。

失没有必然的因果关系,不承担赔偿责任"①;"章祖煌与上海海鸥酿造公司饴糖厂人身损害赔偿纠纷上诉案"中,二审法院认为,原告"无证据证明饴糖厂的行为与其得的疾病存在必然的因果关系",因而维持原判,判原告败诉。② 类似的案例较多,这些案例无一例外在因果关系认定问题上,认为环境侵权责任之成立,须在加害行为与损害结果之间存在"必然的因果关系",基于此一"必然的因果关系"实难证明,实务中原告几乎都会败诉。

"必然性因果关系说"的缺陷在于,其未能正确区分法学上的因果关系概念和哲学上的因果关系概念,未能正确区分对因果关系的科学考量和法学考量,也未能正确理解二者之间的关系。如苏力先生所言,"科学发现的因果关系仅仅是指出了事物和现象之间的联系,这种因果关系并不能而且也不应当直接决定法律责任的分配"。③ 事实上,法学考量、法律中的价值判断因素是最终决定侵权责任法上因果关系的重要因素,"法学上的因果关系一方面具有客观性,需要借助自然科学的因果关系规则来判断,体现法律所调整的事实属于客观世界;另一方面,最终决定侵权责任法上的因果关系的仍然是一些重要的价值判断因素"。④ 因此,法律上的因果关系成立,并非是要求"必然性的因果关系"的存在,在应用疫学(流行病学)因果关系说、盖然性因果关系说等理论的场合,法律要求的因果关系往往只是一种盖然性。

要看到,目前实务中仍有采用必然性因果关系标准的,而审判结果,都会以原告的败诉而收场。近年来,不乏依然采用必然因果关系说的案例,但已经越来越少见。

(二)因果关系推定说在实务中的采用

对于"因果关系推定"的方法和程序,日本1970年12月16日颁布的《关于危害人体健康的公害犯罪处罚法》第5条有明确规定:"如果工厂或企业的业务活动排放了可能危害人体健康的物质,并且其单独排放量已达到足以危害公众健康的程度,而公众的健康在该物质排放后受到了或正在遭受危害,此时便可推定,此种危害是该排污者所排放的污染物质引起的。"⑤我国

---

① 参见天津市高级人民法院1999年11月19日针对"景连喜等51户虾农诉中晨公司等在建港吹填作业中回水污染其养殖水源损害赔偿案的"二审调解书,参见"北大法宝",法宝引证号CLI. C.21766。
② 参见上海市第二中级人民法院对"章祖煌与上海海鸥酿造公司饴糖厂人身损害赔偿纠纷上诉案"民事判决书,(2001)沪二中民终字第296号。
③ 苏力:《法律与科技问题的法理学重构》,载《中国社会科学》1999年第5期。
④ 朱岩:《侵权责任法通论·总论·责任成立法》,法律出版社2011年版,第183页。
⑤ 转引自王树义:《环境与资源法学案例教程》,知识产权出版社2004年版,第127页。

有学者提出,"该规定是对'因果关系推定'最简洁和最清楚的解释"①,值得赞同。

在我国司法实务中,由于法律没有明确规定,理论中尚未形成共识,再加上个案的差异等因素,各地法院做法不一,因果关系推定的具体方法也不尽相同。总结相应经验,对因果关系具有高度盖然性或高度确定性的证明,是适用因果关系推定规则的关键和难点。

1. 事实层面因果关系具有高度盖然性的证明

对这个问题可结合"王娟诉青岛市化工厂氯气污染损害赔偿案"进行分析,通常认为,该案是我国司法实务中首例运用因果关系推定的环境污染案例。

该案案情如下:1978年7月1日晚,青岛市化工厂的电器设备因遭雷击毁坏,不能正常工作,从而造成该厂大量氯气外溢,致使该厂附近居民10余人因吸入氯气中毒,当晚送医院抢救。其中青岛房产局机具厂女工王娟,因家住距本次氯气外溢事故发生地附近约100米处,中毒症状较重,在医院住院观察及治疗共计384天。其间花费住院费、医疗费及误工费、生活补贴等全部由青岛市化工厂承担,二者之间并无纠纷。王娟中毒病情好转之后办理出院,医院在为其办理出院检查时诊断王娟还患有"过敏性支气管哮喘",建议其出院后继续服药治疗。但青岛市化工厂则拒绝为王娟的继续服药治疗承担相关费用。其理由是,王娟的"过敏性支气管哮喘"与氯气中毒无关,与氯气中毒无关也就是与该厂的氯气外溢事故无关。同时,王娟所在工厂也拒绝发放王娟在继续治疗期间的工资和支付其继续治疗的医药费用,其理由为,王娟的病乃青岛市化工厂的氯气污染所造成的,故王娟的误工费和医疗费应由青岛市化工厂承担。王娟于1980年5月13日以青岛市化工厂为被告,向青岛市中级人民法院提起诉讼,请求判令化工厂赔偿其因受氯气污染患过敏性支气管哮喘疾病而受到的各种损失。②

在该案审理过程中,青岛市中级人民法院认定,王娟患病系化工厂氯气外溢污染事故所致,故青岛市化工厂应对王娟因患病所遭受的各种财产损失负赔偿责任。法院推定因果关系的过程如下:"(1)王娟在此次患病以前从未患过过敏性支气管哮喘,并且其本人无此类疾病之家族病史;(2)医学证明氯气中毒可致人患过敏性支气管哮喘疾病;(3)王娟患过敏性支气管哮喘

---

① 王树义:《环境与资源法学案例教程》,知识产权出版社2004年版,第127页。
② 王树义主编:《环境与自然资源法学案例教程》,知识产权出版社2004年版,第125页。

疾病的时间正是在青岛市化工厂发生氯气外溢污染事故以后。"①

总结该案的因果关系推定方法,其包含如下几个要素:(1)"科学确定性"前提,即该污染物足以引发某种疾病的结论,与生物学不发生矛盾。(2)该污染物在被害人发病前曾发生作用,被害人所罹患的疾病发病时间正是在该污染物排放之后。(3)排除其他可能致害的原因,即受害人在此次患病以前从未患过过敏性支气管哮喘,并且其本人无此类疾病之家族病史。

尽管本案的判决得到学界的广泛好评,在教学研究中也常常作为因果关系推定的经典案例来加以探讨,但不可否认的是,该案对因果关系推定的论证并不充分:该案的论证过程证明了氯气在科学意义上能导致过敏性支气管哮喘,也证明了在个案中氯气可能是导致受害人罹患过敏性支气管哮喘的原因,但未对这种致害的"可能性""盖然性"进行论证。虽然法院判决看到受害人此前无罹患该病经历,其本人无此类疾病之家族病史,但该论证并未排除因其他在科学上可能导致该疾病发生的因素致害的可能性。因此,笔者虽然认同该案的判决结果,但认为该案完全可以借鉴日本富山"骨痛病诉讼"案中提出的流行病学因果关系说的观点,再加上两点做进一步周全的论证:(1)该污染物与病情成正相关,大量氯气外溢直接导致该厂附近居民10余人因吸入氯气中毒,当晚即送医院抢救;(2)该污染物外溢是本案受害人住院医疗的直接原因。

2. 科学层面因果关系具有高度确定性的证明

对于大规模的环境侵权事故而言,其因果关系的高度盖然性可以借助流行病学的统计数据得到证明。但实务中还有许多环境污染致害的个案,受害者人数较少无法形成统计学意义上的样本,因此,高度盖然性的证明极其困难。在这种情况下,科学上因果关系的确定性及其程度就十分重要。在媒体广泛报道的"赵英丹诉上海中集远东集装箱有限公司环境污染损害赔偿纠纷案"中,科学上因果关系的确定性问题就十分突出。

该案案情如下:原告住所与被告上海中集远东集装箱有限公司相距仅90米。被告在进行集装箱喷漆及晾晒过程中,超标排放苯、甲苯、二甲苯、粉尘及噪音等污染物。原告于2003年5月怀孕,同年10月8日经上海集爱遗传与不育诊疗中心进行羊水染色体检验,诊断意见为"未见13三体,未见18三体,分析20个克隆见1个克隆为5号染色体短臂缺失,建议临床随访"。2003年11月中旬,原告实施了人工流产。原告诉称,因被告方的污染行为,导致原告怀孕的胎儿染色体异常,不得不根据医生建议终止妊娠,因此要求

---

① 王树义主编:《环境与自然资源法学案例教程》,知识产权出版社2004年版,第125页。

被告给予赔偿。①

在本案审理中,法院就双方争议的"胎儿染色体因果关系"向中国科学院上海科技查新咨询中心调查。咨询中心出具的查新结论为,有关"苯、甲苯、二甲苯与胎儿5号染色体短臂缺失的因果关系"方面的研究,在国内外未见报道。因此法院认为,"原告主张的致害因子与致害结果间的疫学因果关系尚不成立,引发本案举证责任倒置的前提并未达成,并不足以推定被告的排污行为与原告主张的损害结果之间存在因果关系。故原告要求被告承担损害赔偿责任的依据不足,法院难以支持"。②

一般来讲,病毒感染,暴露于许多环境因素当中都可能引起染色体断裂,尤其是在怀孕前后如果接触大剂量黏合剂、油漆、一定剂量的X射线,有可能对胎儿造成危害。但在具体个案当中,这种因果关系在科学上具有何种确定性,就十分关键。本案法院采纳了中国科学院上海科技查新咨询中心出具的查新报告,并因此否定了被告的排污行为与原告主张的损害结果之间存在因果关系。由于环境污染侵权案件往往涉及复杂的科学因果关系认定问题,科学上因果关系须具有相当确定性是适用因果关系推定规则的前提,因此有关科学结论、科学知识、专家意见在实务中就显得尤为重要。但问题在于,科学上的因果关系本就极为复杂,现实社会中的损害往往是多因一果、多因多果、一因多果,不存在类似科学实验室可以明确认定"一因一果"的条件,因此如果将科学结论、科学知识转化成法律结论、法学知识,这是个复杂的过程和巨大的挑战。对于一些个案中损害与加害行为之间的因果关系,根据常人的理性标准或一般的科学知识,也不难论证相应因果关系的成立存在可能性,但对于这种可能性有多大及其应在何种程度上被采信,却是因果关系推定问题上的难点。此外,实务中的损害结果虽然可以明确,但这一结果往往并非一个原因所导致,如何排除其他原因致害的可能性、能在多大程度上排除其他原因对个案损害结果的影响,也是影响个案中因果关系判断的重要因素。

3. 小结

实务中的因果关系证明问题十分复杂。加害行为(主要是污染物)与损

---

① 叶国标、严剑漪:《上海"猫叫综合征"案一审落槌 法院判决停止侵害》,载《深圳特区报》2005年6月21日。

② 曹克睿:《赵英丹诉上海中集远东集装箱有限公司环境污染损害赔偿纠纷案——对环境污染损害赔偿案件举证责任倒置的理解》,上海浦东法院《未结案清理》2005年第8期,曹克睿系本案主审法官。http://www.pdfy.gov.cn/pditw/gweb/gww_xxnr_view.jsp?id=11605&xh=1,2014年1月15日访问。

害后果(人身损害居多)之间在科学上须具有因果关系,至少不违背科学上的因果关系,这是适用流行病学因果关系说、高度盖然性因果说等观点的前提条件。但在科学上,加害行为与相应损害后果之间因果关系具有多大的确定性、多少的盖然性,会影响法院判决中对法律上的因果关系的认定。还要看到,科学自身也具有不确定性,科学结论与法律判决之间应具有何种关系,也是因果关系研究中亟待明确的问题。而且,在环境侵权领域,环境侵权肇事事实多种多样,环境污染涉及水污染、土地污染、噪声污染、放射性污染、空气污染、热污染、光污染、振动污染等各种形态,环境污染损害又具有历时性、累积性、群体性、科学不确定性等各种因素,因此,相应因果关系判断之疑难可想而知。面对如此多样化的案例,如何在理论上予以抽象、概括和总结,是个很大的挑战。

还要看到,目前司法实务中的判决对解决这些问题具有很大程度的随意性、偶然性,这种现状迫切需要系统性的方法和理论对实务予以指导。但鉴于环境侵权诉讼过于复杂,此种愿望短期内实难实现,如王泽鉴先生所言,"所愿期待的是,各级法院应尽量公开其判断因素及推论过程,法学者应就个案从事较深刻的分析,建立较客观、可资检验的论证准则,避免流于主观法律感情的恣意,以空泛的说辞,遮掩未尽深思熟虑的论点"。①

### 三、《侵权责任法》第 66 条的理解和适用

#### (一) 问题的由来

环境侵权诉讼中,与因果关系证明标准问题密切相关的,还有一个因果关系要件的举证责任分配问题。对于举证责任,我国民事诉讼法中确立了"谁主张,谁举证"的原则,即对于一般民事诉讼而言,原告方负担因果关系的证明责任,如其不能用证据证明自己的诉讼请求,人民法院将不支持其诉讼请求。环境侵权诉讼属于法律规定的特殊情况,适用特殊的举证责任分配规则。相关法律包括:

(1) 1992 年 7 月 14 日最高人民法院发布的《关于适用〈中华人民共和国民事诉讼法〉若干问题的意见》规定,环境污染致人损害引起的侵权诉讼中,对原告提出的侵权事实,被告否定的,由被告负举证责任。

(2) 最高人民法院在 2002 年 4 月 1 日起开始实施的《最高人民法院关于民事诉讼证据的若干规定》中规定:"因环境污染引起的损害赔偿诉讼,由加害人就法律规定的免责事由及其行为与损害结果之间不存在因果关系承

---

① 王泽鉴:《侵权行为》,北京大学出版社 2009 年版,第 215 页。

担举证责任。"

(3) 2004年修订的《固体废物污染环境防治法》第86条规定:"因固体废物污染环境引起的损害赔偿诉讼,由加害人就法律规定的免责事由及其行为与损害结果之间不存在因果关系承担举证责任。"

(4)《侵权责任法》第66条规定:"因污染环境发生纠纷,污染者应当就法律规定的不承担责任或者减轻责任的情形及其行为与损害之间不存在因果关系承担举证责任。"

根据这些法律规定,环境侵权诉讼系采纳特殊因果关系举证规则。对于这些规则的性质,学界主流的观点用"举证责任倒置"概念予以解释,认为这些法律规定的实质是免除本应由原告承担的举证责任,由被告承担待证事实的反面事实的举证责任,有利于保护受害人的合法权益。但也有学者对这一主流学说持反对立场和观点,认为这些规则的实质是规定了"因果关系的推定规则"。[1]

(二) 争议问题评析

目前学界对环境侵权责任法中因果关系举证责任问题的争议,集中在对《侵权责任法》第66条法律性质的定性上面:该条款究竟规定了因果关系推定,还是规定了举证责任倒置?

对此问题,形成了针锋相对的两种观点。一种观点认为,该条规定表明我国针对环境侵权因果关系的举证责任问题,确立了"举证责任倒置"的规则。如有学者提出,"我国《侵权责任法》第66条的规定是举证责任倒置而非因果关系推定,这种规定更大程度地降低了污染受害者的证明负担,更有利于污染受害者保护政策目标的实现"。[2] 另一种观点则认为,《侵权责任法》第66条为我国环境侵权因果关系认定确立了因果关系推定的原则。如有学者明确表示,"免除受害人关于'存在因果关系'的举证责任或举证责任倒置均是对该规范的错误解读,环境侵权诉讼中认定因果关系的基点应是证明标准问题而非举证责任问题"。[3]

对此,笔者首先认为,"举证责任倒置"并不是一个贴切的表述方法,在环境侵权诉讼中,不存在纯粹的举证责任"倒置",只是涉及因果关系证明责任的重新分配,即举证责任分配的对象只涉及因果关系要件,重新分配只是

---

[1] 有关研究综述可参考邹雄:《环境侵权法疑难问题研究》,厦门大学出版社2010年版,第105—108页。
[2] 王社坤:《环境侵权因果关系分配举证责任研究》,载《河北法学》2010年第5期。
[3] 邓晓东:《论环境侵权因果关系的认定——兼评〈侵权责任法〉第六十六条的理解与适用》,载《福建轻纺》2011年第2期。

被告增加了因果关系举证的义务,原告减轻而非取消了因果关系的举证责任。具体来说为,环境侵权诉讼中的原告应对环境侵权责任成立的全部要件进行举证,但在因果关系要件方面,根据法律规定原告减轻了证明责任,仅需提供表见证明,即可推定该因果关系的存在;而被告根据法律的特殊规定,增加了就该因果关系提出反证的证明责任。因此,对"举证责任倒置"的恰当表述应该是"举证责任重置"。

其次,对于《侵权责任法》第66条,从因果关系角度将其定位为"举证责任重置"规则或定位为"因果关系推定"规则,都无不可。这只是一个理论阐释角度的问题。从证明责任分配角度看,它将因果关系实质性举证这一义务要件强制性地分配给排污者承担,对于污染受害者而言这是举证责任倒置。但从最终效果看,如果排污者不能完成举证责任,则要推定因果关系成立,从这一方面看,又是因果关系推定。有观点认为,"就效果审视,因果关系推定将本应由受害人负担的因果关系举证责任转移至加害人,由加害人承担因果关系的举证责任而观,推定与举证责任倒置达到了相同的效果"①,不可谓没有道理。

最后,还要看到,无论因果关系推定还是举证责任倒置,法律的目的都是为了降低和减轻环境侵权诉讼中原告对因果关系举证的难度。在各国司法实践中,因果关系认定问题上理论学说众多,其核心目的和落脚点也在于降低原告举证的难度。因此,在一定意义上,所谓的"举证责任倒置"和因果关系推定在立法目的上并无区别,二者都是在降低污染受害者的证明负担,从而实现法律对污染受害者予以保护这一政策目标的实现。

以上述观点看来,《侵权责任法》第66条的规定,"因污染环境发生纠纷,污染者应当就法律规定的不承担责任或者减轻责任的情形及其行为与损害之间不存在因果关系承担举证责任",的确存在立法语言含混、不明晰的问题。该条款只能解读为对环境污染侵权方额外增加了就因果关系不存在或存在责任减免事由进行举证的义务,而不能认为其对民事诉讼法中"谁主张,谁举证"原则的实质性修正,即原告仍然承担环境侵权责任成立全部要件的举证责任,法律只是降低了原告对因果关系要件进行举证的标准和难度。

---

① 马栩生:《环境侵权视野下的因果关系推定》,载《河北法学》2007年第3期。

# 第六章 环境侵权责任成立要件之三：环境侵权事实

## 第一节 概 述

### 一、环境侵权的类型划分

按本书观点，"环境侵权"即指因特定人之生产、生活活动将特定物质或能量引入环境，导致环境的物理、化学、生物等性质发生变异，因而对暴露其中的他人人身权益、财产权益造成侵害或有侵害之虞的民事法律事实。

环境侵权肇事事实的样态、性状过于复杂，有必要对环境侵权肇事事实进行类型化细分，并据此采取分而治之的法律调整对策。但究竟应该如何进行分类，问题十分复杂，不仅需要法学储备，更需具备科学素养。迄今为止，研究寥寥，有待深入。如下是一些常见的分类：

（1）根据环境要素所做区分。

依照环境要素来区分，符合我国污染防治法的体系。即污染大气致害行为、污染水体致害行为、噪声污染致害行为等。

（2）物理性污染侵权、化学性污染侵权和生物性污染侵权。

物理性污染是人类生活的物理环境要素在环境中的量超过适宜的范围时形成的污染，主要包括噪声、振动、光、热污染等类型；化学性污染是指排放化学物质如酸碱等无机污染物、重金属等无机有毒物、农药等有机有毒物、需氧污染物、氮磷等植物营养物以及油污类污染物质等造成的污染；生物性污染则是病原体和变应原等污染物导致的污染。

（3）"拟制型污染侵权"和"实质型污染侵权"。

我国有学者从法学学科视角对环境污染做出"拟制型污染"和"实质型污染"的分类，并据此确立法律适用规则的差异。具体来说，"对于拟制型污染侵权，在以超过国家强制性标准作为侵权构成前提的同时，应当实行过错推定和过错客观化，超标排放视为具有过错；如果没有相关标准，则实行一般过失的认定方法,受害人应当证明加害人具有过错;如果达标排放但又造成损害,则通过公平责任分配损害。对于实质型污染侵权,适用无过错责任,即使其行为符合相关标准,造成损害时亦应当承担相应的责任。"①

环境污染千差万别,过于复杂,能从法学学科视角提出对环境污染做出分类,具有重要意义。但鉴于分类对象过于复杂,该分类的具体效果及合理性如何,有待观察。

(4)生活污染行为和产业污染行为。

我国《侵权责任法》制定过程中,立法机关将环境侵权加害人之活动分为生活活动和生产活动,由此导致的加害行为,即有基于生活污染之加害行为和基于产业污染之加害行为之分。针对相邻关系问题,立法机关提出要依据"生活污染"与"产业污染"的不同,对相邻关系人之间的侵权纠纷适用不同的法律规则。② 对这一划分的合理性及存在的问题,本章后文将做分析。

## 二、本章结构及问题清单

本章内容较多。需要对本章结构安排做如下说明:

(1)从侵权责任成立要件角度看,本章研究环境侵权责任成立的共同要件——"环境侵权肇事事实"。因为第二章专门对"环境侵权肇事事实"概念的内涵与外延做出界定,因此本章只关注"环境侵权肇事事实"的类型化问题。

(2)本书认为我国环境侵权责任法归责体系采取了过错责任与无过错责任并存的二元框架。因此,本章对"环境侵权事实"的类型化划分,首先划分为适用过错责任的肇事事实和适用无过错责任的肇事事实两大类,然后分别对两种环境侵权肇事事实在法律适用方面的特殊问题分别进行研究。从这个角度看,本章也是第三章"环境侵权责任归责原则"问题研究的深化和延伸。(第三章主要内容其实是在理论层面,分析我国环境侵权责任归责原则体系的建构及其合理性问题。)

(3)对于适用过错责任归责原则的"环境侵权事实",本章将主要关注"过错"概念的界定、过错的认定标准问题。过错责任成立要件应包含侵权事实、权益侵害、因果关系和过错四项,并无异议,但"违法性"是否是成立要件,理论上不无争议,本章第三节将进行专门分析。

(4)对于无过错责任,其成立要件应包含侵权事实、权益侵害、因果关系

---

① 张宝:《环境侵权归责原则之反思与重构》,载《现代法学》2011年第4期。
② 王胜明主编:《中华人民共和国侵权责任法释义》,法律出版社2010年版,前言,第12页。

三项无异议,但是否包括"违法性",这是本章第四节的内容。

(5)高度危险责任是无过错责任的特殊形式,本章第五节把高度危险责任作为无过错责任适用的特殊问题进行分析。

(6)相邻环境侵权的归责原则及其法律适用是本章第六节的研究对象。

## 第二节 过错责任适用中的过错要件问题

### 一、过错概述

（一）过错的概念

广义上来说,过错包括侵权人的过错和受害人的过错;狭义上来说,过错仅指侵权人的过错。过错包括故意和过失两种类型,过失又有主观过失和客观过失一说。虽然过错是过错侵权责任成立的要件,但在各国法律上却都没有对过错进行定义。我国《侵权责任法》第6条使用了"过错"的表述,明确了"过错"系过错责任成立的要件,但也没有给出定义,系将争议性问题一概留给了司法判例和理论学说。

在司法审判实践中,加害人的"过错"一般是通过检验其是否未尽"注意义务"得到认定。因此,在"过错"要件的问题上,"注意义务"的概念具有重要意义。对于过错责任与注意义务的关联,我国有学者做出解释:"过错责任将道德哲学中对一个自由的人的要求转入侵权责任法中,保障了道德律令在侵权责任法中的实施。任何一个具有理性的人,必须就其未尽到理性人主观上应尽的注意义务所造成的损害承担赔偿责任。因此,在社会交往中,每个行为人承担了'不慎'致他人损害所引起的赔偿责任的风险。"[1]

在过错侵权责任成立法上,关于过错的含义,德国和法国代表了两种立法体例:在德国法上,"过错"和"违法性"是过错侵权责任成立的两个独立要件,过错是指行为人的主观可非难性,违法性是指法秩序对特定行为所做的无价值判断。过错与违法性的区别是明确的,前者是对行为人的否定性评价,后者是对行为的否定性评价。但在法国法上,"过错"(faute)包含了客观和主观两方面因素,两者大致对应于德国法上违法性和过错。我国侵权法没有明确"过错"的内涵,理论上对其有很大争议,笔者认为我国应采纳法国的体例,认定"过错"吸收"违法性"的概念。对于这个问题,后文在"违法性"问题一节会详细论述,在此仅表明立场,不做展开。

---

[1] 朱岩:《侵权责任法通论·总论·责任成立法》,法律出版社2011年版,第238页。

## （二）过错与过错责任原则

《侵权责任法》第6条第1款规定："行为人因过错侵害他人民事权益，应当承担侵权责任。"该条继续了《民法通则》第106条第2款的规定，创立了过错责任的一般条款。根据该条款，过错是过错责任的核心构成要件。在侵权责任法中，过错责任不仅指以过错作为归责的构成要件，而且是指以过错作为归责的最终要件，同时，也以过错作为确定行为人责任范围的重要依据。① 在过错责任之下，所有人自负其责的原则体现得最为充分，只要行为人没有过错，受害人就必须自行承受其损失。

过错责任的哲学基础源于欧洲的自然法思想，是近代民法上的重要原则。民法崇奉个人意思自治，私法将个人事务应交个人自决、自理，但个人亦须自负后果——这即是"个人责任原则"，包含两个内容：一是自己责任原则，二是过错责任原则。②

"自己责任原则"，即个人只对自己的行为负责，且必须对自己的行为负责。第一，根据意思自治原理，个人行为是个人意思之外化，相应结果系个人理性的选择，而个人选择其行为亦应担负其行为结果，符合正义概念；第二，个人仅对自己的行为负责，他人行为后果须由他人担负，不可替代、不可连坐；第三，自己责任原则的主要体现，在侵权法上为过错责任原则的确立，在契约法上为契约应予遵守原则及债务不履行的责任。"过错责任原则"，也称"过失责任原则"，即个人对他人损害承担责任，须以自身具有过错为必要条件。这一原则，是自己责任原则的延伸和补充。第一，凡有损害发生，个人须自担后果；他人遭受损害，他人须自担其损失，这是自己责任的要求，"良好的政策应让损失停留于其所发生之处"；第二，但如果有"特别干预的理由"，个人须对他人损害承担责任；第三，在民法基本原则层次，这一"特别干预的理由"，即是个人对他人损害的产生具有过错，"使人承担损害赔偿的，不是因为有损害，而是因为有过失，其道理就如同化学上之原则，使蜡烛燃烧的'不是光而是氧'一般的浅显明白。"③

考虑到过错责任原则的基础性地位，过错责任一般条款具有兜底性的作用，只要法律没有相反的规定，都可以适用过错责任的一般条款。过错是过错侵权责任成立的核心要件，过错责任原则即以过错（包括其推定过错）作

---

① 王利明、周友军、高圣平：《侵权责任法疑难问题研究》，中国法制出版社2012年版，第142页。
② 侯佳儒：《民法基本原则解释：意思自治原理及其展开》，载《环球法律评论》2013年第4期。
③ 耶林语，转引自王泽鉴：《侵权行为法之危机及其发展趋势》，载《民法学说与判例研究》第2册，中国政法大学出版社1998年版，第144页。

为归责基础和核心的归责原则。

（三）过错的形式

过错包括故意和过失。我国民法学者解释"过错"的含义,都是借鉴刑法学对"故意"和"过失"的方法①,认定"故意",是指行为人明知侵害后果的发生,而追求或放任该后果的出现;"过失",是指行为人应当能够预见损害,并能够避免损害,但没有预见,或已经预见却轻信其能够避免。"故意"又包括直接故意和间接故意。直接故意,是指行为人明知损害可能发生或必然发生,而追求损害结果。间接故意是指行为人明知损害可能发生,而容忍损害结果。②

此外,侵权责任法中还规定了"恶意"的概念。③ 一般认为,恶意就是以损害他人为目的,没有合法或正当理由而故意实施违法行为。恶意是直接故意中的一种类型,行为人具有较高的可谴责性。恶意概念的提出具有如下意义:其一,特定侵权责任的构成以恶意为要件;其二,过失相抵中作为减轻或免除责任的考虑因素;其三,确定惩罚性赔偿及其数额的考虑因素。④

对于过失,按照不同标准有多种分类方法:（1）重大过失和轻过失。"重大过失"是指行为人没有尽到常人标准的注意义务。轻过失又分为具体轻过失和抽象轻过失,前者是指没有尽到与处理自己事务相同的注意义务,后者是指没有尽到善良管理人的注意义务。《侵权责任法》第72、78条等条文中均使用了"重大过失"的概念,可见我国立法采纳了重大过失和轻过失的区分。（2）疏忽大意的过失和过于自信的过失。它们也被称为无认识的过失和有认识的过失。疏忽大意的过失是指行为人应当能够预见损害,却因疏忽而没有能够预见。过于自信的过失是指行为人已经预见到损害,但轻信其可以避免。⑤ 无论是重大过失、具体轻过失还是抽象轻过失,都可以进一步区分为疏忽大意的过失和过于自信的过失。

---

① 在我国台湾地区,对"过错"也是采取这种定义方法。如郑玉波、孙森焱等民法学者,参见曾世雄:《民法总则之现在与未来》,中国政法大学出版社2001年版,第72—73页。
② 如奚晓明、王利明主编:《侵权责任法条文释义》,人民法院出版社2010年版,第25—26页。这种界定方法是我国民法学教科书的经典定义,可以比较我国现行刑法学教材,可以发现二者类似。
③ 《最高人民法院关于审理涉及计算机网络域名民事纠纷案件适用法律若干问题的解释》第4条第4项。
④ 张新宝:《侵权责任构成要件研究》,法律出版社2007年版,第444页。
⑤ 这种界定方法和我国刑法学界的界定方法一致。与我国现行刑法学教材进行比较,就可以发现二者相同。

## 二、过错的判断标准

### (一) 故意的判断标准

故意如何认定,理论上有两种学说:一是"意思主义"(Willenstheorie);二是"观念主义"(Vorstellungstheorie)。依"意思主义",行为人不独知其行为之结果,而只需有欲为之意。依"观念主义",则以有行为结果之预见为已足。① 一般认为,我国采意思主义,而不是观念主义,不以单纯的预见为标准。按照意思主义,直接故意就是明知损害必然发生或损害可能发生,而追求此种损害后果;间接故意就是明知损害可能发生,而放任此种损害后果。

"故意"通常仅指对"第一性损害"的故意,而不要求对嗣后的经济损失也有故意。② 对"故意"的判断,应当包含对行为之"违法性"的认识。如果行为人没有认识到违法性,或者发生了违法性认识的错误,他应当被认定为具有过失,而不是故意。不过,在故意悖俗侵权中,违背善良风俗的认识是否有必要?通说为不必要。因为违背善良风俗,应当客观地决定。③

### (二) 过失判断标准的特征

过失是现代过错责任的核心所在。因此,关于过错的判断标准问题,主要是关于过失的判断标准问题。但究竟何为过失,各国民法都未有立法解释,因此判断何为过失,成为各国学理和司法实践中无法回避的难题。但由于过失概念过于抽象、模糊,关于过失的判断标准就较为复杂,衍生出各种理论。就我国侵权责任法上的过失判断标准而言,具有如下特征:

第一,过失判断标准的客观化,是各国侵权法发展的共同趋势,我国法律对过失的判断,也注重对行为人外部行为的考察,而非直接从行为人的主观心理状态出发。

对过失的判断,理论上有主观标准说、客观标准说两种学说④:(1) 根据

---

① 史尚宽:《债法总论》,中国政法大学出版社2000年版,第115页。
② 〔德〕冯·巴尔:《欧洲比较侵权行为法》(下卷),焦美华译,法律出版社2001年版,第315页。
③ 史尚宽:《债法总论》,中国政法大学出版社2000年版,第121页。
④ 在主观过失和客观过失之外,尚有"动态系统下的过失"一说,其为奥地利著名民法学家威尔伯格(Walter Wilburger)所创。依据威尔伯格先生的理论体系,判定责任成立与责任承担具有多点要素,并不存在一成不变的"定式",其中每个要件相互作用,当一个要件如此明显,则可以降低对其他要件的程度要求。例如,如果某人智识较低,但其从事的行为风险极低,则同样可以认定其存在过失;反之,如果行为人的行为风险极高,即使其已经尽到了必要的注意义务,但仍然可以认定其存在过失。动态系统论的优点不仅仅体现在该理论给司法实践提供了可资裁判的判断依据,使得在僵硬的成文法与侧重个案正义的判例之间架起了桥梁,而且该理论本身具有极高的价值,它增加了责任成立和责任承担构成要件的科学性和精确性。参见朱岩:《侵权责任法通论·总论·责任成立法》,法律出版社2011年版,第296页。

"主观过失标准说",所谓过失即个人"未尽社会生活中必要的注意",未能避免其能避免的损害后果,因此他有过失。"主观过失标准说"与主观过错理论密切相关,所谓过失即个人滥用自由意志而应予得到道德上谴责的主观心理状态。(2)根据"客观过失标准说",过失可以被客观认定,过失的判断标准不取决于具体加害人的实际能力和个人情况,而取决于一个社会中一个"理性人"所应具备的行为标准。从比较法的角度来看,现在世界各国基本都采用了客观的过失标准。在英美法上,过失的认定采用"合理人标准",即客观标准。在大陆法上,法国采"善良家父"标准,德国采"善良管理人"标准,但都是客观化的标准。

第二,对行为人行为进行客观判断,理论上也有多种界说,如危险理论、注意义务违反说、行为标准说、通过经济分析进行合理性论证等①,我国学界一般借助"注意义务"的概念确立过失的判断标准,认为过失体现为对社会交往中一般注意义务的违反。但何为"注意义务",又成了认定"过失"的关键。但究竟什么是"注意义务",仍然需要在具体案件中结合具体因素加以判断。

在比较法上,对"注意义务"的认定也是针对个案,结合多种具体因素加以判断。在罗马法中,客观过失的判断标准是建立在抽象的"善良家父"基础上。在《德国民法典》中,过失判断的客观标准是建立在"社会交往中应尽的必要注意义务"基础上,而此种"必要的注意义务"因具体的债的关系的差异而采取不同标准。例如,合同关系中的注意义务具有相对性,标准较高,因此合同责任采取严格责任模式;在商事交易中,确立的是"诚信商人"标准;在高度专业化、职业化的领域如律师、医生、会计师等,专家责任系采纳严格的法定标准。英美侵权责任法延续了罗马法的模式,采取了抽象的"理性人"的标准。

虽然对"注意义务"的判断要受个案具体情况影响,采取了多种理性人的标准,但对其判断标准也有共同性,即认定过失判断的客观标准包含两项核心要素:"可预见"和"可避免",依照某种理性人的标准,该损害须可预见且可避免,但未能预见或未能避免,因而判断行为人具有过失。

第三,为保障社会交往中的信赖利益期待和交易安全,对"注意义务"的判断日益典型化、客观化和法定化。这就要求,"判断是否存在过失,首先需要检讨,成文法,乃至判例法中是否针对过失设定了严格的行为规范要求,即

---

① 奚晓明、王利明主编:《侵权责任法条文释义》,人民法院出版社2010年版,第27—28页。

针对特定人群、特定社会交往设定了行为标准"①。

(三) 过失判断标准的具体类阶

行为人的过失——即其是否对特定事件尽到注意义务——之程度因具体事件的不同而有轻重之别。"通常以善良管理人之注意程度为中心,或加重或减轻",因此有五种类阶之分,具体见下图(表5-1)②:

**表 5-1**

| 能注意之程度 | 不注意之后果 |
| --- | --- |
| 一般人所不能注意 | 不可抗力 |
| 一般人所能注意之极限 | 事变 |
| 善良管理人之注意 | 抽象轻过失(特例:专家过失) |
| 自己处理事务同一之注意 | 具体轻过失 |
| 一般人所能注意之起点 | 重大过失 |

上述过失类型的具体判断标准如下:

1. 重大过失的判断标准

重大过失就是在极不合理的程度上疏忽了交往中应有的谨慎。③ 在认定重大过失时,也采取客观标准,它是以社会一般人为标准来认定的,或者说,是以一个漫不经心的人为标准。如果一个漫不经心的人在通常情况下都会加以注意,而行为人没有注意,就认定为其具有重大过失。④

2. 具体轻过失的判断标准

具体轻过失是行为人没有尽到与处理其自身事务相同的注意义务。具体轻过失是以行为人处理其自身事务相同的注意义务为标准的,其实际上是主观标准,是因人而异的。⑤ 在侵权法上,过失原则上都是抽象轻过失,只在特殊情况下,才采具体轻过失。

3. 抽象轻过失的判断标准

侵权法上的过失原则上都应当解释为抽象轻过失。因为以重大过失为标准,则行为人的责任失之过轻,不足以维护社会生活的安定;而以具体轻过

---

① 例如,任何高层建筑物都必须设置火灾紧急通道,任何上市销售的药品都必须依据药品管理法提供详细的副作用说明。见朱岩:《侵权责任法通论·总论·责任成立法》,法律出版社2011年版,第293页。

② 原表见曾世雄:《民法总则之现在与未来》,中国政法大学出版社2001年版,第82页。本书稍作修改,增加"专家过失"标注。

③ 〔德〕冯·巴尔:《欧洲比较侵权行为法》(下卷),焦美华译,法律出版社2004年版,第319页。

④ 周友军:《侵权责任认定》,法律出版社2010年版,第243页。

⑤ 郑玉波:《民法债编总论》,中国政法大学出版社2004年版,第139页。

失为标准,则注意义务标准因人而异,而且,被害人对于加害人的注意状态举证比较困难。① 在比较法上,抽象轻过失的认定标准也存在不同的做法,英美法上一般采合理人标准,而大陆法上一般采善良家父标准或善良管理人标准。

(1)英美法上的理性人标准。"理性人标准"(a reasonable man)要求人们在行为时要有理性人在此情况下所采取的注意,否则就是违反了注意义务。理性人是以共通经验与活动,以及社会行为规范的理想化为基础的。② 理性人标准就是一个社会中的通常标准,理性人就是一个社会中具备通常思考辨别能力的人。判断一个人是否尽到理性人的注意义务,仅需考虑面对被告所处的情形,理性人会如何行动? 这一问题要由该情形所包含的各种要因决定,主要包括:第一,损害发生的可能性;第二,可预见损害的严重性;第三,防止损害措施的成本及其实施的可能性;第四,被告行为的目的。③

另外,在英美法上,经济分析的方法也被用于认定过失。汉德法官提出了著名的汉德公式。根据该公式,过失就是行为人所实施的经济上的不完美行为,而且行为人防免损害的成本要比受害人低。④

(2)大陆法上的"善良家父"或"善良管理人"标准。大陆法系的抽象轻过失认定标准,源自罗马法上的"善良家父"制度。法国法完全继受了罗马法上的"善良家父标准",行为人是否具有过失取决于其行为是否达到"善良家父"标准。但由于具体个案情况的差异,"善良家父标准"的具体内容也会不尽相同,因此该标准其实具有一定的主观性。⑤ 德国法在罗马法的"善良家父"标准基础上提出"善良管理人"理论,根据《德国民法典》第276条第2款,"怠于尽到社会生活中必要注意的人,就是有过失地实施行为"。按照善良管理人的标准,不问行为人依其能力本来可以怎样做,而是问他本来应当怎样做(客观过失)。谁若不遵守社会交往中为避免他人利益的不适当损害

---

① 郑玉波:《民法债编总论》,中国政法大学出版社2004年版,第139页。
② 邱聪智:《从侵权行为归责原理之变动论危险责任之构成》,中国人民大学出版社2006年版,第61页。
③ 〔日〕望月礼二郎:《英美法》,郭建、王仲涛译,商务印书馆2005年版,第152—154页。
④ 汉德公式具体内容如下:P=意外发生的可能性;L=意外所造成的损失;B=为避免意外所必须负担的预防成本。如果P×L>B,即意外发生的可能性乘以意外所造成的损失大于被告为避免意外所必须负担的预防成本,则被告有过失。不过,学者一般认为,确定汉德公式两边各自的成本分别是什么,如果不是不可能的话,也极为困难。参见〔欧〕欧洲侵权法小组:《欧洲侵权法原则:文本与评注》,于敏、谢鸿飞译,法律出版社2009年版,第122页。
⑤ 罗瑶:《法国法中的侵权过错概念及其对我国立法的借鉴意义》,载《比较法研究》2010年第1期。

而必要的"游戏规则",其行为即为过失行为。①

我国学界通说认为,抽象轻过失的认定采善良管理人的标准。在确定善良管理人的注意义务时,要考虑案件的具体情事,主要包括如下两点:第一,被告所实施活动的危险性。每个人必须尽到与其所实施活动的性质相应的勤勉义务,而且不应从事他没有充分准备的活动。② 第二,行为人之间的关系。亲密性可能产生一种不得被辜负的特定信赖。行为人之间的关系越密切,对他们相互之间注意彼此利益的要求就越高。③

4. 事变

事变(casual,Casus,Zufall,Cas fortuit),是指非因故意过失所发生的变故。事变可以是外界的自然事实,也可以是人的行为。④ 事变可分为通常事变和不可抗力两种。通常事变(Gewohnlicher Zufall),是指行为人虽然尽其应尽的注意义务,而仍不免发生损害,然而,如果再予以特别严密的注意,或许可能避免损害。⑤ 此处之事变,仅针对通常事变而言。事变是行为人不具有过错的证明,所以,它的适用范围是过错责任(包括过错推定责任)。在危险责任中,被告不能以意外事件来抗辩,因为危险责任不以过错为要件。

5. 不可抗力

按照《民法通则》第153条的定义,不可抗力是指"不能预见、不能避免并不能克服的客观情况"。《合同法》第117条第2款规定:"本法所称不可抗力,是指不能预见、不能避免并不能克服的客观情况。"不可抗力可以作为行为人没有过失的抗辩,也可以作为因果关系中断的抗辩。在危险责任领域,虽然过错不是责任的构成要件,但是,原则上以不可抗力作为免责事由。⑥《侵权责任法》第29条规定:"因不可抗力造成他人损害的,不承担责任。法律另有规定的,依照其规定。"该条可以理解为包含两层含义:一是在过错责任领域,不可抗力可以作为被告没有过错的抗辩。二是在危险责任领域,不可抗力可以作为免责事由,除非法律对不可抗力作为危险责任的免责事由有不同的规定。

---

① 〔德〕迪特尔·施瓦布:《民法导论》,郑冲译,法律出版社2006年版,第200—201页。
② 〔欧〕欧洲侵权法小组:《欧洲侵权法原则:文本与评注》,于敏、谢鸿飞译,法律出版社2009年版,第119页。
③ 同上书,第121页。
④ 郑玉波:《民法债编总论》,中国政法大学出版社2004年版,第262页。
⑤ 同上书,第262—263页。
⑥ 〔德〕福克斯:《侵权行为法》,齐晓琨译,法律出版社2006年版,第260页。

### 6. 专家过失的判断标准

专家过失通常是指其抽象轻过失，也是以善良管理人的注意义务标准来认定的。但因为专家具备专业知识和特殊技能，各国立法对专家注意义务的认定亦采取职业标准，即该专家群体中的普通一员所应当尽到的注意义务。在法国法上，在判断专家的过失时，系参考"职业标准"而不是"一般人标准"。① 在德国，法院认为，专家应当拥有从事某一特殊职业的胜任之人的通常技巧，否则，就认定为具有过失。②

## 三、过错推定问题

### （一）过错推定的概念和特征

过错推定即指"在满足已知事实乃至事实构成该当性的前提下，经举证责任倒置推定行为人具有过失"③。《侵权责任法》第 6 条第 2 款规定："根据法律规定推定行为人有过错，行为人不能证明自己没有过错的，应当承担侵权责任。"根据该款，确立了"过错推定"系归责事由，从而在我国侵权责任法上，过错责任——其实应限于过失责任④——区分为一般过错责任和过错推定责任两种类型。过错推定具有如下特征：

第一，过错推定是过错原则的特殊体现，并非独立的归责原则。对这一问题，我国理论上较有争议。

有学者认为，过错推定并非独立的归责原则，如王利明教授认为："过错推定仍然是以过错为归责依据的责任。在实行过错推定的情况下，只是因为受害人对过错的举证遇到了障碍，因此，有必要通过举证责任倒置的方式来认定过错。它只是认定过错方面采取了特殊的举证规则，并没有实质性地改

---

① 罗瑶：《法国法中的侵权过错概念及其对我国立法的借鉴意义》，载《比较法研究》2010年第1期。
② 〔德〕冯·巴尔：《欧洲比较侵权行为法》（下卷），焦美华译，法律出版社2004年版，第373页。
③ 朱岩：《侵权责任法通论·总论·责任成立法》，法律出版社2011年版，第300页。王利明教授认为，"过错推定，也称过失推定，是指行为人因过错侵害他人民事权益，依法律规定，推定行为人具有过错，如行为人不能证明自己没有过错的，应当承担侵权责任。推定，是指根据已知的事实，对未知的事实进行推断和确定。过错推定，就是要从已知的基础事实出发，依据法律的规定，对行为人有无过错进行推定"。参见王利明、周友军、高圣平：《侵权责任法疑难问题研究》，中国法制出版社2012年版，第149页。
④ "由于故意必须以行为主观上知晓、追求或者至少放任损害结果的发生为前提，并且故意侵权多体现为直接侵权，因此，针对故意无法采取故意推定，而过错推定即指过失推定。"见朱岩：《侵权责任法通论·总论·责任成立法》，法律出版社2011年版，第299页。王利明教授亦认为过错推定即指过失推定。王利明、周友军、高圣平：《侵权责任法疑难问题研究》，中国法制出版社2012年版，第149页。

变归责的基础。"①张新宝教认为:"过错推定属于过错责任原则的一部分,是过错责任原则适用中一种特殊情形,它仍然以侵权人一方的过错为责任的根据或者标准,因此不可将其与过错责任原则相提并论,更不可将其作为我国侵权责任法的归责原则之一。"②但也有学者认为,过错推定应是独立归责原则,如杨立新教授:"正因为过错推定原则具有这些优越性,因此它才随着侵权责任法理论的发展而发展,经久不衰,日臻完善,成为侵权责任法的归责原则之一。"③

  过错推定责任的归责事由仍在过错,只不过实行举证责任倒置,因此过错推定系过错责任原则的特殊形态,不应该成为独立的侵权责任归责原则。对此,朱岩教授进一步解释:"推定本身是一种法律技术手段,其目的在于通过减轻事实认定的举证责任负担,而达到特定的法律目的。……包括过失推定在内的法律技术手段就成为认定侵权责任成立的不可或缺的手段。从这一点来看,过失推定并不具有独立于一般过错责任的价值,其只不过承担着在特定情况下优先保护受害人的功能。"④

  第二,与一般的过错责任有所不同,过错推定加重了被告的举证责任,但也注意到对被告方利益的保护,过错推定旨在平衡加害人与受害人之间的关系。

  一方面,由于过错推定是从保护受害人利益考虑而产生的,在很大程度上对加害人强加了更为严格的责任,在过错推定中,举证责任倒置、反证事由的限制等,都在相当程度上增加了行为人免除责任的难度,进一步强化了对受害人的保护。另一方面,从程序上举证责任减轻的角度来看,过错推定存在多种手段,如表面证据、事实自证等。过错推定处在表面证据与事实推定之间,其本身给作为加害人的被告留下了举证加以反驳的机会。还要看到,根据《侵权责任法》第6条第2款,过错推定责任的适用在我国须具有法定性。过错推定责任的价值,是因为在特定案件中,如果对过错仍然采用"谁主张、谁举证"这一基本证明原则,则不利于对受害人的保护,因此通过过错推定制度在一定程度上加重加害人的责任,但为避免被告负担过重,矫枉过正,则明确过错推定制度的适用须有法律依据,对过错推定责任适用的范围予以严格限制。

---

  ① 参见王利明主编:《民法典·侵权责任法研究》,人民法院出版社 2003 年版,第 227 页。
  ② 参见张新宝:《侵权责任法》,中国人民大学出版社 2006 年版,第 20 页。
  ③ 参见杨立新:《侵权法论》,人民法院出版社 2004 年版,第 63 页。
  ④ 朱岩:《侵权责任法通论·总论·责任成立法》,法律出版社 2011 年版,第 301 页。

## (二) 过错推定的适用范围

过错推定可分为法定的过错推定和裁定的过错推定两种类型,前者是指法律直接规定的过错推定的责任,后者是指法院依其自由裁量权而要求被告负担举证责任,从而形成的过错推定责任。[①]《侵权责任法》第 6 条第 2 款规定,"根据法律规定推定行为人有过错,行为人不能证明自己没有过错的,应当承担侵权责任",因此,"过错推定"在我国只能经由"法律规定"方可为司法机关所采用,即过错推定在我国具有法定性。

从我国侵权法的规定来看,法定的过错推定责任类型较多,主要包括:(1) 工作物致害责任(《侵权责任法》第 85、86 条);(2) 工作物致害责任的扩张适用,即林木致害责任和地下设施致害责任(《侵权责任法》第 90、91 条);(3) 堆放物致害责任(《侵权责任法》第 88 条);(4) 教育机构的责任(限于教育机构对无民事行为能力人的责任,《侵权责任法》第 38 条);(5) 医疗损害责任(限于特定的情形,《侵权责任法》第 58 条);(6) 高度危险物所有人或管理人的责任(限于高度危险物被他人非法占有的情形,《侵权责任法》第 75 条);(7) 动物园的动物致害责任(《侵权责任法》第 81 条)。

尽管《侵权责任法》规定,过错推定的适用须有"法律规定"方可为司法机关所采用,但在我国司法实践中,也没有绝对禁止法官依其自由裁量权而要求被告负担举证责任。根据《证据规则》第 7 条,"在法律没有具体规定,依本规定及其他司法解释无法确定举证责任承担时,人民法院可以根据公平原则和诚实信用原则,综合当事人举证能力等因素确定举证责任的承担"。据此,我国司法实践中也常有法官为强化对受害人的保护,减轻受害人的举证负担,依据自由裁量权在特定情况下对因果关系等进行推定。

## 第三节 过错责任适用中的违法性要件问题

### 一、违法性要件问题源流本质

(一) 违法性要件问题起源

"违法性"或"不法性",这个概念用来描述侵权事实与法律存在冲突这

---

[①] 参见张新宝:《侵权责任构成要件研究》,法律出版社 2007 年版,第 487 页。

样一种状态。① 与"违法性"或"不法性"对应的,德语中为 Rechtswidrgkeit,英语中对应的是 wrongfulness 或 unlawfulness。"违法性"是侵权上的一个重要概念。有关"违法性"是否应成为侵权责任成立的独立要件,一直是侵权法上一个重要而又充满争议的问题。

通说将"违法性"概念的起源,上溯至罗马法时代。在《阿奎利亚法》中规定了"iniuria"(一般译为"违法"),但是在责任认定过程中,一方面要检验加害行为是否具有违法性(non iure),同时还要鉴别加害行为是否具有故意(dolus)或者过失(culpa)。如罗马五大法学家之一乌尔比安明确指出,"只有当行为结果同时在客观上具有违法性,并且行为主观上尽到注意即可避免损害发生时,方可认定其具有责任"。②

1867年,德国学者耶林发表《罗马私法中的责任要素》一书,将罗马法上的"injuria"概念一分为二,提出了"主观过错"与"客观不法"的概念,并通过例子说明二者的区分和意义:善意占有人占有他人之物,他只是造成了一种客观不法的状态;而小偷占有他人之物的情况下,还存在着主观的不法,"引起责任的是过错,而不是损害",因此善意占有不发生损害赔偿的侵权责任,而只能发生物权法上返还原物问题。由此,区分过错要件和不法要件是侵权损害赔偿责任成立的重要前提。③ 耶林的"主观过错"与"客观不法"二分理论,被德国立法、理论和实务所接受,形成"违法性"理论,直到今天还居于通说地位。

(二) 违法性要件问题的发展

对于违法性要件的地位,德国和法国代表了两种典型的不同立法模式。违法性要件问题之所以变得异常重要、充满争议,也源于《德国民法典》和《法国民法典》在世界范围内各有拥趸,无论是在立法上还是学理上,两相比较,便生优劣之争。

---

① 对"违法性""不法性"概念不易进行直接、先入为主的界定,因为有关何为"违法性""不法性",恰恰是"违法性"理论及其争议的关键点。因此,本书在这里仅是描述该概念的用法和应用场合。也有学者指出,《德国民法典》第823条第1款系采副词 Widerrechtlich,应译为"不法地",因此从"违法性"最初的立法渊源《德国民法典》考察,将"违法性"界定为对侵权事实状态的一种评价或描述,是可行的定义。至于"评价"的具体内容,那是已经"违法性"判断标准要解决的问题。而且,对"违法性""不法性"进行定义,也是困难的。我国有学者将其定义为"侵害私权益行为的不正当性",但"正当性"是较违法性更为模糊、复杂的概念,见张金海:《论违法性要件的独立》,载《清华法学》2007年第4期。也有学者转引德国学者的观点,认为"违法性是指法秩序对特定行为所作的无价值判断",但"无价值判断"一语同样令混。类似观点众多,不复枚举。

② 转引自朱岩:《侵权责任法通论·总论·责任成立法》,法律出版社2011年版,第248页。

③ 程啸:《侵权行为法中的过错与违法性问题梳理》,载《中外法学》2004年第2期。

### 1. 德国立法模式

《德国民法典》开创历史的先河,承认"违法性"是过错侵权责任成立的必备要件。该法第 823 条第 1 款明确规定,"故意或过失而不法侵害他人的生命、身体、健康、自由、财产所有权或者其他权利的人,有义务向他人赔偿由此而造成的损失",对一般性侵权行为的构成要件采取了概括性规定,使得"违法性"成为过错责任归责要件体系中的重要一环,并成为德国侵权法区别于大陆法系另一重要代表——法国法的首要特点。

由于《德国民法典》在大陆法系的深远影响,德国的"违法性"理论也影响到其他国家的立法、理论。我国清末变法以来,深受德国法影响,违法性理论也影响了我国立法和理论。一般认为,我国《大清民律草案》系采纳了德国的"违法性"理论,民国时期的《民法典》第 184 条也明确区分"违法性"和"过错",该法第 184 条规定,"因故意或过失,不法侵害他人之权利者,负损害赔偿责任"。

### 2. 法国立法模式

"违法性"在法国法上并不是独立的责任成立要件。为何德国和法国在"违法性"问题上会有如此差异?如果允许戏谑地进行解释,不妨认为,因为《法国民法典》颁布之前、之时,法国没有出现像耶林这样一位法学家,法国人也没有像德国人那样热衷抽象和概念化。

回到《阿奎利亚法》中规定的"iniuria"。它的内容实际上包括客观具有违法性和主观可归责两个因素,"在罗马法上,将违法性与过错不加区分,合于 iniuria 概念之中"[①]。但在罗马法的继受过程中,在德国,耶林将"iniuria"区分为"主观过错"与"客观不法",这种观点又被《德国民法典》所接受,形成"违法性"和"过错"两个要件;而在法国,《法国民法典》完整继受了罗马法的制度,在侵权法上也没有出现耶林这样的人物,因此也完整继受了罗马法的侵权行为制度。

《法国民法典》第 1382 条和 1383 条是侵权行为的一般条款。第 1382 条规定:"基于过错的行为,使他人发生损害者,应负赔偿责任。"第 1383 条进一步将第 1382 条的适用范围从故意行为扩展到过失行为。[②]

通过比较《法国民法典》第 1382 条和 1383 条与《德国民法典》第 823 条第 1 款,理论上一般认为,《法国民法典》的最大特色是没有正面直接规定

---

[①] 〔英〕巴里·尼古拉斯:《罗马法概论》,黄风译,法律出版社 2000 年版,第 231—232 页。
[②] 参见王利明:《侵权法一般条款的保护范围》,载《法学家》2009 年第 3 期;张新宝:《侵权法的立法模式:全面的一般条款 + 全面列举》,载《法学家》2003 年第 4 期。

"违法性"要件。

（三）违法性要件存废问题的实质

尽管德国和法国的侵权法在违法性要件存废问题上，无论立法还是理论上，都采取了截然不同的做法，但从司法实践考察，同一类型案件在两国分别适用不同规则，最终判决结果并未见显著差异。借用法国学者 Francesco Parisi 的说法，表面上"法国法与德国法在很多方面显得完全不同；但是，通过研究具体的法律规则及其运作效果，人们可以发现它们有惊人的相似性。这一相似性被隐藏在法学家使用的类型、定义以及规则当中"。① 对于"违法性"要件之争而言，问题的关键不在于"违法性"要件是否存废，而在于通过何种标准来判断"违法性"。

所谓百川入海，万流同宗。无论是《德国民法典》还是《法国民法典》，都割不断其与罗马法的继受关系。在侵权责任认定问题上也不例外，两国法律制度似可追根究底，溯源至《阿奎利亚法》中的"iniuria"制度。但须知，"在罗马法上，将违法性与过错不加区分，合于 iniuria 概念之中"②。及到后来，因为德国有耶林将"iniuria"区分为"主观过错"与"客观不法"，此举并深深影响《德国民法典》立法，并被世界上多国立法视为成例，于是有了"违法性"和"过错"二分之说；但在法国，全盘继受罗马法，因此《法国民法典》的立法体例，仍将"违法性"与"过错"二因素不加区分，合于"过错"当中——但法国法上这一"过错"(faute)，必然迥异于德国法上所谓之"过错"，其实包含着德国法上的"过错"和"违法性"两个内容。法国学者 Planiol 就认为，过错应包含违反先前存在的义务的违法性(unlawfulness)因素，而法国民法理论以及法院的司法实践大都仍坚持认为，过错由违法性与可非难性两个因素构成，过错是责任的一般的、基本的要件，过错的概念本身包括了行为的违法性，因而违法性不应作为独立的责任构成要件。③

至此可以发现，如果泛泛而论来谈《法国民法典》的侵权责任成立采纳"三要件"、《德国民法典》采纳"四要件"，法国侵权责任成立要件比德国少了"违法性"要件，都只是揭开了问题的皮表，并未点中要害。问题的关键不是有没有"违法性"这个要件，而是德国和法国在"过错"要件的判断上，采取了不同的判断标准。

---

① 转引自程啸：《侵权法中"违法性"概念的产生原因》，载《法律科学》2004 年第 1 期。
② 〔英〕巴里·尼古拉斯：《罗马法概论》，黄风译，法律出版社 2000 年版，第 231—232 页。
③ 程啸：《侵权法中"违法性"概念的产生原因》，载《法律科学》2004 年第 1 期。

## 二、德国模式:违法性要件独立

### (一) 责任成立要件的三阶层分析框架

"违法性"在德国过错侵权责任成立法中具有特殊意义。德国学理上,过错侵权责任成立要件体系有三阶段构造学说,即过错责任的成立须具备"侵害事实""不法性"和"过错"三个要件,分别对应环境侵权责任认定的三个判断过程,即"事件构成符合性""违法性"和"有责性"。(见图6-1)。①

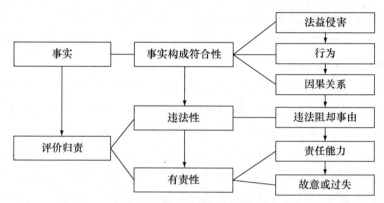

**图 6-1 德国侵权责任成立要件三阶层分析框架**

具体来说,侵权责任成立认定须自先而后经历三个阶段:先认定客观侵害事实(包括行为、损害及行为与损害之间的因果关系)存在,然后判断"违法性"存在与否,最后判断行为人是否具有过错。如果客观侵害事实无法认定,则不再有违法性和过错的判断问题;客观侵害事实存在,则继而判断是否有违法性,如果"违法性"不存在或有"违法阻却事由"②,则判断侵权责任是否成立的推理中止;如果存在"违法性",则再考虑主观过错问题。按照德国学者福克斯的总结,"通过符合事件构成要件、违法性以及过错,我们就可以描述传统侵权行为法律规范的基本内容,这三个前提条件是责任的基础,由这个责任的基础的存在才导出损害赔偿义务这个后果"。③

### (二) "违法性"要件的判断标准

在德国法上,"违法性"是过错侵权责任成立要件之一。但如何判断一

---

① 表格来源朱虎:《过错侵权责任的发生基础》,载《法学家》2011年第1期。
② "违法阻却事由"系德国法上的重要概念,其正当性系因"违法性"概念之认可而产生。"抗辩事由"系英美法上的概念,虽然与"违法阻却事由"之外延有重合,但却无"违法阻却事由"所内含的意义。我国目前通常称之为"免责事由",对应侵权行为法更名为"侵权责任法",应属妥当,如再考虑到现代侵权责任法功能以损害之分配与分散为要旨,不再以"侵权行为"而以"侵权责任"为重心,则"免责事由"概念更显妥当。
③ 〔德〕福克斯:《侵权行为法》,齐晓琨译,法律出版社2006年版,第12页。

个行为是否具有"违法性",《德国民法典》通过三个一般条款划分出三种违法性的类型:

(1) 第 823 条第 1 款明确规定,"故意或过失而不法侵害他人的生命、身体、健康、自由、财产所有权或者其他权利的人,有义务向他人赔偿由此而造成的损失",此即违反禁止性法律之违法性类型。

(2) 第 823 条第 2 款规定,"违反以保护他人为目的之法律者,负有同等义务。依该法律之内容,无过错亦可能违反时,赔偿义务仅在有过错的情形下才产生"。此即侵害他人绝对权利的违法性类型。

(3) 第 826 条规定,"以违背善良风俗的方式,故意加害于他人者,有义务向该他人赔偿损失。"此即违反善良风俗的违法类型。

《德国民法典》正是在"违法性"要件独立的前提下,通过三个一般性条款对"违法性"做出类型划分,进而确定了侵权责任法的保护范围。有学者从"义务违反"的类型角度,对于这三个一般条款做出区分(如下图)①。

| 条文 | 所违反义务 | 违反义务之来源 |
| --- | --- | --- |
| §823,1 | 保护绝对权之行为义务 | 私法上的义务 |
| §823,2 | 保护性制定法所确定之义务 | 制定法义务,大量规制性公法义务 |
| §826 | 依据善良风俗的义务 | 道德义务 |

### 三、法国模式:过错要件吸收违法性

《法国民法典》第 1382 条规定:"基于过错(faute)的行为,使他人发生损害者,应负赔偿责任。"第 1383 条规定:"任何人不仅对于因自己故意行为所生的损害负赔偿责任,而且还对因自己的懈怠或者疏忽所造成的损害,承担赔偿责任。"依据第 1382 条和 1383 条的规定,《法国民法典》为侵权行为过错责任建立了一般条款,而侵权责任成立的要件,就包括行为、过错、因果关系和损害四者。在这四个要件当中,关键性的问题在于如何判断 faute(过错)。

在法国法理论上,过错一般被界定为"违反了一般规则:交换正义或矫正正义",或者被界定为"不得损害他人原则"。但由于"不得损害他人"仍然过于宽泛,在法国学理上也产生了"受保护利益理论""欠缺权利理论""违法性与可非难性理论"等学说来弥补这一不足。② 在 faute 的概念里,其实已经吸收了德国法上的"违法性"概念,在 faute 中已经隐含着违法性的内容——即客观上对他人造成损害。

---

① 表格来源朱虎:《过错侵权责任的发生基础》,载《法学家》2011 年第 1 期。
② 程啸:《侵权法中违法性概念的产生原因》,载《法律科学》2004 年第 1 期。

## 四、我国侵权责任法与违法性要件问题

### (一) 理论争议

"违法性"是否应该构成侵权责任成立的一个要件,在我国立法上、学理上、司法实践中也一直有争议。比如,《民法通则》第 106 条第 2 款在规定过错责任一般条款时没有明确使用"违法""不法"等字样,但是,《最高人民法院关于审理名誉权案件若干问题的解答》《精神损害赔偿司法解释》等司法解释中却明确认可违法性要件。

在学界,违法性要件的肯定论与否定论旗鼓相当,各执一词。[①]

### (二)《侵权责任法》与违法性要件

《侵权责任法》第 6 条第 1 款规定了过错侵权责任的一般构成要件,即:"行为人因过错侵害他人民事权益,应当承担侵权责任。"《侵权责任法》第 2 条第 1 款规定:"侵害民事权益,应当依照本法承担侵权责任。"《侵权责任法》第 6 条第 1 款针对违法性要件并没有采取明确的立场,在学者的解释中,就出现了两种分歧性观点:一种观点认为,《侵权责任法》第 6 条第 1 款并没有规定违法性要件,过错吸收了违法性[②];另一种观点认为,过错和违法性要件是独立的。[③]

比较《侵权责任法》第 6 条第 1 款和《德国民法典》第 823 条第 1 款、《法国民法典》第 1382 条,可以发现我国《侵权责任法》从表面上看具有某些德国模式的因素,但究其实质更接近《法国民法典》的立法模式,第 6 条第 1 款规定的"不得侵害他人民事权益"与《法国民法典》确立的"不得损害他人原则"基本等同。因此,我国《侵权责任法》的立法模式在德国和法国模式之间,更接近法国模式。

### (三) 我国过错侵权责任成立不宜采纳违法性要件

理由如下:

第一,我国侵权责任法立法目的从偏重对加害人的否定转向对受害人的

---

[①] 反对违法性为独立要件者,以王利明教授为代表,再如朱虎:《过错侵权责任的发生基础》,载《法学家》2011 年第 1 期;刘文杰:《论德国侵权法中的不法性》,载《环球法律评论》2007 年第 3 期。支持违法性为独立要件,以张新宝、杨立新教授为代表,再如廖焕国:《侵权构成要件的不法性功能论》,载《现代法学》2010 年第 1 期;叶金强:《侵权构成中的违法性要件的定位》,载《法律科学》2007 年第 1 期。

[②] 王利明、周友军、高圣平:《中国侵权责任法教程》,人民法院出版社 2010 年版,第 201 页。

[③] 杨立新:《〈中华人民共和国侵权责任法〉条文释解与司法适用》,人民法院出版社 2010 年版,第 28 页。

救济,侵权法从行为法向责任法转变,这导致"违法性"要件日渐失去其理论根基。

德国法对过错要件和不法要件做出区分,符合近代的道德哲学思想。按照康德的说法,"一种行为与法律一致或不一致而不考虑它的动机,就是该行为的合法性;如果一种行为的义务观念产生于法规,而同时又构成该行为的动机,这种行为的特性就是该行为的道德性"。① 因此,违法性体现为对现行法律体系所确立的客观的法的秩序的破坏,而过错则体现了道德哲学所影响下的不法行为人的主观道德非难性。但在现代社会,"行为"逐渐不再成为侵权法的关注焦点。替代责任的兴起,削弱了侵权行为人的地位;以物件为中心进而追究物件人持有人的立法模式,在许多领域得到应用②,不但削弱了"行为",甚至也削弱了"人"的地位。侵权责任法的目的逐渐从对加害人行为的谴责,转向对受害人损害的填补与分散上。"违法性"要件的意义不复如昨。

第二,从《侵权责任法》的立法技术特征看,未严格区分权利和利益的制度框架,已经基本解构《德国民法典》通过第 823 条和第 826 条规定的一般侵权行为法架构。《侵权责任法》采取"减轻和免除责任事由"的立法表述而非"违法阻却事由"的概念,也在客观上排斥了"违法性"要件纳入《侵权责任法》概念框架的可能。

第三,反对将"违法性"作为侵权责任成立的独立要件,并不是说对侵权行为不需作"违法性"判断。实际上,在我国《侵权责任法》第 6 条第 1 款当中,已经包含了关于"违法性"的判断,立法机关也认为是通过过错吸收了违法性要件。③

比照我国《侵权责任法》的一般条款和《法国民法典》第 1382 条也可以发现,二者极为类似。《法国民法典》第 1382 条没有将违法性作为独立要件,是因为它以"不得损害他人"的自然法原则来判断侵权行为的违法性,造成他人损害即认定为违法,违法性要件实际上被过错要件吸收;我国侵权责任法确立了"不得侵害他人民事权益"的一般性禁止,将侵害他人民事权益的行为原则上认定为违法,则对违法性的判断已经隐含在"过错"的要件当中。

第四,违法性要件的存废仅对过错责任具有意义。但在现代社会,随着过失客观化和行为不法说的兴起,过失和违法性的区分都逐渐通过"社会安

---

① 〔德〕康德:《法的形而上学原理——权利的科学》,沈叔平译,商务印书馆 1997 年版,第 20 页。
② 如《德国环境责任法》的立法模式。
③ 奚晓明:《〈中华人民共和国侵权责任法〉条文理解与适用》,人民法院出版社 2010 年版,第 16 页;王利明:《〈中华人民共和国侵权责任法〉释义》,中国法制出版社 2010 年版,第 3 页。

全保障义务""违反社会生活中的必要注意义务"来界定,因此,二者区分日益困难。有学者分析,"今日的德国侵权法就其实在而言系以过错(义务违反)为中心,而非以不法性(法益侵害)为中心",不法性的没落"既归因于一般性注意义务的确立以及框架权的创设,而且也肇端于德国侵权法在体系设计上的过于保守",已经不能满足于现代社会所需要的侵权法须具备一定的开放性的要求。①

也有学者明确提出,德国法上通过"过错"与"违法性"的区分对归责问题进行概念建构,这一体系目前已经不适应社会发展,因此应将"归责"重新作为统一的概念,借助"义务违反"作为过错责任的发生基础和归责核心,而《侵权责任法》第6条第1款就提供了这种契机。② 笔者亦赞同这种观点,以过错作为过错责任的构成要件,并通过"义务违反"及其类型化来界定过错的内涵。

最后还要强调的,"违法性"是否作为侵权责任成立要件并非问题的关键,如何认定和判断"违法性"才是真正的问题所在。在我国《侵权责任法》的框架下,过错责任成立要件体系不易纳入独立的违法性要件,但是,对违法性的判断却是不能回避的。只不过,"违法性"已然被吸纳入过错要件当中——如《法国民法典》,也可能被吸纳到"权益侵害"要件下。

## 第四节 无过错责任适用中的违法性要件问题

### 一、环境污染侵权违法性之争

在无过错责任归责原则适用的场合,我国学界也有"违法性"是否是环境污染侵权责任成立要件的理论争议。问题的根源在于我国《民法通则》与《环境保护法》对环境污染侵权的规定不一致。我国《民法通则》第124条规定:"违反国家保护环境防止污染的规定,污染环境造成他人损害的,应当依法承担民事责任。"而《环境保护法》第41条第1款则规定:"造成环境污染危害的,有责任排除危害,并对直接受到损害的单位或者个人赔偿损失。"从字面含义解读,《民法通则》要求环境污染责任以"污染环境行为违反国家保护环境防治污染的规定"为条件,而《环境保护法》并无此要求。

《民法通则》与相关单行法的不同规定,反映了我国相关立法在环境污

---

① 刘文杰:《论德国侵权法中的不法性》,载《环球法律评论》2007年第3期。
② 朱虎:《过错侵权责任的发生基础》,载《法学家》2011年第1期。

染责任违法性要件上存在的矛盾,由此导致学理上也多有分歧。即使在认同环境污染责任系采纳无过错责任的学说当中①,针对"违法性"是否是环境污染侵权责任成立的要件,学界尚有如下学说:

第一,违法性要件否定说。该说从《环境保护法》第41条的规定出发,主张违法性不应作为环境污染责任的构成要件,即使污染环境的行为符合国家规定的标准,造成了他人的损害,也应当承担赔偿责任。这是我国环境法学界的通说。②

第二,违法性要件肯定说。该说又有三种代表性观点:

(1) 狭义违法性要件说。该说从《民法通则》第124条的规定出发,主张只有违反国家规定排污标准的污染环境行为,才能成立环境污染责任,污染环境的行为没有违反国家有关规定的,即不具有违法性,不承担环境污染责任。③

(2) 广义违法性要件说,主张环境污染责任应当以具有违法性为要件,但是对何为违法性,又有不同理解,一种观点(结果违法说)认为,排污行为违反了保护他人生命健康权的法律规定,产生了侵害他人人身权、财产权的结果,就意味着此种排污行为具有违法性。④ 还有一种观点(实质违法说)认为,违法性中的"法"既包括法律规范,也包括民法的基本精神和基本原则,并非具体的某项排污标准。⑤

(3) 在主张违法性要件肯定说的学者中,还有人主张继受日本法上的"忍受限度理论"来解决违法性的判断问题。⑥ 所谓"忍受限度理论"是指"损害的发生,如超越一般人所应忍受的限度,则不考虑加害人主观上是否具有预见可能性,直接认定过失成立,加害人即应当负损害赔偿责任;反之则不承担损害赔偿责任"。⑦

第三,区别对待说。该说认为环境污染责任有时具有违法性,有时又不具有违法性,即污染环境的行为一般情况下是违反法律规定的,但是特殊情况下即使没有违反法律规定也应当要求加害人承担责任。⑧

---

① 关于我国环境侵权责任归责原则的争议,见第三章第一节。
② 金瑞林、汪劲:《环境与资源保护法学》,高等教育出版社2006年版,第294页;蔡守秋主编:《环境资源法学》,湖南大学出版社2005年版,第419页。
③ 参见王家福主编:《中国民法学·民法债权》,法律出版社1991年版,第515页。
④ 参见王利明主编:《民法·侵权行为法》,中国人民大学出版社1993年版,第455页。
⑤ 参见曹明德:《环境侵权法》,法律出版社2000年版,第166—169页。
⑥ 参见王成:《环境侵权行为构成的解释论及立法论之考察》,载《法学评论》2008年第6期。
⑦ 邱聪智:《从侵权行为归责原理之变动论危险责任之构成》,中国人民大学出版社2006年版,第87页。
⑧ 参见刘士国:《现代侵权损害赔偿研究》,法律出版社1998年版,第209—213页。

在《侵权责任法》制定过程中,一审稿和二审稿也都排除了"违法性"要件,明确规定"排污符合规定标准,但给他人造成损害的,排污者应当承担相应的赔偿责任"。三审稿、四审稿将这一规定删除。

## 二、否定违法性要件的理由

笔者认为,在适用"无过错归责原则"的场合,违法性也不是我国环境侵权责任成立的要件。

第一,"违法性"是否应成为侵权责任独立的独立要件,如果从起源考察,仅仅是针对过错侵权责任的场合。在德国法中,危险责任的成立并不以"违法性"为要件。其原因并不复杂,系因侵权法上导致"危险责任"发生的肇事事实或侵权行为,并不须是不法行为,该行为应承担责任,系因其造成"权益侵害";而且,侵权法上风险责任的立法机理,也不是对该肇事行为进行否定、谴责,风险责任立法初衷系从风险分配和损害填补的角度出发,要求合法的行为人承担危险责任。① 对此,福克斯的概括简洁明确:"危险责任制度的特点在于:责任人的责任仅仅取决于,在造成损害的事件中由责任人掌握的危险是否变成了现实。"②

但在后来侵权责任法的发展过程中,情况却发生了变化。具体来说,有两点值得注意:其一,"违法性"适用的领域不限于承担过错责任的场合。如,在瑞士法律中,违法性在严格责任领域也起到作用。按照 P. 威德梅尔(Pierre Widmer)的说法,"'不法性'在一些特别法中也发挥着隐蔽的作用,这些特别法确立了与某些特定风险有关的特殊侵权规则。"③其二,即使针对过错责任,"违法性"的含义及其判断标准出现了各种截然不同的解释。如针对"违法性"的定义,就有"结果不法说""行为不法说"等观点。④

总体看,在不同国家的法律制度中,"违法性"的概念、功能、地位都有差异。并且,每一国家的"违法性"理论,都有合理性。因此,"违法性"问题极其复杂,关于"违法性"要件存废、适用场合,须结合特定国家的立法及司法实践、学理讨论和社会背景进行,并无统一方案。

第二,从环境侵权诉讼角度反观侵权责任一般法,"违法性"问题的讨论应限于过错责任适用的场合。在环境侵权案件中,环境肇事事实本身往往对社会发展具有重要价值,其所从事工业、领域、活动,往往为现代社会发展所

---

① 参考前文第一章"环境侵权责任法的目的、作用和功能"一节。
② 〔德〕福克斯:《侵权行为法》,齐晓琨译,法律出版社 2004 年版,第 256 页。
③ 〔奥〕考茨欧:《侵权法的统一:违法性》,张家勇译,法律出版社 2009 年版,第 153 页。
④ 同上书,第 170—171 页。

必需,有助于增进社会福祉。但从事该活动往往包含巨大风险,可能对某一社会个体的人身、财产乃至资源资源和环境造成损害,在现有的技术、经济和社会条件下,该风险又无法回避。面对此种矛盾,现代社会的立法往往经过复杂的利益平衡和政策考量,一方面,认可该种行为、活动的正当性和合法性,而且现代国家立法往往对其系采取认可、支持乃至鼓励的政策;另一方面,一旦该行为、活动肇事,其隐含的风险转化为现实的社会损害,则立法依据其造成的"权益侵害"责令其承担责任。而此时之所以承担责任,其法律理由有二:其一,侵权法旨在维护个人自由与固有利益的冲突,"有损害必有救济",维护社会个体的自由、权益系侵权责任法第一要务。此处需特别强调,这一要务至今、将来也不应改变;其二,对于肇事方,其所从事的事业本身具有不确定的风险,倘其因此种不可测的天灾人祸而背负过重,则于立法对其亦属于过于严苛,并且不合正义理念。因此,现代社会又凭借责任保险、基金等机制,协助其分散风险、分担风险——这也正是现代侵权责任法在社会风险负担体系中承担的功能。

第三,"违法性"不能简单地和"违法"划等号,尤其不能和"违反环境保护法律、法规"划等号。"违法"可以是立法概念、理论概念,但"违法性"只能是理论概念。"违法性"概念在构成要件中的提出,主要的理论功用不是实体性的,即其作为一个因素成为构成要件整体之一部分;而是程序性的,即突出在构成要件过程中,必须存在适用者对作为"侵权行为"整体的法律判断之一环节。

第四,否认"违法性"是环境侵权责任的构成要件,但并没有因此在环境侵权责任认定过程中,没有了关于"违法性"问题的判断。实际上,这一判断过程转移到有关"权益侵害"的确认上。"权益侵害"的概念,已经包含"违法性"的内容。

## 第五节　无过错责任适用中的高度危险责任问题

### 一、高度危险责任的概念、类型和界定

《侵权责任法》第九章规定了"高度危险责任",其源自英美法中的"异常危险活动责任"(ultra-hazardous activities/abnormally dangerous activities)[①],与大陆法上所谓的"特别危险"(Besondere Gefahr)制度类似,是指"因高度危

---

① 关于英美法上的"异常危险活动责任"界定,参考前文第三章。

险活动或高度危险物导致他人损害,行为人应当承担的侵权责任"。① 按照这一定义,通说认为我国法律上的"高度危险责任"分为"高度危险活动致害"和"高度危险物致害"两大类型:所谓"高度危险活动"是指从事高空、高压、地下挖掘活动,使用高速轨道运输工具等对周围环境具有较高危险性的活动;所谓"高度危险物"是指易燃、易爆、剧毒、放射性等具有高度危险的物品。这两种责任的主要区别在于,两者是从不同的角度来观察高度危险活动致害的,前者着眼于行为致害,后者着眼于物品致害。

高度危险的内涵包含三个方面:第一,该活动或物品具有严重的危险性。例如,核设施的运营活动比一般工厂对周围的环境以及居民具有更高的危险性;易燃易爆品和剧毒物质也比一般物体有更高的危险性。"更高危险性"可以体现在潜在威胁程度以及事故发生之后的损害程度上。需要指出,"潜在危险程度高"可以理解为该活动或物品发生危险的概率较大,有学者曾提出一个标准,即如果某人的活动对其邻近的他人要求需比平常更要提高警惕时,那么这种活动就是高度危险。② 第二,该活动或物品危险的难以控制性,即人们难以控制危险的发生,即使危险作业人采取所有可能的措施,也可能无法避免损害的发生。③ 第三,该活动或物品不是为法律禁止的。区别于传统的侵权责任,高度危险责任并非旨在纠正"不法",而更倾向于分配风险、保障公平。如果行为人从事高度危险作业是非法的,对于其所造成的损害,除了适用《侵权责任法》第九章的规定承担民事责任外,还应承担相应的行政责任甚至刑事责任。④

**(二)高度危险责任是无过错责任的特殊类型**

高度危险责任是无过错责任的一种特殊形式,其特殊性主要表现在如下几方面:

第一,高度危险责任的归责基础是"高度危险"。在美国法中,高度危险常常被称为"内在的、实质的危险(inherent and substantial risk)",在德国法中,有学者将其称为"特别危险(Besonderen Gefahr)"。所谓"高度",就是指超出了一般危险的范围,意味着危险已经不是通常的危险,而是超出了合理范围的危险。所谓"超出合理范围",既可能表现为危险发生的可能性很大,也可能表现为危险实现导致的后果非常严重。所以,法律上有必要将其类型

---

① 王利明、周友军、高圣平:《侵权责任法疑难问题研究》,中国法制出版社 2012 年版,第 555 页。
② 游仙德:《民事侵权与损害赔偿》,中国经济出版社 1990 年版,第 212 页。
③ 王利明:《论高度危险责任一般条款的适用》,载《中国法学》2011 年第 1 期。
④ 杨立新:《侵权责任法》(第二版),法律出版社 2012 年版,第 493 页。

化为一种特殊的侵权,对其做出专门规定。

第二,高度危险责任的免责事由限制更为严格。对于高度危险责任的免责事由,法律对其进行类型化规制,并与其他一般无过错责任的免责事由相区分。通常来说,一般严格责任的免责事由包括不可抗力、战争行为、第三者故意或过失以及受害人自己过错。但是,我国《侵权责任法》第70、71、72、73以及76条对相关的高度危险责任的减免事由分别做出了规定。在这种情况下,不再适用侵权法总则部分的一般免责事由的规定。

第三,高度危险责任的肇事事实限于高度危险活动或高度危险物致害。这些或者是危险性非同寻常的领域,或者是产生危险的可能性超出一般的几率的领域,或者是虽然产生危险的几率不高,但是一旦危险发生、损害异常巨大的活动。

第四,它是可以设定责任限额的责任。与过错责任坚持完全赔偿原则不同,高度危险责任大多是设定最高赔偿限额的责任。我国《侵权责任法》第77条明确规定:"承担高度危险责任,法律规定赔偿限额的,依照其规定。"这就明确了对高度危险责任在法律上要设立最高赔偿限额。

**二、环境侵权责任法上的高度危险责任**

(一)关于高度危险责任的现行法律规定

1.《民法通则》

我国《民法通则》第123条规定:"从事高空、高压、易爆、剧毒、放射性、高速运输工具等对周围环境有高度危险的作业造成他人损害的,应当承担民事责任;如果能够证明损害是由受害人故意造成的,不承担民事责任。"该条款规定了高度危险的范围、高度危险责任适用无过错责任制度以及高度危险责任的免责事由。除上述规定之外,均适用《民法通则》的一般性条款。

2.《侵权责任法》

我国《侵权责任法》通过专章九条的形式以一般条款、具体条款分别予以规定,形成了排列合理的逻辑结构,改变了《民法通则》第123条的简单列举形式,对高度危险责任范围的界定更加具体化。第69条规定:"从事高度危险作业造成他人损害的,应当承担侵权责任。"第70—76条分别规定了民用核设施发生核事故损害责任,民用航空器损害责任,占有或使用易燃、易爆、剧毒、放射性危险损害责任,从事高空、高压、地下挖掘、使用高速轨道运输工具损害责任,遗失、抛弃高度危险物损害责任,非法占有高度危险物致害责任,未经许可进入高度危险区域损害责任。

《民法通则》第123条就高度危险责任仅特别规定了"受害人故意"这一

免责事由。《侵权责任法》第 70—73 条针对不同类型的高度危险责任规定了不同的免责事由。这些事由包括：战争、不可抗力、受害人故意等。第 73 条还将被侵权人的过失规定为减轻责任的事由。

3. 其他法律

《侵权责任法》颁布之前，高度危险责任的主体并没有规定在《民法通则》第 123 条中。一些特别法，例如《电力法》第 60 条，《铁路法》第 58 条，《民用航空器》第 160、161、166 条对赔偿责任主体都有相应的规定。

除了责任主体外，特别法也对特定类型的高度危险责任免责事由做出了规定。如《电力法》第 60 条第 2 款规定："电力运行事故由下列原因造成的，电力企业不承担赔偿责任：(1) 不可抗力；(2) 用户自身的过错。"《铁路法》第 58 条规定："因铁路行车事故及其他铁路运营事故造成人身伤亡的，铁路运输企业应当承担赔偿责任；如果人身伤亡是因不可抗力或者由于受害人自身的原因造成的，铁路运输企业不承担赔偿责任。"

（二）高度危险责任与环境污染责任的关系

1. 高度危险责任与环境污染责任的联系与区别

我国《侵权责任法》第八章规定的"环境污染责任"和第九章规定的"高度危险责任"之间具有一定的联系：首先，两种责任都是应对人类社会新问题的产物。环境污染损害责任的立法兴起于经济迅速发展，环境问题日益凸显的工业时代；高度危险责任的立法背景也是科技、工业技术的快速发展。其次，两者都是严格责任的具体类型。

但是，环境污染责任与高度危险责任之间也存在一些区别。

第一，两者的责任基础不同。高度危险责任的责任基础是某种活动和物品存在"高度危险"，这是用来将其与一般侵权责任进行区分的核心内涵；污染环境责任的责任基础是对环境介质的污染和破坏，此处的环境介质指空气、水、大气等环境因子，与《民法通则》第 123 条中的"周围环境"完全不同。

第二，两者适用严格责任的立法目的不同。高度危险责任所说的活动或物品虽然具有高度的风险，但却为现代社会所必需。基于该活动或物品已经"超出了合理范围的风险"[①]，法律将高度危险责任纳入严格责任的范畴中，以此来确保风险的合理分配。

第三，两者的免责事由不一样。《侵权责任法》第 68 条规定："因第三人的过错污染环境造成损害的，被侵权人可以向污染者请求赔偿，也可以向第

---

① 范利平：《特殊侵权责任的意识》，载《西南政法大学学报》2004 年第 1 期。

三人请求赔偿",可见环境污染责任的免责事由比高度危险责任的更宽泛。

第四,高度危险责任可以设定责任限额,环境损害责任则没有类似规定。

2. 高度危险责任与环境损害责任的竞合

《侵权责任法》第 65 条"因污染环境造成人的损害的,污染者应当承担损害责任"是环境污染损害责任的核心法律规定,该条文可以简化为下图①:

行为→环境污染→人的利益损害(侵权)→责任

当高度危险的活动或物品造成了环境介质的污染和破坏,继而侵害了人的利益时,环境损害责任与高度危险责任产生竞合。这种情形如下图所示:

高度危险的活动/物品→环境污染→人的利益损害(侵权)→责任

我国《侵权责任法》规定的几种类型化的高度危险责任中,可能与环境污染责任产生竞合的情形包括民用核设施(核泄露)造成环境污染致人损害及剧毒、放射性物质污染环境致人损害等。两种责任出现竞合后,应适用特别法先于一般法的规则,高度危险责任法优先于环境污染责任法。通常情况下,适用由于两者的免责事由可能存在差别,因此适用不同的法律法规就会带来不同的结果。

3.《侵权责任法》第 69 条的性质和意义

随着人类科学技术的不断进步,高度危险活动或物品的类型是开放的、难以预测的。因此,仅仅将各种高度危险活动和物品列举出来并逐一制定规范是难以适应现实需求的。《侵权责任法》第 69 条"从事高度危险作业造成他人损害的,污染者应当承担侵权责任"被众多学者推崇,他们认为这是我国高度危险责任的一般性条款②,该一般条款的设立是侵权责任法的一次重大创新③。

我国《侵权责任法》第 70—75 条规定了 6 种高度危险活动(物品)类型,相较《民法通则》第 123 条已经有了很大进步,但第 69 条作为一般性条款,为日后对新的高度危险活动类型的规制奠定了基础,同时也为应对司法实践中出现的新的高度危险活动类型提供了法律依据。另外,几种类型化的高度危险责任与环境污染责任产生竞合的情形十分有限,《侵权责任法》第 69 条扩

---

① 徐祥民:《环境污染责任解析——兼谈〈侵权责任法〉与环境法的关系》,载《法学论坛》2010 年第 2 期。

② "所谓一般性条款,是指在成文法中居于重要地位的、能够概括法律关系共同属性的、具有普遍指导意义的条款。"张新宝:《侵权责任法的一般条款》,载《法学研究》2001 年第 4 期。

③ 王利明:《论高度危险责任一般条款的适用》,载《中国法学》2010 年第 6 期。

充了两种责任产生竞合的可能性。

## 第六节 相邻环境污染关系的法律调整

### 一、概念辨析

(一) 相邻关系与相邻权

对相邻关系的法律调整古已有之,但有关相邻权的体系化理论和制度建立却是近代民法的成就。近代民法通过"相邻权"的概念,借助对不动产(主要是土地)权利人的保护和限制,确立了相邻关系调整的民法模式。相邻权与相邻关系是两个不同的概念,必须予以区分。

但在目前民法学的理论研究中,目前绝大多数学者都将"相邻关系"和"相邻权"两个概念等同视之。经典界定如胡长青先生在其经典著作《中国民法总论》中所作定义:"相邻权亦称相邻关系,谓相邻接不动产之所有人之间,一方所有人之自由支配力与他方所有人之自由排他力相互冲突时,为调和其矛盾,以谋共同之利益,依法律之规定直接所认权利之总称。相邻权为所有权之限制或扩大。"[1]我国民法主流的观点也通常认为,相邻关系是指相邻各方在对其所有或使用的不动产行使所有权或使用权时,因相互间依法应当给予对方方便或接受限制而发生的权利义务关系。[2] 这种将相邻关系最终定义为"权利义务关系",其实就是"相邻权"的概念。受到这种通说影响,我国物权法制定过程中,其《物权法(草案)》(五次审议稿)第252条曾规定:"'相邻关系',是指相互毗邻的两个以上不动产权利人,在通行、通风、采光等方面根据法律规定产生的权利义务关系。"即直接将"相邻关系"等同于"相邻权"的概念。

但相邻关系和相邻权二者并非等同。应认为,所谓的"相邻关系"即因不动产毗邻而在不动产所有人或占有人之间形成的社会关系;所谓相邻权,则是在相互毗邻的不动产所有人或占有人之间,法律规定的,双方各自的权利义务关系之谓。通过相邻权法律制度调整相邻关系,则在具体的不动产所有人或占有人之间形成了具体的相邻法律关系。比较"相邻关系""相邻权"和"相邻法律关系"三者,相邻关系系描述性概念,意在表述不动产毗邻人之

---

[1] 胡长青:《中国民法总论》,中国政法大学出版社1998年版,第41页。
[2] 参见王利明:《物权法研究》(上卷),中国人民大学出版社2007年版,第643页;梁慧星、陈华彬:《物权法》,法律出版社2007年版,第185页;江平主编:《物权法教程》,中国政法大学出版社2007年版,第133页。

间存在"相邻"的事实,"相邻权"概念则体现了法律调整相邻关系的具体标准。"相邻关系"的存在是"相邻权"法律制度适用的事实性前提,"相邻法律关系"是通过适用"相邻权"法律制度而在具有相邻关系的邻人之间形成的具体的权利义务关系。这三者的关系,表现了法律适用的通常的完整逻辑过程。相邻关系是一个描述性概念,相邻权是一个规范性概念,二者必须严格界分。混同描述性概念和规范性概念,不仅在理论上容易引发混乱,在实践中也容易招致麻烦。如有学者指出:"'相邻关系是法定权利义务关系'的观点直接导致相邻关系具有合法性。但是,对违法相邻关系的调整,或对被破坏的合法相邻关系的救济,始终都是相邻关系规范的重心,相邻关系实际上不是天然就具有合法性的。"①

也有观点肯定了相邻关系与相邻权两个概念必须予以区分,并认为将相邻关系与相邻权概念混同的通说和做法不尽合理,但其理由却欠妥当。该观点认为:"相邻关系调和的是不动产毗邻各方的权利义务关系,与相邻关系的称谓比较,相邻权的称谓,仅从相邻关系中权利得到法律保障的一方着眼,而未涉及权利受到法律限制的一方。因此将'相邻关系'同'相邻权'划等号,或以'相邻关系'取代'相邻权'称谓不尽妥当。"②实际上,在民法学的理论话语体系中,"法律关系"表述话语体系和"权利"表述话语体系虽然有差别,但本质上并非意在保障一方而忽略另一方的权利。用"民事法律关系"概念建构民法学理论体系的话语,这是我国目前学理的普遍做法;但在德国法学研究中,一直用"权利"这一概念来建构法学体系。二者并无实质不同,只不过描述法律关系的视角有差异。我国学理上是采纳第三方——理想中的法官视角,来分析法律调整的关系;但德国法学教材中的"权利"话语体系,却是从权利人的视角审视法律调整的关系,因此更突出对权利人的保护。但在具体展开分析过程中,二者鲜有差异。如"相邻权"的界定,还是涉及权利相对人和权利人之间权利义务关系的分配,也就是相邻法律关系的概念了。这种观点还将相邻权和相邻关系的关系理解为上位概念和下位概念的关系,这也不准确。该观点认为:"民法调整相邻关系的方法包括设定相邻权、所有权的直接限制、物上请求权、疆界及标志物的共有等四种方法的角度而言,'相邻权'应属'相邻关系'的下位概念。"③——实际上,这种观点尽管

---

① 对此,有学者提出,"相邻关系是以相邻不动产为媒介而发生的社会关系和法律关系。相邻权是法定相邻关系的内容要素之一,它与相邻关系因各具独特的内涵而界限清晰",此一观点殊值赞同。参见曾大鹏:《论相邻关系的定义与本质》,载《南京大学法律评论》2012年春季卷。
② 王俊主编:《相邻关系纠纷案件审判要旨》,人民法院出版社2005年版,第6页。
③ 同上。

罗列了四种相邻关系的民法调整方法,但其实都是物权法的调整方法,还遗漏了侵权法的调整方法。而且,"相邻关系"和"相邻权"也不是上位概念和下位概念的关系,这种定位显然不够准确。

"相邻权"是大陆法系用于调整相邻关系的一整套法律制度之谓。由于所有权概念在民法中的核心地位,传统民法中对相邻权本质、性质的认识,其实是在所有权理论的视角下进行的。主流的观点认为,相邻权的实质,不过是所有权内容的限制和扩张①——既限制,又扩张,具备双重向度,体现了民法在个人自由和社会共存两种价值之间的协调智慧。如张俊浩先生认为:"相邻权是毗邻不动产的所有人和占有人为行使其所有权或他物权的必要面对他方不动产依法支配的权利。""法律肯认相邻权的考虑,是协调相邻不动产物权,既保护各方的利益,又保护他们相互的利益,并力图在各方利益之间谋求一种最佳平衡。"②

事实上,大陆法系的全部民法制度体系体现了意在协调个人自由和社会共存两种价值的立法意图,相邻权自然不例外。个人自由是私法的理想,但私法保障的自由,是"人人的自由,可以与他人的自由相调和(不是最大幸福的,因为这个是必然的与前者相随)"③的自由,因此,私法蕴含"人的互相尊重"、个人须承担与他人平等共存的义务。对于民法的财产法而言,所有权神圣原则是近代民法确立的核心原则之一。所谓私权神圣原则即是承认人之尊严神圣不可侵犯。而人之尊严神圣,近代社会背景下,突出体现在人格权神圣和所有权神圣两点。在财产权体系中,私人所有权是基础,因此近代社会背景下,私权神圣原则突出表现为财产权神圣原则、而且是私人所有权神圣原则的存在。但由于近代民法上所有权神圣原则的过分张扬,并滋生各种弊端,因而对所有权的限制成为现代民法的重要内容。对于相邻权而言,其正是对不动产所有权人进行限制的重要制度之一,如德国民法学家鲍尔教授认为,相邻关系规则是"土地所有权内容在私法上的构造特征,体现为立法者对所有权人利益和他人权利间的冲突,予以规范调整的种种努力"。④

---

① 对于相邻权的法律本质,有地役权说、所有权内容的限制和扩张说等观点。本书认为,传统民法学对相邻关系的考察,是在物权法的概念和框架下得以完成,所有权限制和扩张说,无论在历史层面还是学理层面,更为合理。但也有学者反对这一观点,如:"德国法系的所有权扩张与限制说不是一个严谨的理论,因为,第一,所有权扩张与限制说不能完全解释所有相邻关系的内容,它只能解释相邻权。第二,所有权扩张与限制说和物权法的概念体系不相吻合,与所有权概念相冲突、矛盾。第三,所有权扩张与限制说不能准确解释相邻关系的客体,尽管关于相邻关系的客体存在三种不同的解释"。参见曾大鹏:《论相邻关系的定义与本质》,载《南京大学法律评论》2012 年春季卷。
② 张俊浩主编:《民法学原理》,中国政法大学出版社 2000 年版,第 517 页。
③ 〔德〕康德:《纯粹理性批判》,蓝公武译,商务印书馆 1960 年版,第 312 页。
④ 〔德〕鲍尔·施蒂尔纳:《德国物权法》(上册),法律出版社 2004 年版,第 523 页。

## （二）相邻环境污染关系和相邻环境侵权

相邻环境侵权，在本书中是指不动产之占有人或所有人因排放烟尘、废气、蒸汽、臭气、噪音、强光、辐射等物质，对其邻人人身、财产权益造成损害，依法应当承担责任的特殊侵权形态。在用语上，本书用"相邻环境侵权"来指称侵权责任法对相邻纠纷进行调整的一种特殊类型。① 在法律渊源上，《物权法》第90条是有关妨害妨免关系的法律依据，也是本书主要探讨的对象。

作为"相邻环境侵权"调整对象的基础性社会关系，本书将其表述为"相邻环境污染关系""相邻环境污染纠纷"。在比较法上，"相邻环境污染关系""相邻环境污染纠纷"有多种称谓。"不可量物侵害""不可量物侵入"是德国法上的称谓，《德国民法典》第906条用"不可量物"来指称"煤气、蒸汽、臭气、烟、煤烟子、热、噪音、振动"等。法国称之为"近邻妨害"制度。英美法上将其纳入 nuisance 制度予以调整，国内将其译为"侵扰制度"。我国台湾地区将其称为"气响侵入"。

本书将其表述为"相邻环境污染关系"或"相邻环境污染纠纷"，与上述称谓在实质上并非有意做出区分。但就表达形式而言，"相邻环境污染关系"或"相邻环境污染纠纷"较为妥当。上述各种表达方式中，或者语言过于拖沓，如"固体污染物、不可量物侵入的相邻关系"，"所谓的'不可量物'的侵害所引发的相邻关系的法律规定"，"因固体废物、污染物及其他有毒物质排放产生的相邻关系"等；或言语过于学究，且与我国既有民法学话语体系尚欠兼容性，如"不可量物侵害""不可量物侵入""相邻不可量物排放问题"等概念。"有毒物质侵害关系"也较为准确，在英美法上实际上主要用"有毒有害物质侵权"概念来指代"环境侵权"，但在我国较少有此用法。"相邻环保关系"用语浅白、易懂，但就相邻关系制度的本意而言，立法并非意在环境保护，目的仍在于私人人身、财产权的保护，因此不可取。

---

① 按照目前我国民法学界的通说，相邻关系主要包括四个类型：(1)邻地利用关系(具体又包括通行权、管线铺设关系和建造建筑物等利用权三种)。(2)用水和排水关系，系根据我国《物权法》第86条第2款"对自然流水的利用，应当在不动产的相邻权利人之间合理分配。对自然流水的排放，应当尊重自然流向"为依据，具体又包括用水关系、排水关系两种。(3)越界关系，又建筑物越界和树木等越界两种。(4)妨害妨免关系。本书所谓之相邻环境侵权系针对"妨害防免关系"而言。不过"妨害妨免关系"系指相邻各方所谓纠纷之特殊类型，而"相邻环境侵权"特别强调法律对这种"妨害妨免关系"的调整方法系以侵权责任法为根据。这里要强调，本书认为，"妨害妨免关系"是法律的调整对象，对其调整方法在各国立法上并不相同，在我国既包括物权法的手段也包括侵权法的手段。本书将妨害妨免关系的调整直接用相邻环境侵权来表述，系按照本书的侵权责任体系来安排，即突出从侵权责任法角度来研究妨害妨免关系的法律救济方式。

## 二、相邻环境侵权制度的比较法考察

相邻环境侵权制度起源,最早可上溯到罗马法中对相邻关系的有关规定。虽然在传统的农业社会中,相邻关系问题主要体现在排水、通行、根枝竹木越界等方面,但在罗马法中也有一些关于相邻环境侵权的规定,如采光侵害禁止,排污、排烟的允许与禁止等。①

进入现代工商业社会,相邻关系中的光污染、噪声污染、振动污染等问题日益突出,遂成为各国和地区相邻关系立法的重点。如《澳门民法典》第1266条规定:"不动产所有人得就由他人房地产所排放之烟气、烟垢、蒸汽、气味、热气或早已提出异议,亦得就来自他人房地产之振动或其他类似事实提出异议,只要有关事实妨害该所有人对不动产之使用,且超过邻居间应相互容忍之限度,为此事尤应考虑有关习惯、不动产之状况及性质。"《瑞士民法典》第684条规定:"(1)任何人在行使所有权时特别是在其土地上经营工业时,对邻人的所有权有不造成过度侵害的注意义务;(2)因煤烟、不洁气体、音响或振动而造成的侵害依土地的位置或性质或依当地习惯属于为邻人所不能容忍的情况的,应严禁止。"《加拿大魁北克民法典》第976条规定:"依土地的性质、所处位置或当地习惯,相邻人应忍受不超出他们应相互容忍限度的通常的相邻干扰。"我国台湾地区"民法典"第793条也有类似规定:"土地所有人,于他人之土地有煤气、蒸汽、热气、臭气、烟气、灰屑、喧嚣、振动及其它相类者侵入时,得禁止之。但其侵入轻微,或按土地形状、地方习惯,认为相当者,不在此限。"

在两大法系中,大陆法系以德国和法国最具代表性,形成了两种不同的调整模式,即以物权法为中心的德国模式和以侵权法为中心的法国模式。我国的相邻环境侵权制度主要继承了大陆法系的相关立法经验,因此本节对相邻环境侵权制度的考察集中在德、法两国的相应立法。

(一)德国法上的"不可量物侵入"

1. 概述

在德国法上,环境侵权责任法系根据污染源的不同而分为两大体系:其一是一般性的环境侵权,其污染源来自人们的日常活动或企业无须政府许可的营业活动,对一般性环境侵权主要适用《德国民法典》第906条有关"不可量物侵入"的规定和第823条关于过错责任的规定来调整;其二是特殊类型

---

① 金启州:《民法相邻关系制度》,法律出版社2009年版,第83—84页。

的环境侵权,其污染源来自经政府许可的经营活动,对特殊性环境侵权通过适用专门性法律进行调整。对于一般性环境侵权,也可称之为私法上的环境侵权;而对于特殊类型的环境侵权,其实就是公法上的环境侵权。

与上述环境侵权责任法的整个体系适应,德国法上调整相邻环境侵权的不可量物侵入制度也可以分为私法上的不可量物侵入和公法上的不可量物侵入制度两大类型。私法上的不可量物侵入制度包括两类,一是基于一般生活活动所产生的不可量物侵入,二是源于无须许可而从事的营业活动产生的不可量物侵入。公法上的不可量物侵入制度即指由获得许可的营业活动所产生的不可量物侵入。对于私法上的不可量物侵入,主要通过《德国民法典》第906条来调整,该条规定:"在干扰不损害或者较轻微损害土地的使用的范围内,土地所有权人不得禁止煤气、蒸汽、臭气、烟气、煤烟、热气、噪声、振动和其他来自他人土地的类似的干扰的侵入。如果此类干扰对土地的通常使用或者对土地的收益所造成的妨害超出预期的程度,所有权人可以要求适当的金钱赔偿。"①除此之外,《德国民法典》第1004条②、第823条③、第826条④也是调整私法上不可量物侵入制度的重要法律渊源。

2. 不可量物侵入制度的内容

由于在《德国民法典》中,不可量物侵害制度是"相邻关系法"的重要组成,而"相邻关系法"又是"所有权"章节的组成,因此在德国民法学上,不可量物侵入属于物权法上的相邻关系范畴,相邻关系法的立法目旨在调节不动产所有人之间的权利冲突,相邻关系法、包括不可量物侵害制度,其实是对所有权绝对原则的限制。基于这种立场,德国私法对相邻环境侵权纠纷的解决以土地比邻为要件,以物权请求权为基础,不考虑侵害人主观条件,受害人要承担一定限度内的"容忍义务",超出限度之外的侵害才可以求偿。具体来说,《德国民法典》第906条确立的不可量物侵入制度主要有如下几个要点:

(1) 该条款适用的前提是必须存在不可量物侵入的情形。

"不可量物侵入"即感官上虽然可以觉察、但却不可称量的那些物质的

---

① 魏振瀛:《物权的民法保护方法:是侵权责任还是债权责任》,载《罗马法·中国法与民法法典化国际研讨会论文集》。

② 《德国民法典》第1004条(关于排除妨害以及不作为的请求权),是关于所有权人要求正在发生的损害的行为人排除妨害的请求权,以及对有损害之虞的行为人不作为的请求权的规定。

③ 《德国民法典》第823条规定:"因故意或者过失不法侵害他人生命、身体、健康、自由、所有权或者其他权利者,对他人因此而产生的损害负赔偿责任。违反以保护他人为目的的法律,负相同的义务。"

④ 《德国民法典》第826条规定:"以违反善良风俗的方式故意对他人施加损害的,行为人对他人负有损害赔偿义务。"

侵入。根据《德国民法典》第906条的列举,"不可量物"的范围包括煤气、蒸汽、臭气、烟气、煤烟、热气、噪声、振动等;在德国的司法判例中,不可量物的范围又涵盖了"落叶、灰尘、蜜蜂飞行、电流或无线电辐射、流出的雨水中包含的有毒物质(雨水本身的流出不在其中)"①。

所谓的"侵入"主要是指不可量物通过土地或借助空气以物理的、机械的方式被导入,即所谓积极的侵入。与之对应,还有消极的侵入和观念性的侵入,前者是指切断某物与周边环境的联系,后者指"第三人的行为妨害了物的使用人的本来不应当被剥夺的美感或者风俗",前者如土地上的阳光、空气、视线等的剥夺,后者如在住宅区放置垃圾、裸浴、性产品展示等。② 对于消极的侵入和观念上的侵入是否适用于《德国民法典》第906条,学说和判例上都有争议,但目前主流的观点持否定立场,认为应分别通过"相邻共同体关系"和"一般人格权"两种制度获得救济。

(2)依照土地所有人的侵入行为是否属于"重大干涉",《德国民法典》第906条对受害人的容忍义务做出不同规定。

当土地所有人的干涉没有造成损害、或者造成"非重大损害"的场合,法律承认不可量物侵入一方的侵入行为合法,相对人负有"绝对的容忍义务",既无法通过《德国民法典》第906条第2款规定的补偿请求权获得救济,也无法通过侵权之诉获得救济。

当土地使用人的行为属于重大干涉,《德国民法典》第906条依然规定了当事人负有容忍义务,但此一容忍义务的承担须满足两个要件,即引起损害发生的土地使用必须符合当地通行的标准,同时该损害不能通过经济上具有可行性的措施加以避免。③ 在此场合,如果一味对土地所有权人进行保护,一味要求受害人承担容忍义务,尽管这有利于社会经济之发展需要,但对受害人却有失公平,因此德国的判例和学说创设出"相邻关系上的补偿请求权"概念,对原有制度予以矫正,并最终体现在1959年《德国民法典》第906条的修正案上。因此,当受害人对干涉行为造成的"重大损害"负有容忍义务,但受害人"在干涉对按当地通行的使用方法使用其土地或对其收益造成的损害超过可以期待的限度时,可以向他人土地的使用人强求适当的经济补偿"。④

受害人在干涉属于"非重大"的场合,其承担容忍义务以满足《德国民法

---

① 金启州:《民法相邻关系制度》,法律出版社2009年版,第91页。
② 同上。
③ 同上书,第103页。
④ 同上书,第110页。

典》第906条规定要件为前提。除了第906条,德国法上还规定了两种情形下受害人面对重大损害须承担容忍义务:一种情况是根据《联邦公害防治法》第14条规定,对于已经取得不可撤销的许可的营业设施,即使其造成重大损害,受害人也不享有请求停止其运营的请求权,但可以要求损害赔偿。另一种情况是,当干涉行为是由提供"对生活必需的"产品的企业造成的,或由"主权性的"行为造成的,受害人不但有容忍义务,而且也不享有特别牺牲赔偿请求权。——这两种情形,体现了公法介入私法相邻关系,属于公法上的不可量物侵入制度。

(3)关于干涉是否"重大"的判断标准。

对于确定干涉行为性质是否属于"重大",主要有两个标准,其一是根据《德国民法典》第906条的条文和有关公法上的规定,其二是借助"理性人"的标准。

总结一下,德国法上的不可量物侵入制度依据干涉行为的性质,区分了"重大干涉"和"非重大干涉",以之为标准,对受害人之排除请求权加以不同的限制,即在非重大干涉场合,受害人负有绝对的容忍义务;在重大干涉场合,受害人的容忍义务则附加一定的条件,并设损害赔偿请求权予以救济。可见,由于不可量物侵入属于相邻关系的范畴,因此该制度的要旨不是损害赔偿而是消除危害,因此这种救济有别于侵权法的救济方式,由其制度目的决定,不可量物侵入制度适用不考虑侵害人的主观是否具有过错。

(二)法国法上的近邻妨害

1. 概述

在法国法中处理环境侵权问题的制度即"近邻妨害",自然也是处理相邻环境侵权问题的制度。法国法中的"近邻妨害"是指相互邻接土地的所有人或者利用人之间发生的烟雾、噪声、振动、光、热、粉尘、辐射等不可量物入侵邻地所造成的干扰性侵害,以及对邻地的日照、通风、电波的干扰以及挖掘、排水等导致的邻人侵害。

从法律渊源看,法国民法调整相邻关系的法律规则一些是由法律予以明文规定,主要来自罗马法和古代法,内容主要涉及围墙、分界共有、定界标志等相邻关系调整规范和地役权制度,而另一些规则则通过判例和学说得以成型。[1] 随着制度不断演进,形成了法国独具特色的相邻关系调整法律制度,即以法定地役权制度为支撑,并在侵权责任法框架下解决近邻妨害问题。这

---

[1] 尹田:《法国物权法》,法律出版社1998年版,第372—373页。

与德国以所有权制度为核心、借助物权法调整相邻关系的模式形成鲜明对比。

2. 法国法上的地役权制度与相邻关系调整

在《法国民法典》颁布之前,法国习惯法中存在大量调整相邻关系的法律规则,其内容较为广泛。以巴黎习惯法和奥尔良习惯法为例,就有在共有壁附近设置水井、便所、炉灶、煅工炉时厚度须予限制的规定,禁止将导水管、排污沟、污水流之污水及尘埃等排放于邻家的水井、地下室的规定等。这些习惯法依据共有壁和妨害源与受害地之间的距离为主要规制对象,解决传统农业社会中经常出现的相邻纠纷问题。

在法国民法典的编撰过程中,最初曾有将近邻妨害问题纳入所有权及其一般限制的条文中的草案。在 Cambaceres 第三草案第 453 条中规定了不可量物侵入问题:"无论何人,对于他人的土地,都不得为任何利用自己土地以外的或者是非日常的不可量物侵害"。① 这是将不可量物侵入问题作为对所有权的限制问题加以规定。但在正式颁行的法国民法典中,不可量物侵入问题却被规定在法国民法典第四编中"役权和地役权"制度中的"法定地役权"部分,通过规定妨害源与受害地之间的距离来间接调整不可量物侵入问题。根据《法国民法典》第 639 条,役权有自然役权、约定役权和法定役权的区分:(1) 自然役权因场所位置而自然产生,规定在《法国民法典》第 1 章第 640—648 条,内容包括自然流水、排水、用水役权以及划界和围栏设置役权。(2) 法定役权规定在《法国民法典》第 2 章第 649—685 条,其内容包括共有分界墙和分界沟(第 653—672 条)、中间工作物(第 674 条)、共有墙的眺望(第 675—677 条)、檐滴役权(第 681 条)、越界树木(第 673 条)、法定通行权(第 683—685 条)、建筑眺望役权(第 678—680 条)、飞地通行役权(第 682 条、第 685 条第 1 款)。(3) 约定役权规定在《法国民法典》第 686—710 条,其内容由当事人依意思自治原则自行设定。根据这些条文,法国民法典实际上确立了将相邻关系问题纳入地役权进行调整的模式。

《法国民法典》将相邻关系纳入地役权进行调整,这与《法国民法典》制定之时的社会背景密切相关。19 世纪之初的法国尚处于农业社会,所谓的相邻关系在当时主要是土地相邻关系,因此相邻关系纠纷主要是土地相邻纠纷,而且主要是可量物侵入纠纷。《法国民法典》为了保障个人之人身自由,防止封建社会身份役权的复辟,突出强调供役地与需役地之间的利益关联,

---

① 转引自陈华彬:《法国近邻妨害问题研究》,载梁慧星主编:《民商法论丛》(第 5 卷),法律出版社 1996 年版,第 309 页。

规定役权的设置既不得强加义务于个人,又不得为个人的利益而设役权,役权的设置只能为土地的利益而加限制于土地,并且不得违反社会之公共秩序。这些法律规定进入现代社会,则日益暴露其缺陷和局限,于是经由理论和判例,法国的相邻关系调整问题借由近邻妨害制度,渐渐衍生出通过侵权责任法进行救济的规则体系。

3. 近邻妨害之侵权责任救济

法国法上的近邻妨害制度其实适用于整个环境侵权领域,并不限于本节所关注的相邻环境侵权问题。对于法国法上的近邻妨害,前文在环境侵权责任归责原则已经做过探讨,其适用的法律依据在私法层面,主要是《法国民法典》第1382—1386条,其侵权责任的归责原则既包括过错责任归责原则,也包括无过错责任原则(法国学说称之为无生物责任)。对于相邻关系调整而言,近邻妨害的侵权责任救济有如下几个要点:

(1) 近邻妨害的适用范围。

近邻妨害制度的适用以土地相毗邻为要件。对于何为"毗邻",早期的法国法将其仅限于不动产之间的毗邻关系,但这种观点渐渐不能满足现代社会的相邻关系调整需要,通过学说和判例,如今的"毗邻"范围已经扩大,但凡不可量物能够侵入的空间范围都作为近邻妨害制度可以适用的"比邻"。

在因近邻妨害而产生的侵权责任承担主体,传统理论认为其范围仅限于相邻不动产的所有人之间。但根据目前的学说和判例,责任承担主体包括直接造成损害的加害人,其范围可以是不动产的所有人、承租人或经营者。

德国法上的"不可量物"范围立法通过列举方式予以规定,后经判例得到扩大,但仍以"不可量物"为界限。法国法上的近邻妨害侵权责任适用对象不仅包括不可量物,也包括可量物;不仅包括积极侵害,也包括观念侵害和消极侵害。[1] 究其原因,在于法国法上的近邻妨害大体上近似于我国的环境侵权这个大概念。

(2) 相邻不动产人之间的相互容忍义务及其限度。

为维护共同生活的需要,相邻不动产所有人或使用人之间自应相互负有一定的容忍义务,各国立法皆然。这一"容忍义务"在性质上,可以视为自然法上的义务,不证自明。但究竟相互应"容忍"到什么程度,这是问题的关键。德国法上的不可量物侵入制度是借助对"重大干涉"与"非重大干涉"的

---

[1] 参考陈华彬:《法国近邻妨害问题研究》,载梁慧星主编:《民商法论丛》(第5卷),法律出版社1996年版,第310页。

区别标准,对受害人的容忍义务及其救济做出不同规定。在法国法上,则是通过"容忍限度理论"来判断相邻关系中的加害方是否承担侵权责任,也就是说,受害人要承担一定限度内的"容忍义务",超出限度之外的侵害才可以通过侵权责任得到救济。因此,法国法上近邻妨害侵权责任成立的核心要件是,损害的性质具有"异常性"或"过度性",即"损害超越了因近邻关系所产生的通常义务的限度"。[1] 在具体个案中,法院对相应损害是否具有"异常性"或"过度性"的考量,通常会考量损害的性质与程度、加害行为的形态、当地的通常情况等因素。自 1844 年法国最高院根据近邻妨害理论对工厂污染公害进行判决以来,损害超越邻人之通常忍受限度,即成为法院判定近邻妨害成立的唯一实质要件。[2]

(3) 过错责任与无过错责任两种类型。

对于妨害事项,法国法将其分成两个类别,予以不同的司法救济。第一个类别是日常生活中邻人间发生的妨害事项和盈利性商业活动造成的妨害事项,对其主要是通过民事裁判来认定加害者的责任,适用的法律依据通常为《法国民法典》第 1382 条和第 1383 条,以过错作为加害人承担侵权责任的基础,即适用过错责任原则。第二个类别是提供公共服务的营业设施所产生的妨害,如地下铁道、机场、公关运输等产生的造成污染,对此通过行政裁判予以救济,相应侵权责任的承担属于无过错责任形态,法国学理上称之为"危险责任"或"无生物责任"。

(4) 近邻妨害的侵权责任承担。

近邻妨害的责任形式包括金钱赔偿和恢复原状,在司法实践中判决金钱赔偿的更多。恢复原状的责任形式基于恢复原状的经济成本、科学技术可行性等原因,其适用受到诸多限制。

### 三、我国法律上的相邻环境侵权问题

近年来,在相邻关系案件中有关相邻环境侵权纠纷日益增多,这与我国近年来经济飞速发展、生态环境问题日益恶化、城市化步伐逐渐加快等因素密切相关。相邻环境侵权纠纷的类型也较多,既包括工业、企业、建筑工地的施工作业造成的噪声污染、振动污染、粉尘污染、恶臭、光污染等问题,也有地铁、高速、铁路、飞机场、港口、码头等交通运输设施作业造成的周边近邻环境损害,既包括人们日常生活中的排气扇、电梯井、抽油烟机、空调、煤气热水器

---

[1] 金启州:《民法相邻关系制度》,法律出版社 2009 年版,第 128 页。
[2] 王明远:《环境侵权救济法律制度》,法律出版社 2001 年版,第 228—234 页。

等安置不当引起的纠纷,也有基于生产、基于公共事业引发的可量物或不可量物造成的近邻侵害。为弥补我国现行相关立法的空白不足,在实务的判例中产生了各种学说和观点以解决相关的问题。

(一) 立法发展

从法制史考察,我国立法对不可量物侵入问题的法律规制最早始自清末的《大清民律草案》,该草案第994条参考《德国民法典》第906条的规定,对相邻不可量物排放进行规定:土地所有人,于自他土地有煤气、蒸汽、臭气、烟气、音响、振动及与此相类者侵入时,得禁止之。但其侵入实系轻微或按土地形状、地方习惯认为相当者,不在此限。[1] 可以看出,《大清民律草案》第994条的规定与结构同《德国民法典》第906基本相同,通过"列举+概括"的方式对不可量物进行规定,土地所有人在"侵入实系轻微或按土地形状、地方习惯认为相当时"相互负有容忍义务。这一条文为其后的1925年《民国民律草案》、1930年《中华民国民法典》所继承,我国台湾地区现行"民法典"第793条规定:"土地所有人,于他人之土地有煤气、蒸汽、热气、臭气、烟气、灰屑、喧嚣、振动及其他相类似者侵入时,得禁止之。但其侵入轻微,或按土地形状、地方习惯,认为相当者,不在此限。"

新中国成立后,我国民法的发展以1986年《民法通则》的颁布为界,大体可以划分为两个阶段。在《民法通则》颁布之前,我国立法机关公布的多个"民法典草案"征求意见稿中,都有对相邻关系的规定,其中也不乏对不可量物侵入问题进行规制的条文。如1981年7月31日公布的《中华人民共和国民法草案》征求意见稿第三稿,在财产所有权编将"相邻关系"单列成章,从第108条到第121条用14个条文详细规定了比邻不动产人之间互相享有的权利和承担的义务,其中的第118条、第119条和第121条也对不可量物侵入问题做了规定。该草案第118条规定:"修建厕所,堆放腐蚀物、放射物、有毒物和垃圾等,应当注意与邻人的建筑物保持适当的距离,或者采取相应的防护措施。挖坑、埋设管道等不得危及邻人的建筑物。"第119条规定:"企业、事业单位排放废水、废渣、废气影响邻人生产、生活的,邻人有权提请环境保护机关或者有关机关依法处理。受到损失的,有权请求赔偿。"第121条规定:"相邻的一方以高音、喧嚣、振动妨碍邻人的工作、生活、休息,经劝阻不听的,视为侵犯他人的合法权益。"可以看出,这些规定仍然是将相邻关系视为所有权的限制,有些条文非常具有特色,如第121条将"劝阻不听"视为侵犯

---

[1] 《大清民律草案》,杨立新点校,吉林人民出版社2002年版,第131页。

他人权益的一个必备要件。

但在随后颁布的《民法通则》中,只有第83条对相邻关系做出规定:"不动产的相邻各方,应当按照有利生产、方便生活、团结互助、公平合理的精神,正确处理截水、排水、通行、通风、采光等方面的相邻关系。给相邻方造成妨碍或者损失的,应当停止侵害,排除妨碍,赔偿损失。"该条过于简单,不能满足司法实践的需求,1988年最高人民法院审判委员会通过了《关于贯彻执行〈民法通则〉若干问题的意见(试行)》,其中的第97条至103条对相邻关系做了细致规定,1990年最高人民法院公布了该"意见"的修改稿,在原来的7条基础上又增加了1条。这样,《民法通则》第83条和最高人民法院的8条司法解释,就构成了我国2007年《物权法》颁布以前调整相邻关系的实证法规范。但遗憾的是,在这些条文中并没有关于不可量物侵入的规定。2007年《物权法》颁布,通说认为,不可量物侵入问题自此成为我国国家立法的调整对象。① 果真如此么?后文将对《物权法》第90条进行详细解读。

除了上述法律规定,本书认为,《侵权责任法》第65条是调整我国环境相邻侵权问题的重要法律条文。

(二)《物权法》第90条的解读

2007年颁布的《物权法》第90条规定:"不动产权利人不得违反国家规定弃置固体废物,排放大气污染物、水污染物、噪声、光、电磁波辐射等有害物质。"对这一规定,我国有些学者用"不可量物侵害""不可量物侵入"来表述,有学者称之为"相邻不可量物排放问题"。王利明教授将其表述为"保护环境所产生的环境关系",并认为我国《物权法》第90条就是关于"所谓的'不可量物'的侵害所引发的相邻关系的法律规定"。② 陈华彬教授将其称为"固体污染物、不可量物侵入的相邻关系"。③ 王洪亮教授称之为"不可量物侵入关系"。④ 此外,尚有"相邻环境关系"⑤"固体污染物、气响等侵入的防止"⑥"相邻损害防免义务"⑦"因固体废物、污染物及其他有毒物质排放产生的相

---

① 王利明:《物权法研究》(上卷),中国人民大学出版社2007年版,第662页;最高人民法院物权法研究小组编著:《〈中华人民共和国物权法〉条文理解与适用》,人民法院出版社2007年版,第284页;刘保玉:《物权法学》,中国法制出版社2007年版,第188页。
② 王利明:《物权法研究》(上卷),中国人民大学出版社2007年版,第662页。
③ 陈华彬:《民法物权论》,中国法制出版社2010年版,第276页。
④ 崔建远等:《物权法》,清华大学出版社2008年版,第135页。
⑤ 高富平:《物权法专论》,北京大学出版社2007年版,第477页。
⑥ 郭明瑞:《物权法》,中国法制出版社2009年版,第111页。
⑦ 刘家安:《物权法》,中国政法大学出版社2009年版,第131页。

邻关系"①"相邻环保关系"②"因排污产生的相邻关系"③"有毒物质侵害关系"④等提法。

1. 与《德国民法典》第 906 条比较

通说认为,《物权法》第 90 条的规定延续了我国立法和司法实践中的传统,即效仿德国的不可量物侵入,将相邻关系视为所有权的限制的调整模式。⑤ 但实际上,《德国民法典》第 906 条与我国《物权法》第 90 条的规定有很大差别,具体来说有如下几点:

第一,立法目的与价值取向不同。《德国民法典》第 906 条是从保护所有权人角度出发,充分肯定所有权人得自由利用其不动产,"在干扰不损害或者较轻微损害土地的使用的范围内",作为相对人的邻人不得禁止其干涉的侵入,仅在特例的场合,邻人得请求金钱补偿。但我国《物权法》第 90 条则是从国家管理的角度,对不动产权利人设置义务,即"不动产权利人不得违反国家规定"排放不可量物。《德国民法典》第 906 条是私法规范,符合私法意思自治、权利至上的精神,但我国《物权法》第 90 条更似一条行政法规范,其目标的指向是环境保护。

第二,《德国民法典》第 906 条列举的是煤气、蒸汽、臭气、烟气、煤烟、热气、噪声、振动等"不可量物",但我国《物权法》第 90 条则涵盖了"固体废物,排放大气污染物、水污染物、噪声、光、电磁波辐射等有害物质",既包括可量物,也包括不可量物。《德国民法典》第 906 条规定的是相邻关系,是作为邻人的"土地所有权人"和"其他来自他人土地的类似的干扰的侵人方"之间的关系,但我国《物权法》第 90 条的主体限定为"不动产权利人",既包括不动产所有人、使用人、租赁人,也应包括不动产之上设置担保的权利人等,这实际上已经超出了相邻关系的范畴。

第三,《物权法》第 90 条强调的是"违法",即"不动产权利人不得违反国家规定",因此违反《物权法》第 90 条还隐含着"违法"的前提。但《德国民法典》第 906 条却是借助"容忍义务"的概念,通过容忍义务的分类,对不同的邻人给予不同的法律后果:一是不发生损害或者仅有轻微损害,相对人有容忍义务。二是属于重大侵害,基于利益衡量,令受害人忍受,但以衡量补偿请

---

① 王竹、刘召成编写:《中华人民共和国物权法配套规定》(注解版),法律出版社 2009 年版,第 89 页。
② 杨立新:《物权法》,高等教育出版社 2007 年版,第 138 页。
③ 马俊驹、陈本寒主编:《物权法》,复旦大学出版社 2007 年版,第 163 页。
④ 杨震主编:《物权法》,中国人民大学出版社 2009 年版,第 133 页。
⑤ 陈华彬:《民法物权论》,中国法制出版社 2010 年版,第 276 页。

求权作为代偿。三是属于重大侵害,而侵害活动不具备补偿请求权成立要件,适用排除请求权制度。①

第四,《物权法》第 90 条的法律后果内在隐含着违反国家法律的前提,因此应承担相应的法律后果,但具体违反《物权法》第 90 条自身所应承担何种民事责任,法律未予规定。《德国民法典》第 906 条却详细列举了各种情形下作为不动产使用人相对人的邻人可能面对的不同法律后果。

可见,《德国民法典》第 906 条与我国《物权法》第 90 条并非一致、绝非等同,后者粗糙笼统,缺乏操作性,即便从法律技术角度看,也是《物权法》中的一个败笔。在解决相邻关系纠纷或不可量物侵入纠纷问题上,《物权法》第 90 条也并无大用。

2. 与法国法上的近邻妨害制度比较

《物权法》第 90 条的规定与法国法上的近邻妨害制度也有一定的共同点,主要体现在如下两点:其一,从法律关系主体角度看,事实上都不限于相邻关系人。在法国法上,但凡不可量物能够侵入的空间范围都作为近邻妨害制度可以适用的"比邻",责任承担主体包括直接造成损害的加害人,其范围可以是不动产的所有人、承租人或经营者。我国《物权法》第 90 条的主体限定为"不动产权利人",也包括不动产所有人、使用人、租赁人等于不动产之上享有权利的人。其二,法国法上的近邻妨害侵权责任适用对象不仅包括不可量物,也包括可量物,这一点与我国《物权法》第 90 条相同。法国法上的近邻妨害制度不仅包括积极侵害,也包括观念侵害和消极侵害。我国《物权法》第 89 条规定了消极侵害的情形,即"建造建筑物,不得违反国家有关工程建设标准,妨碍相邻建筑物的通风、采光和日照"。至于观念侵害则不在《物权法》第 90 条的调整范围内。

但我国《物权法》第 90 条与法国法上的近邻妨害制度也存在很大差异。一方面,在法律理念方面,法国法上的近邻妨害制度与德国的不可量物侵入制度相同,都是私法精神的体现,而我国《物权法》第 90 条强调的是保护环境。另一方面,法国法上近邻妨害侵权责任成立的核心要件是损害性质具有"异常性"或"过度性",但我国《物权法》第 90 条的核心要件是"违反国家法律规定"。

可见,也不能把我国《物权法》第 90 条简单看成是对法国模式的效仿。

---

① 魏振瀛:《侵权责任法在我国民法中的地位及其与民法其他部分的关系——兼与传统民法相关问题比较》,载《中国法学》2010 年第 2 期。

(三)《侵权责任法》第 65 条与我国相邻环境侵权立法模式

1. 通说对《侵权责任法》第 65 条的解释及其疑点

2009 年《侵权责任法》颁布,又引出新问题。该法第 65 条规定:"因污染环境造成损害的,污染者应当承担侵权责任。"按照立法机关的解释,该条文规定了我国《侵权责任法》的调整范围和归责原则。但这一条文是否适用于相邻环境侵权问题,对此值得深究。

目前主流的观点认为,《侵权责任法》第 65 条明确了我国环境侵权责任法的这样一种立法模式,即"根据不同的污染源,适用不同的规则。居民之间的生活污染适用过错责任,主要由《物权法》规定的相邻关系解决。企业生产性污染适用无过错责任,主要由《环境保护法》《大气污染防治法》《水污染防治法》等相关法律解决。对于企业生产污染,在适用无过错责任的前提下,根据不同的污染源,还要进一步区分责任。如因核材料或者核设施泄露引起的核污染责任,与工业废水排放引起的污染责任,其免责事由有所不同"。① 换句话说,我国立法机关通过将环境污染划分为居民的生活污染和企业的生产性污染两种类型,进而认为用相邻关系解决生活性污染侵权问题,用《侵权责任法》解决生产性污染侵权问题。

暂且不论《物权法》第 90 条存在的缺陷和不足,立法机关提出的通过将污染分为居民的生活污染和企业的生产污染两类,进而适用不同的规则的观点,看似严密,其实留有漏洞,有些观点也是值得推敲的。对于立法机关提出的观点,可以用下图来表述:

|  | 相邻关系 | 非相邻关系 |
| --- | --- | --- |
| 居民的生活性污染 | 情形 A:适用相邻关系规则,过错责任 | 情形 B |
| 居民的生产性污染 | 情形 E | 情形 F |
| 企业的生产性污染 | 情形 C:无过错责任 | 情形 D:无过错责任 |

按照立法机关的本意,我国《侵权责任法》归责原则按照污染源来划分生活性污染和生产性污染,分别适用过错责任和无过错责任原则,并且过错责任原则主要是解决生活污染问题,立法机关又强调依据相邻关系来解决这种生活污染纠纷。但在这种观点中,实际上还潜藏着这样一种立场,即我国生活性污染纠纷/相邻环境污染纠纷适用过错责任原则,即上图情形 A。但

---

① 王胜明主编:《中华人民共和国侵权责任法释义》,法律出版社 2010 年版,前言,第 12 页。

是,对于居民生活污染/相邻环境侵权一方面认为其应该适用相邻关系,即采用《物权法》手段解决相应纠纷;另一方面却又强调其应适用过错责任,但在相邻关系规则适用过程中,实际上是不以加害人主观过错为相应责任承担的法律要件的,因此,认为居民生活污染/相邻环境侵权适用过错责任,这实际上是在表明要通过《侵权责任法》的过错责任来解决居民生活污染/相邻环境侵权问题。"居民之间的生活污染适用过错责任,主要由《物权法》规定的相邻关系解决",这种观点显然有些含混不清,自相矛盾。

还要看到,上述观点实际上隐含着这样一种假设,即生活性污染纠纷必发生于相邻关系当中。但在现实社会中,居民的生活污染也可能存在于非邻里之间,如上图情形B。而且,存在于非邻里之间的居民的生活污染极可能大量存在,因为居民的生活污染是相对于企业的生产污染提出的,那么在居民的生活污染、企业的生产污染之外,还可能存在"居民的生产污染",如情形E/F,对此类型污染如何适用法律规则,前述权威机关的解释并没有提及。但在实务中,这种案例其实大量存在。

可见,目前主流观点对《侵权责任法》第65条的解释不能让人信服,还留有许多疑点。

2.《侵权责任法》第65条、《物权法》第90条与我国相邻环境侵权调整模式

可以看出,无论是《物权法》第90条还是《侵权责任法》第65条,其表述都较为笼统,立法机关对其提出的"根据不同的污染源,适用不同的规则"的解释也较为含混模糊。那么,究竟应该如何认识这两个条文所确立的我国相邻环境侵权问题的调整模式?

再回到《物权法》和《侵权责任法》中有关相邻环境侵权问题的条款:

"不动产的相邻权利人应当按照有利生产、方便生活、团结互助、公平合理的原则,正确处理相邻关系。"——《物权法》第84条

"不动产权利人不得违反国家规定弃置固体废物,排放大气污染物、水污染物、噪声、光、电磁波辐射等有害物质。"——《物权法》第90条

"因污染环境造成损害的,污染者应当承担侵权责任。"——《侵权责任法》第65条

对于我国的相邻环境侵权问题的法律调整,应当认为:

第一,《物权法》第84条和《物权法》第90条确立了我国发生在相邻关系中的环境污染的《物权法》调整模式,即通过相邻关系规则解决比邻不动

产权利人之间的环境污染纠纷。该条款的适用范围,应限于居民之间的生活污染纠纷,因适用该条款所承担的法律责任,不以法律关系主体主观有无过错为责任成立要件。《物权法》第 90 条适用的污染类型,既包括发生在相邻关系中的可量物侵入,也包括发生在相邻关系中的不可量物侵入的情形。

第二,在相邻关系中,因企业的污染行为而对相邻关系另一方造成的损害,适用《侵权责任法》第 65 条的规定,企业承担的是无过错责任。这里还要强调,对于企业的污染行为,无须再认定其性质是否属于"生产性污染"①。但企业的性质系商业企业抑或从事社会公共服务的企业,对其污染行为具有影响。对于纯粹以盈利目的的商业企业,适用无过错责任归责原则,对于从事社会公共服务的企业则应借鉴德国经验,适用相邻关系规则。

第三,对于发生在相邻关系中的居民的生产行为所造成的环境污染,即前图所谓的情形 E 和情形 F,应当根据过错责任追究其侵权责任,其适用的法律依据是《物权法》第 90 条,和《侵权责任法》第 6 条的规定"行为人因过错侵害他人民事权益,应当承担侵权责任。根据法律规定推定行为人有过错,行为人不能证明自己没有过错的,应当承担侵权责任"。之所以对居民之生产性污染纠纷采纳过错责任追究加害人的责任,因为居民之生产性污染介于居民的生活污染致害和企业的污染致害之间。倘以《物权法》上的相邻关系规则解决居民之生产性污染,显然不利于保护相邻关系相对方。而相对于企业的生产污染行为,居民的生产行为多不具备现代环境侵权适用无过错责任的前提条件,因此不宜采纳无过错责任。

具体来说,相邻环境侵权的法律调整模式如下:

| 污染类型 | 相邻关系 |
| --- | --- |
| 居民的生活污染 | 适用相邻关系规则 |
| 居民的生产污染 | 过错责任 |
| 商业性企业的污染行为 | 无过错责任 |
| 从事公共服务企业的污染行为 | 相邻关系规则,可以请求补偿 |

此外,在相邻关系中发生的环境侵权纠纷,不能排除基于相邻关系的物权请求权与基于侵权法的侵权请求权竞合的问题。基于个案的特殊性和环境侵权肇事事实的复杂性,在法律适用层面二者竞合存在很大空间,法律也

---

① "根据不同的污染源,适用不同的规则。……企业生产性污染适用无过错责任,主要由环境保护法、大气污染防治法、水污染防治法等相关法律解决。"王胜明主编:《中华人民共和国侵权责任法释义》,法律出版社 2010 年版,前言,第 12 页。

应允许受害人面对这种请求权竞合享有选择权。

(四) 判例与学说中的"容忍义务"

1. 实务中的判例

虽然我国现行立法中并没有"容忍义务"的表述,也没有类似《德国民法典》第 906 条的条款,但在我国司法实务中,许多案例仍然借助"容忍义务"概念来解决不可量物侵入的案例。只不过,基于立法缺乏依据,理论研究薄弱,因此尚未形成体系性的学说。

(1) 垃圾焚烧场案。

原告赵某于 2002 年入住北京朝阳某小区,北京金州安洁废物处理有限公司于 2005 年 12 月开始,在距离小区 2.5 公里外的高安屯医疗垃圾焚烧场焚烧医疗垃圾,朝阳区垃圾无害化处理中心也在高安屯逐年超量填埋垃圾,两被告总在夜间产生大量有毒、恶臭、有害气体。赵某称,自从 2005 年后,附近居民在夏天只能关闭门窗躲避恶臭。2008 年 7 月,她患上支气管炎。赵某认为二被告侵犯了她的身体健康权和清洁空气权,故起诉要求停止空气污染,并索赔医疗费、精神抚慰金、空气污染赔偿金等若干。给赵某看病的医生作证说,臭味达到一定程度且有毒成分含量复杂,会导致支气管炎。

朝阳法院认为,在医学上支气管炎的发病原因多样,不能排除是其他原因致病;赵某应证明此地的确存在环境污染行为。朝阳法院还认为,高安屯医疗垃圾焚烧场自 20 世纪 80 年代即消纳本区生活垃圾。赵某购买当地房屋,对于垃圾填埋场的存在应当负一定的容忍义务。故而驳回了赵某的诉讼请求。①

(2) 楼顶架设无线电天线案。

丁某和章某是某小区 5 号楼的上下邻居。章某是位无线电爱好者,其在楼顶装了根天线,邻居丁某则认为他不该私自安装在公共部位,于是告上法庭。丁某认为,屋顶属整栋楼的业主共同所有,章某私自安装天线,没有经过其他业主同意和授权,属于侵权行为。另外,有三根用于固定天线的钢丝绑在屋顶的避雷带上,也存在安全问题,因此要求拆除。

章某则认为自己的行为系合理使用,不构成侵权。法院做出一审判决,认为业主基于对住宅、经营性用房等专有部分特定使用功能的合理需要,无偿利用屋顶以及与其专有部分相对应的外墙面等共有部分的,不应认定为侵权。本案中,丁某作为业主对 5 号楼楼顶享有共有权利,同时对他人合理利

---

① 王殿学:《居民告垃圾场恶臭致病 法院称居民"有容忍义务"》,载《新京报》2010 年 5 月 22 日。

用楼顶也负有一定的容忍义务。章某架设天线未对丁某的安全及合理使用楼顶构成妨碍,不能认定为侵权。据此,法院驳回了丁某的诉讼请求。同时,法院也向章某指出,应当注意对楼顶天线的日常维护,避免对他人造成伤害。①

(3) 空调机热气、废气案。

王教授家与郑先生家相邻,郑家南阳台的东侧临近王家居室窗户。1997年8月,王教授居室窗安装了一台空调室外机。4个月后,郑先生在南阳台东侧也安了一台。不堪热气和废气的王教授最终告上法庭。法院委托市建设工程质量检测中心,对郑家空调室外机的安全性进行了鉴定,结论为"不应直接在其上安装",但限于楼房设计局限,郑先生只能在南阳台东侧安空调,而且空调散热孔并不是垂直对着王家居室窗。王教授家也安装了空调,因此不需开窗,他应该对郑家安装空调尽容忍义务。因此法院驳回了王教授的起诉。②

(4) 商品房楼顶安装发射天线基站。

曾先生于2003年购买某小区一套房,但早在1997年时,中国联通厦门分公司已经在该楼楼顶设置了移动通信基站。2002年,联通公司又向无线电管理部门申请,在同一个地方设置名称为新的CDMA集美基站。经查明,联通公司设置两个基站程序程序合法,经有关部门监测,该小区基站天台及室内环境电磁辐射功率密度测值均不超过国家标准。尽管如此,曾先生和某小区其他11位业主还是向集美法院起诉侵权,请求判令联通公司拆除违章搭建。一审法院经审理后认为,联通公司在顶楼设基站的行为不违反相关法规,属于小区业主容忍义务的合法范畴。业主曾先生不服一审判决,又向厦门中级人民法院提起上诉。中院二审后认为,曾先生无法证实联通厦门分公司侵犯其行使共有权、公用权的具体侵权情形,因此法院认为,曾先生要求拆除屋顶基站缺乏事实与相关法律依据。③

(5) 陆某诉永达公司环境污染损害赔偿纠纷案。

原告陆某与被告永达公司经营场所比邻。被告为给该经营场所东面展厅的外部环境照明,在展厅围墙边安装了三盏双头照明路灯,散射到陆某居室及周围住宅的外墙上,并通过窗户对居室内造成明显影响。

---

① 程怡:《无线电爱好者在小区楼顶装天线 法院一审认为不侵权》,载《新民晚报》2012年8月30日。
② 孙思娅:《不堪空调热气告上法庭,法院判原告应尽容忍义务》,载《京华时报》2005年2月2日。
③ 陈捷:《厦门:楼顶架设通讯基站,集美法院一审判不违法》,载《海峡导报》2006年12月26日。

受理法院根据《中华人民共和国环境保护法》第 2 条规定、第 6 条规定，认为环境既然是影响人类生存和发展的各种天然的和经过人工改造的自然因素的总体，路灯灯光当然被涵盖在其中。被告在自己的经营场所设置路灯，本无过错，但路灯的外溢光、杂散光能射入周边居民的居室内，数量足以改变居室内人们夜间休息时通常习惯的暗光环境，且超出了一般公众普遍可忍受的范围。因此永达公司设置的路灯，其外溢光、杂散光确实达到了《城市环境装饰照明规范》所指的障害光程度，已构成由强光引起的光污染。永达公司不能举证证明该侵害行为具有合理的免责事由，故应承担排除危害的法律责任。①

本案是一起典型的不可量物入侵案件。上海市浦东新区人民法院依据《环境保护法》第 2 条的规定，将本案定性为环境污染侵权案件，这是司法实践中常见的做法。但笔者以为，案件定性准确，但所依据法律并不适当，个中理由，前文在"环境侵权"概念界定一节已经论述。除此之外，本案判决值得借鉴：

其一，在举证责任问题上，本案采取过错推定责任，法院认为"陆某诉称的这些实际损害，符合日常生活经验法则，根据《证据规则》第 9 条的规定，陆某无须举证证明应推定属实"，适用准确。

其二，本案判决发生在 2004 年，《侵权责任法》并未颁布，法院判决系适用《环境保护法》第 41 条规定的环境侵权责任承担形式，即"赔偿损失"和"排除危害"两种，应予注意。

其三，本案借鉴日本处理相邻关系问题上的"容忍限度"概念，认为该光污染"超出一般公众普遍可忍受的范围"，这一结论对判断案件起到一定作用。"超过容忍限度"，从法院判决角度来看，系在证明"违法性"要件的存在，因此可以认为法院判决系认定适用过错归责的环境侵权责任要件包括过错、违法性、损害、因果关系和加害行为五项。但从本书观点来看，"超过容忍限度"也是过错认定的客观化标准。

其四，本案被告实施的加害行为并非生活污染，而是生产性污染。但法院仍采取过错责任归责，应该认为判决妥当。因此，即使针对相邻关系中的生产性污染，也不能一概按无过错责任处理。在相邻关系中，究竟如何适用过错责任和无过错责任，值得继续深入研究。

可以看出，尽管我国现行法中并没有关于"容忍义务"的规定，但通过《民法通则》和《物权法》中关于相邻关系的条款，通过对"相邻关系""国家

---

① 案例来源：《中华人民共和国最高人民法院公报》2005 年第 5 期。

规定"等概念的解释,有关容忍义务的规则在我国司法实务中得到广泛适用,这是不争的事实。只不过由于立法上缺乏依据,理论研究较为薄弱,这导致有关"容忍义务"的概念、规则含混、模糊,尚待进一步明确。

2. 学说与争议问题

在相邻关系中,法律一方面保障土地权利人得自由使用其土地,但另一方面又不得侵犯他人之权利,就需要在理论上"寻找到一个最高标准,在任何具体的限制规定以外和以上,对行使所有权规定一个一般的限度,并为相互的容忍固定一个一般的限度"。① 因此,容忍义务及其限度就成为各国法上相邻关系理论的核心内容。

(1) 容忍义务的概念与性质。

虽然理论和实务中都提到"容忍义务"这个概念,但是对其应如何定义却没有一致意见,这一点无论中外,都是如此。目前国内学者提及"容忍义务"的定义问题,大体上有两种做法:一种做法是对"容忍义务"做语义分析,先对"容忍"一词从通常的语义着手,探究其含义,而后通过解读"义务"概念,分析"容忍义务"的法律性质;另一种做法,就是从德国民法学者冯·阿图尔对容忍义务的解释着手,冯·阿图尔认为,"关于容忍义务,从概念上说,指某人有义务不提反对或异议,这种反对或异议他本来是有权提出的",而对于不作为义务则是"对于某人的一个行为,他本来就不能或不允许阻止,就更无所谓容忍了"。② 其实,这两种做法都只是对"容忍义务"做了字典式的语义图解,都只是对"容忍义务"在法律上的效果进行了白描式解说。对"容忍义务"的语义解释从来不是难题,对其字面含义也无多大争议,定义的难点其实在于如何从法理上合理解释"容忍义务"的来源和性质。

近代法上的相邻关系制度,其适用均以不动产的相邻为适用前提。无论德国法上的物权保护模式还是法国法上的侵权法保护模式,相邻关系制度的价值不过是在不动产所有人、使用人之间划分权界,"容忍义务"规则的价值仍然在于保障不动产权利人的合理使用及其界限。因此,相邻关系制度、包括"容忍义务"规则,是符合私法上的意思自治、财产权自由的传统理念的。邻人之间相互负有"容忍义务"不但不违反意思自治的私法原理,恰恰相反,这是意思自治原理的一个体现。之所以有观点认为"容忍义务"与"意思自治原理"不相容,正因为这种观点误解了"意思自治"原理本来的含义。

"意思自治"是私法的理想,它主张个人生活应自主、自治而不受非法干

---

① 〔意〕朱塞罗:《罗马法史》,黄风译,中国政法大学出版社1994年版,第245页。
② 〔德〕拉伦茨:《德国民法通论》(上册),邵建东等译,法律出版社2003年版,第269页。

涉。但这种私人自治的法律理想，不等同于主张个人得以放任自由、无所拘束。意思自治的私法理念，其伦理根基是"成为一个人，并尊敬他人为人"①，以"意思自治"为基本原理的民法，就是使每个人"成为一个人，并尊敬他人为人"的规范体系。② 因此，以个人自由为"基础"的法律，须满足每个人的自由都相互"调和"，须奠基在人与人互相尊重的人世伦理上，即"每个人得要求他人尊重其存在及尊严，而此更须以尊重他人为前提"③。尊重自己的自由，同样须尊重他人的自由，以个人自由为法律的基础，法律同样对自由的个人以尊重他人同享自由的义务——此一义务，即人人须容忍他人与自由同样享有自由的义务，此一义务是植根于自由的、具有自然法性质的"容忍义务"。之所以说这是一种具有自然法性质的义务，意在说明这种"容忍义务"之存在与合理性就如同自由之于私法的合理性，同样不证自明。法律所规范的个体，不是孤岛上的"罗宾逊"，而是社会中的个体，法律不但关注这一个体的自然属性，更关注其作为社会整体之一员的社会属性。因此，"容忍"对个体而言，须"容忍"他人与自己同样享有自由，这是一种必须接受的事实状态，这是一种必须负担的伦理义务，在涉及具体利益冲突的场合，可能进而纳入法律调整成为法律义务。

根据"意思自治"原理，民法制度设计的偏好是：个人自由应是最大化的，越多越好，多到仅以不干扰私域共存为前提；私域共存作为条件性约束，应是尽可能少的，越少越好，少到仅以满足私域共存为必要。④ 在传统农业社会，"容忍义务"及其规则并不明显。但在现代社会，"由于人口的增加，我们称之为社会性的生存状态已经成为必需。生活在这种状态中，人们忍受着许许多多的祸害"⑤。这种个人不得不容忍越来越多祸害、个人对他人所生之祸害的"容忍"程度不断增加、范围不断扩大的状况，只能视为是个体面对现代社会人口密集、科技爆炸、不确定性增加的现实，为私域共存而逐步加大的成本。但这种容忍义务不是反意思自治的，恰恰是在现代社会背景下，为获得意思自治所必需的，这种容忍他人轻微侵犯因此也是合理、合法的，这正如美国学者范伯格所言："不是所有对利益的侵犯都是错的（wrong），因为有些行为对利益的损害是正当的或可以原谅的。"⑥

---

① 〔德〕黑格尔：《法哲学原理》，范扬、张企泰译，商务印书馆1996年版，第46页。
② 侯佳儒：《民法基本原则解释：意思自治原理及其展开》，载《环球法律评论》2013年第4期。
③ 〔德〕拉伦茨：《德国民法通论》，王晓晔等译，法律出版社2003年版，第45—47页。
④ 侯佳儒：《民法基本原则解释：意思自治原理及其展开》，载《环球法律评论》2013年第4期。
⑤ 〔英〕利物浦·斯宾塞：《社会静力学》，张雄武译，商务印书馆1996年版，第24页。
⑥ 转引自夏勇：《权利哲学的基本问题》，载夏勇主编：《中国民权哲学》，生活·读书·新知三联书店2009年版，第359页。

(2) 比较法上的容忍义务判断标准。

在相邻关系中,容忍义务规则的存在既具有必然性,也具有合理性。接下来的问题焦点,就不再是容忍义务是否应存在,而是容忍义务的限度及其判断标准。对于容忍义务的限度,我国实务中没有形成一致的做法,理论上也没有系统的学说。但在比较法上,德国、法国、日本和英美法上,都有一些值得借鉴的做法。

在德国法上,对于不发生损害或者仅有轻微干涉,相对人有容忍义务;对于重大干涉,受害人得请求补偿或排除危害。对于干涉行为是否重大,德国法上有两个趋势。一个趋势是将公法上的规定或标准作为判断容忍义务限度的标准,主要是环境保护法规或环境标准:如果该干涉行为没有超出这些公法上的标准和限度,受害人就有容忍义务;如果超过公法上的标准和限度,受害人没有容忍义务。但这种公法上的规定和标准的作用不是绝对有效的,其仍然只是具有参考意义,在具体个案适用中,仍然需要考虑具体情形。另一个趋势是确立了理性人的标准来判断容忍义务的限度,"理性人的标准要求在具体场合中,必须对总体的公法上的利益和私法上的利益加以权衡。在进行权衡时,宪法和法律所确认的价值应被考虑自不待言,社会上占支配地位的观念和已经被社会价值认可的社会政策的要求也被顾及"。[①] 可以看出,德国法上对容忍义务的判断总体上呈现出一种客观化的趋势。

在法国法上,近邻妨害侵权责任成立的核心要件是损害的性质具有"异常性"或"过度性",即"损害超越了因近邻关系所产生的通常义务的限度"。在具体个案中,法院对相应损害是否具有"异常性"或"过度性"的考量,通常会考量损害的性质与程度,加害行为的形态、场所,当地通常情况等因素。对于是否考虑受害人的主观感受,一说认为无需考虑受害人的个人情况,一说认为应看被害人的感受是否正常,对于非正常的感受无需考虑,对于正常的感受则需考虑。[②] 但究竟如何判断被害人的主观感受正常与否,其实仍然需要借助一般的、可以客观化的常人标准。因此,法国上的容忍义务限度判断,其标准也是客观化的。

在我国目前的实务中,对于容忍义务的判断还受到日本的"容忍限度"理论影响。日本的"容忍限度"理论主要从如下因素来判断:① 根据受到侵害的利益所处的区域,对于不同区域有不同的容忍标准要求;② 根据受到侵害的利益的性质,公益较私益更多受到保护,基于公益的侵害行为也比基于

---

① 金启州:《民法相邻关系制度》,法律出版社 2009 年版,第 102 页。
② 同上书,第 128—129 页。

私益的侵害行为获得更多的"容忍"空间;③ 依据民法的"自甘冒险""危险引受"规则,根据土地利用的先后顺序来判断容忍限度,如果受害人明知有不可量物侵入的事实仍然与之为邻,则须负担较高的容忍义务;④ 根据损害的发生是否可以避免来判断容忍义务的限度,如土地的所有人或使用人能够避免而不避免损害的发生并因而致害,则应承担损害补偿或停止不可量物的侵害行为;⑤ 受害人方面的特殊情况;⑥ 加害行为是否合法;⑦ 加害人是否预先通知被害人;⑧ 加害行为的社会价值及其必要性。① 日本的"容忍限度"理论对其司法实践有很大影响。在著名的"名古屋新干线噪音污染案"中,二审法院名古屋高等法院用于判断"容忍限度"的因素共计八项,分别是:① 侵害行为的形式和程度;② 被侵害的利益的性质、内容;③ 加害行为的公共性;④ 对损害结果采取的预防性措施;⑤ 障碍防止措施;⑥ 行政方针;⑦ 地域性;⑧ 与其他交通噪音及振动的比较。②

可以看出,各国法律上的容忍限度判断,都是综合各方面因素考量的结果,既要维护土地所有人或使用人的利益,也兼顾社会一般的公平正义理念,还要考虑到个案特殊的地域、性质、特殊性。容忍限度的判断,是综合衡量各方面利益、价值的结果。

(3) 公法上的排污标准不能成为判断"容忍义务"限度的唯一标准。

由于在我国现行立法上并没有出现"容忍义务"的概念,因此究竟如何判断容忍义务的界限,并没有统一的观点。《物权法》第 90 条规定,"不动产权利人不得违反国家规定弃置固体废物,排放大气污染物、水污染物、噪声、光、电磁波辐射等有害物质"。该条款将"违反国家规定"作为承担责任的实质要件,如果从"容忍义务"的角度来看,该条款实际上是将"违反国家规定"作为判断"容忍义务"的限度的标准,而且是唯一标准。如全国人大常务委员会法制工作委员会编的《中华人民共和国物权法释义》就指出:"我国物权法第 90 条虽然没有明确规定相邻不动产权利人之间排放污染物的容忍义务,但按照第 84 条处理相邻关系的'有利生产、团结互助、公平合理'的原则,已经包含了相邻不动产权利人之间的相互容忍义务。但互负容忍义务是有限度的,在国家规定的标准以内应当容忍,如果超过国家规定的标准,受害的不动产权利人有权要求停止侵害、消除危险、排除妨害,以及赔偿损失"。③

---

① 陈华彬:《物权法》,法律出版社 2004 年版,第 322 页。
② 冷罗生:《日本公害诉讼理论与案例评析》,商务印书馆 2005 年版,第 138 页。
③ 胡康生主编:《中华人民共和国物权法释义》,法律出版社 2007 年版,第 207 页。

但是,公法上的排污标准能否完全等同于判断"容忍义务"限度的标准呢?《物权法》第 90 条的规定是否具有合理性? 对此,笔者持否定态度。

首先,公法上的排污标准是工业标准,其制定是以实现环境质量标准为目标,从而保护人群健康和生态系统的良性循环。制定排污标准,主要考虑的因素是我国工业发展的水平、工艺设备和技术现状、经济的可行性等因素。可见,污染物排放标准的制定目的、制定方法及其考量的因素主要出自国家对污染控制的考虑,主要目的在于环境保护,这与相邻关系的立法目的与宗旨存有很大差距,后者的功能则在于谋求邻人之间在相邻不动产利用上的冲突利益,实现邻里和睦,促进社会安定。相邻关系中的容忍义务的来源,系来自相邻关系人之间为保障各自不动产权利之行使,而互相做的权利让渡与义务交换,其目的是相邻关系人之间互为对方提供生活方便。尽管近年来相邻关系中的环境侵权问题日益突出,但这并不能因此改变相邻关系的性质。

其次,污染物排放标准是确认某一排污行为是否违法的依据,但这一"违法"的法律后果主要是承担行政法或刑法上的责任,在侵犯他人人身、财产利益的场合,还要承担侵权责任。但是,不能简单地将违反国家法律规定等同于违反邻人之间相互负有的"容忍义务"。如果按照这个标准来判断容忍义务的限度,将不适当地扩大邻人之间相互"容忍义务"的空间,不利于维护邻里和睦。按照本书前文观点,对于环境侵权责任的承担,无论过错责任还是无过错责任,都不应以违法性为要件,这样更有利于保护受害人。相对于工业污染、生产性活动造成的污染,对于邻里之间的生活性污染行为,更应借助富有弹性的标准来判断容忍义务的范围,借助生硬的法律规定、环境标准,显然不利于邻里纠纷的化解。

再次,以公法上的排污标准作为判断"容忍义务"限度的尺度,从法律救济的角度来看,对于相邻关系受害人一方较难取得证明损害后果、加害行为的证据。在我国现阶段,相邻关系中的侵权纠纷主要以生活噪声、油烟机、空调机使用、电梯井等引起的纠纷居多,这些污染源的存续往往具有时间性、间断性、频发性等特征,而对于其排污是否超标,对于普通人而言也极难证明。还要看到,我国排污标准的制定还要考虑到我国各地的国情,排污标准尚有国家标准、地方标准(省级)、行业标准、国家标准之分,有强制性标准和推荐性标准之分。法律规定这些环境标准主要是基于工业发展、生产工艺更因素的考虑,在相邻关系环境侵权中究竟适用哪类标准,都不易从法理上给予充足的合理性论证。

还要看到,符合工业标准的排污行为也可能对人的生活构成干扰,以噪声为例。我国的《城市区域环境噪声标准》规定了城市五类区域的环境噪声最高限值,其中的 1 类标准适用于以居住、文教机关为主的区域,其昼间环境噪声最高限值为 55 分贝,夜间为 45 分贝,夜间突发的噪声,其最大值不准超过标准值 15 分贝。① 如果按照《物权法》第 90 条的规定,在昼间排放低于为 55 分贝、夜间低于 45 分贝的生活噪声都为合法,邻人之间都互相负有容忍义务。但这个标准并没有考虑个别群体的特殊性,科学研究表明,孕妇在妊娠期理想的声音环境是,不低于 10 分贝,不高于 35 分贝。而且,每个个体对噪声的敏感度也有差异。噪声对人的干扰还与人所处的声环境密切相关,生活经验告诉我们,夜间细密而有节奏的低频噪声、空调机不间断的滴水,这些比偶发的巨大响声更容易对人构成干扰。邻里之间的环境侵权样态多种多样,不易通过法律划出一条同一的标准来判断容忍义务的限度,法律相应的判断标准应该具有极大弹性。

最后,从比较法上考察,对于确定相邻关系中的环境侵权行为是否超越容忍义务的限度,都是采取多标准的,既借助公法上的规定,也利用私法理论工具,如"理性人标准""自甘冒险""危险引受"规则等,都综合考虑社会一般价值理念、肇事污染行为的性质、具体的致害事实及其环境等因素。之所以如此,在于相邻环境侵权纠纷的各方系邻人,相互之间比邻而居,促进二者之间的和睦相处、和平安宁,是相邻关系规范重要价值目标之一。在我国现阶段,以国家法简单、粗暴地介入邻里生活,不但生硬,不符合中国邻里关系相处的文化习惯,也不利于邻里矛盾的解决。

总之,应当将公法上的排污标准视为判断容忍限度的重要标准,但不能是唯一标准。《物权法》第 90 条的规定将"违反国家规定"作为判断容忍义务限度唯一标准是一种过于简单化的做法。

(4) 容忍义务在我国法律上的引入和适用。

考虑到《物权法》第 90 条规定的容忍义务判断标准单一、简单化,在具体的司法实务中有必要进一步丰富和完善我国的容忍义务判断标准体系。结合我国的现行立法,与相邻关系调整较为密切的法律规范还包括如下条款:

> "不动产的相邻各方,应当按照有利生产、方便生活、团结互助、公平合理的精神,正确处理截水、排水、通行、通风、采光等方面的相邻关系。给相邻方造成妨碍或者损失的,应当停止侵害,排除妨碍,赔偿损失。"——《民法通则》第 83 条

---

① 《中华人民共和国城市区域环境噪声标准》,1996 年 10 月 29 日第八届全国人民代表大会常务委员会第二十二次会议通过。

"不动产的相邻权利人应当按照有利生产、方便生活、团结互助、公平合理的原则,正确处理相邻关系。"——《物权法》第 84 条

"法律、法规对处理相邻关系有规定的,依照其规定;法律、法规没有规定的,可以按照当地习惯。"——《物权法》第 85 条

笔者认为,对于相邻环境侵权中的"容忍义务"限度的判断,要积极借鉴其他国家的立法经验,同时综合考虑我国《民法通则》第 83 条,《物权法》第 84、85 和 90 条的规定,建立适合我国国情的、多元的"容忍义务"判断标准体系。具体来说,我国的"容忍义务"判断标准应包含如下要点:

第一,对于相邻环境侵权而言,《物权法》第 90 条的规定既包括了可量物侵入,也包括了不可量物侵入的情形,这与《德国民法典》第 906 条仅规定了不可量物侵入的做法不同,而与法国模式接近。

第二,有必要借鉴比较法上的经验,将相邻环境侵权行为的性质区分为"重大"和"非重大",对于非重大的相邻环境侵权行为,相对人有容忍义务,对于重大的相邻环境侵权行为,相对人得依照《物权法》规定请求法律救济。

第三,对于容忍义务限度的判断标准,应综合考虑多种因素。如根据《物权法》第 85 条,法律、法规、当地风俗习惯都是考量容忍义务限度的要素。此外,根据《民法通则》第 83 条①、《物权法》第 84 条,"有利生产、方便生活、团结互助、公平合理",也应认定为是判断容忍义务限度重要标准。

《物权法》颁布之前,我国司法实践中有以公平原则解决相邻不可量物侵入问题的案例,该案发生于 2000 年。王某、陈某夫妇家的楼下是北京临江仙面馆。因为没有有效的通风设备,操作间只要一工作,滚滚的热气就通过楼板侵入王先生家中。王先生以热污染和噪音污染为由,将面馆告上法院。海淀区人民法院受理后发现,王先生家与面馆确实构成相邻关系,但王先生所主张的热污染问题,目前国家就此没有相关规定,无法确认面馆对王先生构成的热污染是否侵权。而对噪声污染问题,依据双方的证据,也不能证明面馆噪声超过国家有关标准。最后,法院依据《民法通则》中的公平原则,判令面馆给予王先生 5000 元的经济补偿金。法院宣判后,原告不服提出上诉。北京市中级人民法院经审理后,认为一审法院认定事实清楚,判定责任正确,但补偿数额偏低,于是做出终审判决,判令对王先生一家进行经济补偿 1 万元。

该案利用相邻关系解决相邻环境侵权纠纷问题,虽然最初是因无法确认

---

① 案例来自王灿发主编:《环境与资源保护法案例》,中国人民大学出版社 2005 年版,第 205 页。

被告的行为是否构成侵权、也不能证明面馆噪声超过国家有关标准，最后才采取了"公平原则"作为解决双方纠纷的法律依据，但如果用相邻关系中的"容忍义务"概念来分析，该案的做法是十分妥当的。相邻关系当事人应本着"有利生产、方便生活、团结互助、公平合理"的原则处理纠纷，互相担负容忍义务，一方对另一方造成损害却难于避免，应当给付经济补偿，这符合相邻环境污染纠纷的解决思路。

第四，应当充分借鉴比较法的经验，判断容忍义务的限度。如加害人是否尽到通知义务、受侵害的利益所处区域、受到侵害的利益是公益还是私益、损害的发生是否可以避免、受害人的特殊情况、加害行为是否合法、加害行为的社会价值及其必要性等因素。由于我国现行法并没有关于容忍义务的规定，因此应在司法实践中通过判例不断完善有关容忍义务的学说。

# 第七章　环境侵权责任减免事由

## 第一节　环境侵权责任减免事由概述

### 一、侵权责任减免事由的概念

所谓侵权责任减免事由,在本书中即指《侵权责任法》上的"不承担责任和减轻责任的情形",是指根据法律规定加害人对其加害行为可以不承担民事责任或减轻承担责任的事由和情形。与之对应,所谓环境侵权责任减免事由,即针对环境侵权责任承担而依法得以减免责任的事由和情形。

对于侵权责任减免事由的概念,需要特别做出说明。无论是从学理上考察世界各国立法,还是在我国《侵权责任法》制定过程中,针对侵权责任减免事由的称呼有不同意见,如"抗辩事由""免责事由""不承担责任和减轻责任的情形"等。这种情况,并非中国今日独有。早在罗马法时期,就有抗辩事由、免责事由、合理的不知情、正当的理由等不同表述。[①] 我国《侵权责任法》中,立法机关最终采纳了"不承担责任和减轻责任的情形"提法。

在我国目前侵权责任法著作中,最为通常的提法是"抗辩事由"和"免责事由",很多学者将二者实际上等同。但也有一些学者对二者做出区分,多数观点认为"抗辩事由"有广义和狭义之分,并将"免责事由"作为狭义的抗辩事由或抗辩事由的一个类型来把握。如王利明教授认为,抗辩事由是针对原告的诉讼请求,被告提出的证明原告诉讼请求不能成立或不能完全成立的事实,由于加害人提出抗辩事由后,效果会阻却侵权责任的成立,使得受害人的请求受到阻碍;一旦抗辩事由成立,将导致加害人责任的减免,因此抗辩事实在这个意义即是免责事由。[②] 再如张新宝教授认为,广义的抗辩包括三种情形:(1)通过侵权责任成立要件理论,通过主张侵权责任成立要件欠缺或不完全而争取免责;(2)提出具体的法定抗辩理由而主张责任减免;(3)通

---

[①] 丁玫:《罗马法契约责任》,中国政法大学出版社1998年版,第313页。
[②] 王利明:《侵权行为法归责原则研究》,中国政法大学出版社2004年版,第573页。

过其他法律事实或法律规定主张责任减免的情形,这里主要是指通过主张超过诉讼时效期限或存在其他违反程序法的情形,而得以责任减免。①

笔者认为,在"抗辩事由"和"免责事由"二者之间比较,后者显然更为妥当。具体理由如下:

第一,抗辩事由主要是一个程序法上的概念,是在程序法层面分析和描述有关加害人责任得以减免的情形。但侵权责任法是民事实体法的重要组成部分,侵权责任法的全部体系实际上是以"侵权责任"的归属和分配为核心内容和中心线索,在这个概念的框架下和体系下,有关侵权责任法学理论体系得以建构。从这个角度看,"免责事由"即责任减免事实,也是顺应了侵权责任法的体例和表述习惯,更为妥当。而抗辩事由因缺乏与其他侵权责任法组成内容的关联,因此颇显生硬。

第二,"抗辩事由"概念系以原告与被告之间的"请求权"和"抗辩权"为框架得以建立,这与侵权责任法的体系还是有些不同的。抗辩事由的外延更为广泛,凡被告主张得以对抗原告请求权的情形,都可谓抗辩事由。也正因如此,主张用"抗辩事由"用语者,必须将抗辩事由再进一步做广义和狭义二分,进而将狭义的抗辩事由等同于免责事由。从统一的侵权责任法理论建构角度来看,用"抗辩事由"缺乏与其他内容的协调,这容易造成侵权责任法理论体系的碎片化,因此"抗辩事由"用语不可取。

第三,所谓"免责事由"实际上是法定的免责事由,具有法定性、固定性。但抗辩事由包括任何得以对抗对方请求权的事实和理由,其外延缺乏明确性。因此,"抗辩事由"不适于描述我国立法体系中明确通过法律进行规定的各种"不承担责任和减轻责任的情形"。

但"免责事由"用语也存在不足。字面意思解读,"免责事由"即责任免除事由,但"免责事由"的实质含义还应包括责任减轻的情形和事由。对这一问题,学界都有共识,但之所以仍然沿用"免责事由"一词,不过是遵循传统和习惯。正如有学者指出,"唯因'免责事由'既已成为惯用语,就像一种速记符号,在不严格的意义上使用是可以的"。② 但本书将"免责事由"变更为"减免事由",理由是为了在严格意义上使用法律用语,尤其是"责任减免事由"才能正对应《侵权责任法》所谓的"不承担责任和减轻责任的情形"一语。

在德国法及深受德国法影响的一些国家和地区,也有用"违法阻却事

---

① 张新宝:《中国侵权行为法》,中国社会科学出版社1998年版,第571页。
② 崔建远:《新合同法原理与案例评析》(下册),吉林大学出版社1999年版,第860页。

由"来表述责任减免事由的。但这一用语,其实和德国法学上建立的侵权责任成立要件三阶层体系密切相关。但由于当代侵权责任法的立法理念和体系结构已与德国侵权法体系建构的背景有很大区别,因此,"违法阻却事由"也不可取。

还要说明一点,《侵权责任法》立法过程中,立法机关在名称问题上的拿捏不定,可以反映出目前既有的各种名称都不能令人满意。究其原因,在于我国侵权法不仅仅是名字更为《侵权责任法》,也在立法指导思想、理念、制度设计和法律技术各个层面,都突出了"侵权责任"四字的地位,立法重心也向无过错责任偏移。这与传统民法突出强调过错责任、强调"侵权行为"的立法模式显然有很大差异。传统民法对各种免责事由的解释,都围绕"侵权行为""过错"等要件可以得到合理解释;但在"侵权责任"成为中心的立法模式下,通过"侵权行为""过错"来解释"免责事由"差强人意。

**二、环境侵权责任减免事由的类型**

归纳起来,法制史上主要的侵权责任减免事由包括如下类型:不可抗力、意外事件、正当防卫、紧急避险、第三人过错、受害人过错、受害人同意、执行职责和自助。这些责任减免事由在法理上有不同的理论根基,反映出立法政策在侵权责任的分担与赔偿领域,具有多元而复杂的考虑。

我国《侵权责任法》第三章的第26条到第31条,用6个条文规定了不承担责任和减轻承担责任的6种情形,包括:过失相抵(第26条)、受害人故意(第27条)、第三人原因(第28条)、不可抗力(第29条)、正当防卫(第30条)、紧急避险(第31条)事由。这实际上是将针对违法性的抗辩事由和责任减免事由一并规定。

按照本书的框架,我国环境侵权责任法实际上确立了过错责任和无过错责任二元归责的环境侵权责任体系,其中无过错环境侵权责任还包括高度危险责任这种特殊的无过错责任形态。因此,我国环境侵权责任减免事由也顺应这个体系包括两大类:(1)针对过错环境侵权责任,适用一般的侵权责任减免事由,即《侵权责任法》第三章的第26—31条规定责任减免事由。但每一种责任减免事由的具体适应情形如何,有待在未来判例和学说发展中具体分析和明确。但在这里可以肯定,《侵权责任法》第三章规定的6种责任减免事由在原则上应构成我国环境侵权责任减免事由体系的内容。(2)针对无过错责任,结合我国《民法通则》《侵权责任法》和《环境保护法》《水污染防治法》《大气污染防治法》《海洋环境保护法》等环境保护法律,主要包括三种类型:不可抗力、受害人的过错和第三人过错。在特殊情形下,相关国家机关及其工作人员的过失也可以作为环境侵权责任减免事由。还要看到,高度危险责任作为无过错侵权责任的特殊形态,在环境侵权责任减免事由的适用上也有自身的特殊性。

### 三、环境侵权责任减免事由的地位

侵权责任的减免事由是侵权责任法理论体系的重要组成内容。全部侵权责任法的制度设计旨在通过一定原则、要件,使得各种损害、风险在特定人员之间得到妥善分配。侵权责任归责原则、侵权责任成立要件的功能,是将损害填补与赔偿责任指向特定的责任主体;但为平衡个人自由与社会秩序,为平衡加害人与受害人之间的利益,主要是为避免社会普通成员因畏惧自己行为动辄得咎而不自由,侵权责任法就有了责任减免事由制度。虽然在侵权责任法体系中,我国目前学界对责任减免事由制度的研究,一直较为有限,但从制度设计的功能、价值角度考虑,侵权责任减免事由、环境侵权责任减免事由实为至关重要。加害人是否承担损害赔偿责任,在经历归责原则和责任成立要件分析之后,尚需考量是否存在责任减免事由,始得确认加害人是否应担负责任。

在大陆法系的学理研究中,在对侵权责任法的一般原理、归责原则和责任成立要件研究之后,接下来就是对侵权责任减免事由。但在体系具体的安排上,却有不同的处理方式。有的在侵权责任成立要件之后,专门将侵权责任减免事由作为独立章节予以探讨,这种做法多见于我国国内学者的教材、专著[1];但也有的做法,是径直将侵权责任的减免事由作为侵权责任的特殊构成要件予以分析,这种体系安排多见于我国台湾地区、日本等受到德国民法学影响较大的国家和地区。[2] 本书将环境侵权责任减免事由作为独立章节进行探讨,而没有将其纳入环境侵权责任成立要件的框架下,显然这是遵循了目前我国学界主流的做法。

---

[1] 例如,我国目前主流的侵权法教材基本上都按照这种体例进行安排。在环境侵权责任法领域,我国最早的两本关于环境侵权的专著,曹明德教授的《环境侵权法》和王明远教授的《环境侵权救济机制》都是按照这种体例作出安排。

[2] 典型著作如曾世雄:《损害赔偿法原理》,中国政法大学出版社 2001 年版。

## 第二节　比较法上的无过错环境侵权责任减免事由

### 一、国外立法的代表性规定

1. 德国

德国《环境赔偿责任法》第 4 条规定："以损害系因不可抗力引起的为限,不存在赔偿的义务。"德国《水利法》第 22 条第 2 款规定："因制造、加工、贮藏、堆积、运送或毁弃物品,从其设备向水体投放物质,致损害于他人者,设备营运人就所生损害负赔偿责任。如果损失由暴力引起,则没有赔偿义务。"

2. 日本

日本《大气污染防治法》第 25 条第 3 款规定："关于第 25 条第 1 款规定的损害的发生,与天灾及其他不可抗力联系在一起时,法院在对损害赔偿责任与赔偿额的认定上,应该斟酌这一情况。"日本《水污染防治法》第 20 条第 2 款规定："第 19 条第 1 款规定的损害的发生,如果是天灾及其他不可抗力等多种原因造成的,则法院在认定损害赔偿责任和赔偿金额时,可以斟酌这一情况。"

3. 荷兰

《荷兰民法典》债法总则编第 178 条规定："具有下列情形之一的,不发生本编第 175 条、第 176 条或者第 177 条(注:荷兰民法典这三条分别规定的是危险责任、垃圾场经营者污染责任及采矿工作物的经营者责任)规定的责任:(1) 损害因武装冲突、内战、叛乱、国内骚乱、暴动或者兵变所致;(2) 损害因意外的、不可避免的和不可克服的自然事件所致,但是,在本编第 177 条第 1 款所称的情形下引发的地下自然力除外;(3) 损害仅因执行公共机关发布的命令或者强制性法规所致;(4) 损害仅因为受害人自身的利益而合理地置受害人于遭受损害的危险之下而使用本编第 175 条所称的物质所致;(5) 损害仅因具有故意的第三人的作为或不作为所致,但以不违背本编第 170 条和第 171 条的规定为限;(6)在由故意造成妨害、污染或者其他后果的人承担责任的情形下,不存在根据前节规定产生的有关妨害、污染或者其他后果的责任。"

4. 美国

美国《综合环境反应、赔偿和责任法(1980)》第七部分 b 款规定："如果某人能证明泄漏某种有害物质及由此造成的损失是由于以下原因引起的,则不承担本条 a 款的责任:(1) 不可抗力;(2) 战争;(3) 损害仅因第三方的过失引起,并且第三方同该人(被告)之间不存在雇佣或者代理关系,不存在任何直接或者间接的合同关系,同时,被告必须能够证明他不仅对于该有害物质的性质以及所有相关的因素都已尽到谨慎的注意义务,并且对能够合理预见到的第三方过失都已采取谨慎的预防措施;(4)任何以上原因的组合。"

5. 加拿大

加拿大《环境保护法》第205条第2款规定:"依据第1款规定的个人责任并不依靠过失或疏忽的证据,但是如果财产所有人确定环境事件有如下情形,则依据该款的规定不承担责任:(1)因战争、敌对或叛乱行为所导致,或者因一种异常的、不可避免、不可克服的自然现象所导致;(2)完全是由故意引起损害的第三方的作为或不作为引起的;(3)完全是由于政府公共部门或者公共管理机关的疏忽或其他错误行为引起的。"

## 二、国际法上的环境侵权免责事由

一些国际公约对环境污染不承担责任或者减轻责任的情形也有规定。

如欧盟《关于预防和补救环境损害的环境责任指令》第4条规定:"该指令不调整由以下情况导致的环境损害或者紧急的环境威胁:(1)武装冲突,敌对行动,内战或者骚乱;(2)不可避免和不可抑制的自然现象。该指令不适用于由建立欧洲原子能共同体条约所调整的活动导致的核风险或者环境损害或者紧急的环境损害。"

《关于核损害的民事责任的维也纳公约》第4条第3款规定:(1)管理人对直接由武装冲突、敌对行动、内战或者暴动等行为引起的核事件所造成的核损害一律不承担责任;(2)管理人对由于特大自然灾害直接引起的核事件所造成的核损害不负责任,除非装置国的法律有相反的规定。"

《国际油污损害民事责任公约》第3条第2款规定:"船舶所有人如能证实损害系属于以下情况,即对之不负责任:(1)由于战争行为、敌对行动、内战或者武装暴动,或者特殊的、不可避免的和不可抗拒的自然现象所引起的损害;(2)完全由于第三者有意造成损害的行为或者怠慢所引起的损害;(3)完全是由于负责灯塔或其他助航设备的政府或其他主管当局在执行其职责时,疏忽或其他过失行为所造成的损害。"

《关于危险废弃物越境转移及其处置所造成损害的责任和赔偿问题议定书》第4条第5款规定:"如果本条第1和第2款中所述之人证明损害系由以下原因之一所致,则该人便不应对之负任何赔偿责任:(1)武装冲突、敌对行动、内战或叛乱行为;(2)罕见、不可避免、不可预见和无法抵御的自然现象;(3)完全系因遵守损害发生所在国的国家公共当局的强制性措施;

（4）完全由于第三者的蓄意不当行为，包括遭受损害者的不当行为。"

## 第三节　我国环境侵权特别法上的责任减免事由

### 一、研究现状

　　侵权责任减免事由在与侵权责任法相关的诸多问题研究中，是较为欠缺关注的领域。对于环境侵权责任减免事由，作为侵权责任减免事由的特殊形态，对其关注更少。总结起来，目前的研究主要有如下几个特点：

　　第一，整体研究成果数量较少，缺乏深层次的研究成果。相比于侵权责任归责原则、构成要件、因果关系、权益侵害等问题，侵权责任减免事由的研究较为薄弱。无论在论文的数量上、论文的质量上，较缺乏深入研究。在目前有关侵权责任法的主流教材和专著中，侵权责任减免事由也是篇幅最少的内容。在研究成果的质量和影响力上，具有标志性的研究成果较为缺乏。

　　第二，在研究成果的内容方面，译著、译文、比较研究占较大比重，原创性成果较少。为数不多的博士、优秀硕士论文中，多是对外国有关制度进行比较性研究，而且论文之间重复性内容较多。这种情况表明，目前我国对侵权责任减免事由的研究，尚属于起步阶段。针对我国国情和立法经验的原创性分析极为少见。

　　第三，研究视角分散，对基础性问题、根本性问题缺乏关注。侵权责任减免事由涉及多种类型，每一种类型之所以得为侵权责任减免事由，各有其正当性根据。但在我国目前的研究中，多是归纳性的、泛泛谈及侵权责任免责事由，对每一种责任减免事由的特别关注，较为少见。这种研究现状，导致侵权责任减免事由在平面拓展，缺乏纵向的深入维度。

　　第四，对于环境侵权责任减免事由的研究，多数研究成果是从民法、侵权责任法视角展开，因此都是在较为宏观的层面把握环境侵权责任减免事由的类型。但由于环境侵权样态较为繁复，既存在适用过错责任归责原则的情形，也存在适用无过错责任归责原则的情形，还存在适用高度危险责任归责原则的情形。因此，对环境侵权责任减免事由的研究，更应在较为微观、更为具体的层面进行研究。具体来说，应该在环境侵权责任类型化的基础上，进一步研究侵权责任免责事由的具体样态。

## 二、立法规定与存在的问题

### （一）一般性法律规定

环境侵权中的免责或减责事由是由法律直接规定的。依据《侵权责任法》《环境保护法》《水污染防治法》《大气污染防治法》《海洋环境保护法》等相关法律的规定，环境污染的不承担责任或减轻责任的情形如下：

1. 不可抗力

不可抗力指不能预见、不能避免并且不能克服的客观情况。通常包括不可预见和避免的自然灾害，如飓风、地震等，也包括社会异常事件，如战争等。我国《环境保护法》《水污染防治法》《大气污染防治法》中有关规定均采用"不可抗拒的自然灾害"的表述，未使用"不可抗力"一词。《水污染防治法》第85条的规定一改传统的表述，直接采用"不可抗力"一词，这意味着除不可抗拒的自然灾害之外的其他事由也属于免责事由。《侵权责任法》第29条明确规定了不可抗力为侵权行为的免责事由。

2. 受害人故意

受害人故意指损害的发生或扩大不是由污染者导致，而是由受害人故意造成的。在环境侵权事件中，如果受害人遭受的损失是由其故意引起的，那么污染者免于承担侵权责任。《水污染防治法》第85条规定："水污染损害是由受害人故意造成的，排污方不承担赔偿责任。"该条文明确规定了水污染事故中，受害人故意时，污染者免于承担责任。该法第27条规定："损害是因受害人故意造成的，行为人不承担责任。"根据该条文可知，环境污染事件中，受害人存在故意时，污染者免于承担责任。概言之，受害人故意的免责事由适用于包括水污染领域在内的所有环境侵权案件。

3. 受害人过失

如果受害人对于损害的发生有过失的，可以减轻污染者的侵权责任。过失在程度上可分为重大过失和一般过失。过失相抵体现了公平原则，它有利于平衡环境侵权事件中污染者与受害人的利益。《水污染防治法》第85条规定："水污染损害是由受害人重大过失造成的，可以减轻排污方的赔偿责任。"据此可知，水污染侵权事件中，受害人存在重大过失时，污染者可减轻责任。对于受害人存在一般过失时的情况，该条文没有规定。该法第26条规定："被侵权人对于损害的发生也有过错的，可以减轻侵权人的责任。"可见，受害人过失可成为污染者减轻责任的理由，在受害人存在重大过失和一般过失时，污染者都可以主张减轻责任。

4. 国家机关的过失

《海洋环境保护法》第 92 条规定:"完全属于下列情形之一,经过及时采取合理措施,仍然不能避免对海洋环境造成污染损害的,造成污染损害的有关责任者免予承担责任:(一)战争;(二)不可抗拒的自然灾害;(三)负责灯塔或者其他助航设备的主管部门,在执行职责时的疏忽,或者其他过失行为。"第 3 款将"负责灯塔或者其他助航设备的主管部门,在执行职责时的疏忽,或者其他过失行为"作为海洋环境污染侵权责任减免事由之一予以规定。

要看到,《环境保护法》和各个环境保护单行法中规定的环境侵权责任减免事由与《侵权责任法》在用语上有一定差别。这些差别不仅仅是字面上的差别,而是充分考虑到了不同环境侵权形态的差异而做出的特别处理。在这种情况下,对环境侵权责任减免事由的研究,就要深入到不同的环境侵权形态,在环境侵权类型化的框架下,对环境侵权责任减免事由也做出类型化的具体研究。

(二)高度危险责任免责事由立法

高度危险责任并非独立的归责事由,而是无过错责任的特殊形式。与一般性的无过错环境侵权责任相比,高度危险责任的免责事由限制更为严格,法律通过明文规定,对其进行类型化规制。《侵权责任法》第九章对高度责任危险责任做出专门规定。但对于高度危险责任的免责事由,还须结合环境侵权责任特别法来分析。

这里仅以民用核设施高度危险责任为例。《侵权责任法》第 70 条规定:"民用核设施发生核事故造成他人损害的,民用核设施的经营者应当承担侵权责任,但能够证明损害是因战争等情形或者受害人故意造成的,不承担责任。"国务院《关于核事故损害赔偿责任问题的批复》第 6 条更是具体规定,民用核设施的经营人在发生核事故的情况下造成他人损害的,只有能够证明损害是战争、武装冲突、敌对行动或者暴乱所引起,或者是因受害人故意造成的,才免除其责任。[1] 由此可见,我国法律将自然灾害等情形排除出了民用核设施因发生核事故造成他人损害的免责事由。

对此,需要指出的是:《侵权责任法》第 70 条的适用范围仅限于民用核设施发生核事故造成他人损害的情形。非民用核设施或者民用核设施非因核事故造成他人损害时,并不能适用该条规定,而应适用法律的其他规定。核设施分为军用核设施和民用核设施,本条特指民用核设施。同时,我国加

---

[1] 王胜明主编:《中华人民共和国侵权责任法释义》,法律出版社 2010 年版,第 148 页。

入核安全公约中,核设施也限定在民用核设施。核事故是指在核设施发生了意外情况,造成放射性物质外泄,致使工作人员和公众受超过或相当于规定限值的照射。国际上一般根据核设施发生的核损害得严重程度分为7个等级,只有4—7级才称为"核事故"。① 因此,民用核设施因核事故造成他人损害,经营人得以援引的抗辩事由仅限于战争等情形以及受害人故意两种情形。但民用核设施若非因核事故而造成他人损害,民用核设施的经营者依然可以援引法律规定的其他抗辩事由进行抗辩。

### (三) 存在的问题与成因

整体看来,环境侵权责任法关于侵权责任免责事由的规定存在碎片化、缺乏系统性的问题。在传统"侵权行为法"学理下,各种免责事由都可在侵权责任成立要件体系中,各得其所。比如在德国民法学理上,侵权责任免责事由与德国侵权责任成立的三阶层认定结构密切相关,免责事由可以结合侵权责任成立判断的三个阶段,分别置于符合性、违法性和有责性三个层面来探讨,具体来说:第一,在符合性层面,要判断是否符合事实要件该当性,包括侵权行为、损害和因果关系。被告要提出抗辩,只能提出其并没有满足相应的要件,如不存在侵权行为、不存在损害、不存在因果关系。第二,在违法性层面,要判断侵权行为是否具有违法性。被告要提出抗辩,可以提出违法阻却事由,包括正当防卫、紧急避险、受害人同意、自助、权利正当行使、无因管理、依法执行职务等。因此,免责事由通常也被称为"阻却违法性事由"。第三,在有责性层面,要判断行为人是否具有过错,而过错认定的前提是侵权责任能力。被告要提出抗辩,可以证明事变的存在(包括意外事件和不可抗力)。

但在现代侵权责任法当中,从"侵权行为"转向"侵权责任",打破了既有的解释框架,各种免责事由看起来,似乎只是捆绑在一起的一匦名之为"减免事由"的事由。从这个角度来看,这种情形同样是现代民法的"碎片化"的一个体现。② 近代民法素以体系严谨、结构完美著称——以德国民法为经典——在侵权责任法领域,德国法上建立的侵权责任成立要件三阶层理论同

---

① 参见王胜明主编:《中华人民共和国侵权责任法释义》,法律出版社2010年版,第355—356页。

② 近代民法崇尚个体自由,促进经济繁荣,推动社会进步,曾经成就辉煌;但一步入20世纪,"过错死亡""契约死亡""合同法危机""侵权法危机"之论调时有耳闻,附和者众,这表明近代民法因无法适应社会发展而招致诸多经济、社会问题。顺应时便,现代民法作出种种改变,但却导致既有理论体系的破碎。参见侯佳儒:《近代民法的现代性危机及其后现代转向——兼论当代民法使命》,载《中国政法大学学报》2009年第2期。

样体系严谨、结构完美。但随着现代民法对近代民法的一路修修补补并渐露形迹,这一切都被撕裂、扯碎,无论是近代民法的法典结构还是法学体系,"碎片飞扬"是其当代的基本现状——曾经的近代民法,只是我们借助回忆的微光,依稀可见其往昔美丽的"破碎之花"。① 这一点对于侵权责任法、环境侵权责任法,何尝不是如此?

### 三、完善立法的方向和建议

环境侵权责任减免事由的适用,必须结合具体的环境侵权形态才能得到确定。因此,对环境侵权责任减免事由的研究,也应结合具体的环境侵权形态来分析。具体来说:(1)首先将按照过错责任、无过错责任和高度危险责任为根据,对环境侵权进行初步类型化;(2)在此基础上,针对正当防卫、紧急避险、受害人同意、自助、权利正当行使、无因管理、依法执行职务等责任减免事由,逐个检验每一责任减免事由对应于相应环境侵权责任形态的正当性。(3)应充分注重比较法的考察,关注各种具体环境侵权肇事事实的特点,类型化研究正是环境侵权责任减免事由立法及其学理研究的出路。

---

① "破碎之花"出自美国导演吉姆·贾木许 2006 年的后现代主义电影作品《破碎之花》。

# 第八章 环境侵权责任的承担方式

## 第一节 概 述

### 一、环境侵权责任承担方式的概念

侵权责任承担方式即侵权责任人依法应当对侵权损害承担的不利法律后果的形式和类别。[①] 在大陆法系国家,其内涵与"损害赔偿的方法"同义。对于环境侵权责任承担方式而言,有如下两个特点:第一,环境侵权责任是侵权责任的特殊形态,其承担方式与侵权责任承担方式内涵相同。第二,环境侵权责任形式本质上是一种民法上的责任承担形式。环境侵权责任可以看成是一种特殊的义务,借用《布莱克法律词典》的解释,是"因某种行为而产生的受惩罚的义务及对引起的损害予以赔偿或用别的方法予以补偿的义务"。[②] 因此,环境侵权责任仍然体现出平等主体之间的关系特征,诸如民事制裁等不是环境侵权责任承担的形式。

### 二、环境侵权责任承担方式的具体形式

我国现行法对环境侵权责任承担方式的规定,主要体现在《民法通则》[③]

---

[①] 张新宝:《侵权责任法》,中国人民大学出版社2006年版,第332页。
[②] 转引自葛洪义主编:《法理学》,中国政法大学出版社1999年版,第443—444页。
[③] 《民法通则》第134条规定:"承担民事责任的方式主要有:(一)停止侵害;(二)排除妨碍;(四)返还财产;(五)恢复原状;(六)修理、重作、更换;(七)赔偿损失;(八)支付违约金;(九)消除影响、恢复名誉;(十)赔礼道歉。以上承担民事责任的方式,可以单独适用,也可以合并适用。"

《侵权责任法》①《环境保护法》②及其他环境保护单行法当中③。比较这些法律当中有关侵权责任承担方式的规定,"赔礼道歉""消除影响、恢复名誉""修理、重作、更换"等形式,并不适用于环境侵权责任承担。

从民事法律角度来看,环境侵权责任方式,除了赔偿损失以外,尚有停止侵害、排除妨碍、消除危险以及恢复原状。但须明确的是,其中的"恢复原状"是法院判令环境侵权责任人使受到损坏的财产恢复到损坏前状况的一种责任方式,"恢复原状"的民事责任方式并不是恢复环境的原状,而是恢复受害人受损财产的原状。④ 在实践中,恢复环境的原状往往是一种行政制裁手段,而非受害人直接享有的权利。

赔偿损失是环境侵权责任中最常采用的也是最纯粹的责任承担形式。环境侵权责任救济,以损害赔偿为主要方式。《环境保护法》中的"排除危害"是指,国家强令已造成或者可能造成环境侵权危害者,排除可能发生的危害或者停止已经发生的危害,并消除其影响的民事责任形式。应该认为,"排除危害"的外延包含了《民法通则》和《侵权责任法》中规定的"排除妨碍""消除危险""停止侵害"和"恢复原状"这四种侵权责任承担方式。

侵权责任承担的方式可以分为"救济性的责任承担方式"和"预防性的责任承担方式"。对于环境侵权责任承担方式而言,救济性的责任承担方式

---

① 《侵权责任法》第15条规定:承担侵权责任的方式主要有:(一)停止侵害;(二)排除妨碍;(三)消除危险;(四)返还财产;(五)恢复原状;(六)赔偿损失;(七)赔礼道歉;(八)消除影响、恢复名誉。以上承担侵权责任的方式,可以单独适用,也可以合并适用。"《侵权责任法》第二十一条:"侵权行为危及他人人身、财产安全的,被侵权人可以请求侵权人承担停止侵害、排除妨碍、消除危险等侵权责任。

② 《环境保护法》第41条第1款规定:造成环境污染危害的,有责任排除危害,对直接受到损害的单位或者个人赔偿损失。

③ 《固体废物污染环境防治法》第84条规定:受到固体废物污染损害的单位和个人,有权要求依法赔偿损失。

《固体废物污染环境防治法》第85条规定:造成固体废物污染环境的,应当排除危害,依法赔偿损失,并采取措施恢复环境原状。

《水污染防治法》第85条规定:因水污染受到损害的当事人,有权要求排污方排除危害和赔偿损失。

《大气污染防治法》第62条规定:造成大气污染危害的单位,有责任排除危害,并对直接遭受损失的单位或者个人赔偿损失。

《环境噪声污染防治法》第61条规定:受到环境噪声污染危害的单位和个人,有权要求加害人排除危害;造成损失的,依法赔偿损失。

《海洋环境保护法》第90条第1款规定:造成海洋环境污染损害的责任者,应当排除危害,并赔偿损失。

《海洋环境保护法》第90条第2款规定:对破坏海洋生态、海洋水产资源、海洋保护区,给国家造成重大损失的,由依照本法规定行使海洋环境监督管理权的部门代表国家对责任者提出损害赔偿要求。

④ 王胜明主编:《〈中华人民共和国侵权责任法〉解读》,中国法制出版社2010年版,第80页。

包括赔偿损失和恢复原状。预防性的责任承担方式包括停止侵害、排除妨碍、消除危险。

## 第二节 救济性侵权责任形式的适用

### 一、救济性侵权责任形式的类别

根据大陆法系的传统民法理论,侵权损害赔偿①是债的一种类型,而损害赔偿的方法,即侵权责任的承担形式,又分为金钱赔偿和回复原状两种。回复原状又称恢复原状(德 Naturalrestitution,英 restoration in kind),是指回复受害人所受侵害权益的原貌,如同损害事故没有发生;金钱赔偿(德 Geldersatz,英 damages),是指给付金钱以填补赔偿权利人权益所蒙受的损害,如同损害事故没有发生。② 回复原状是直接的赔偿方法,金钱赔偿是间接的赔偿方法。③ 回复原状关注受害人的具体权益所遭受的事实上的破坏,关注受害人的完整利益。而金钱赔偿关注受害人的总体财产的减少。因此,回复原状意味着回复到与权益相应的状态,而金钱赔偿意味着增加受害人的一般财产。

### 二、比较法上的损害赔偿责任形式适用

对于"金钱赔偿"和"回复原状"这两种救济性责任承担方式的适用,各国有不同的规则,学理上概括为回复原状主义、金钱赔偿主义和自由裁量主义三种类型:

(1)所谓"回复原状主义",是指侵权损害赔偿优先适用回复原状的责任承担方式,而以金钱赔偿为例外。以德国法为例,无论受害人遭受了财产损害,还是精神损害(即非财产损害),都可以要求回复原状。如果回复原状是不可能的、不足够的,或者需要不成比例的花费,此时才可以采取金钱赔偿的方式。

(2)所谓"金钱赔偿主义",是指侵权损害赔偿优先适用金钱赔偿的责任承担方式,而以回复原状为例外。此种做法为日本、法国、英美等国所采

---

① "损害赔偿"通常被理解为是"财产受到损害时予以赔偿",或者将其理解为"金钱赔偿"。但自近现代以来,大陆法系国家的损害赔偿,既不限于金钱赔偿,也不限于财产受损害时的赔偿,侵害人身时的金钱赔偿或回复原状,也属于损害赔偿。参见芮沐:《民法法律行为理论之全部》,中国政法大学出版社 2003 年版,第 419 页。
② 曾世雄:《损害赔偿法原理》,中国政法大学出版社 2001 年版,第 148 页。
③ 郑玉波:《法学绪论》,台湾三民书局 2008 年版,第 118 页。

纳,《欧洲侵权法原则》也采此种做法。以《欧洲侵权法原则》为例,无论受害人遭受了何种类型的损害,金钱赔偿都是最重要的损害赔偿方法,而回复原状是特殊的、不经常的救济措施。不过,它同时赋予受害人选择权,即"在可以回复原状且不会使对方责任过重时,受害人有权请求回复原状不请求金钱赔偿"。①

（3）所谓"自由裁量主义",即金钱赔偿和回复原状二者并不存在原则或例外之分,损害赔偿的方法由法院斟酌情事和过失的轻重来确定。

### 三、我国《侵权责任法》的规定

《侵权责任法》第 15 条第 2 款规定:"以上承担侵权责任的方式,可以单独适用,也可以合并适用。"可以看出,我国《侵权责任法》对侵权责任承担方式的规定,系采"自由裁量主义"。基于我国《侵权责任法》的立法目是要强化对受害人的保护,因此,受害人也应当享有选择请求"金钱赔偿"或"回复原状"的权利。具体来说,受害人可以根据具体情况,或者要求加害人回复原状,或者自行回复原状而请求回复原状的费用（已支出的或应支出的）,或者直接请求金钱赔偿,或者部分请求回复原状同时部分请求金钱赔偿。

## 第三节 预防性侵权责任形式的适用

### 一、预防性侵权责任形式的类别

预防性侵权责任形式在环境侵权责任法里较为常用。所谓预防性侵权责任形式,是指以预防民事权益遭受侵害为目的,而由侵权人承担的责任形式。

我国《侵权责任法》第 14 条第 1 款规定"承担侵权责任的方式主要有:（一）停止侵害;（二）排除妨碍;（三）消除危险……"第 21 条规定:"侵权行为危及他人人身、财产安全的,被侵权人可以请求侵权人承担停止侵害、排除妨碍、消除危险等侵权责任。"这两个条款在法律上确认了我国预防性侵权责任形式具有三种类型:停止侵害、排除妨碍、消除危险。

根据《侵权责任法》第 21 条规定,预防性责任承担系采纳无过错责任归责原则。预防性侵权责任成立要件包含三项:危险或妨碍、因果关系以及加害事实。

---

① 〔欧〕欧洲侵权法研究组:《侵权法原则:文本与评注》,法律出版社 2009 年版,第 14 页。

## 二、预防性责任形式之间的区别和适用

《侵权责任法》确立了停止侵害、排除妨害和消除危险三种预防性责任形式,相互之间各不相同。"排除妨碍仅适用于针对绝对权(一般为物权)的妨碍行为,即并非以剥夺占有或扣押的方式所为的干预行为;停止侵害适用于针对一切绝对权和受法律保障之利益的侵害行为,即对权益的直接侵犯或僭越;消除危险,适用于一切可能带来法律上之损害危险的行为。三者在保护对象和所针对行为的形态上,存在差异,但同时亦有交集的可能。"①

作为预防性侵权责任形式的停止侵害、排除妨害和消除危险,也不同于恢复原状。排除妨害指向损害源头,回复原状指向损害本身。②

《侵权责任法》第15条第2款规定:"以上承担侵权责任的方式,可以单独适用,也可以合并适用。"因此,三种预防性制裁措施,依个案情形,既可联合适用,亦可单独适用。

---

① 叶明怡:《论侵权预防责任对传统侵权法的挑战》,载《法律科学》2013年第2期。
② 王洪亮:《排除妨害与损害赔偿》,载《法学研究》2009年第2期。

# 结　　论

## 一、本书基本观点总结

围绕我国现行立法，结合实务中的典型案例和有关理论学说，本书针对我国环境侵权责任法的基本问题展开了系统的研究，提出的基本观点主要包括、但不限于如下内容：

（1）目前对环境侵权责任法的研究，存在民法和环境法两个学科、两种视角、两种理论诉求的分歧，并引发诸多理论争议。这种分歧的实质，是对环境侵权责任法的地位和功能的定位存在不同理解。本书研究表明，环境侵权责任法的立法目的仍在于界定群己界限和增进社会福祉；其功能应定位在预防和填补因环境污染而对"他人人身、财产"造成的损害，而且主要是通过损害赔偿填补损害。总结我国现行法，其中关于环境侵权责任法立法目的的规定大致包含六项：保护民事主体的合法权益；预防侵权行为；制裁侵权行为；保护和改善生活环境和生态环境；促进社会和谐稳定；促进社会主义现代化建设的发展。其中，唯有"保护民事主体的合法权益"和"预防侵权行为"两项具有合理性。

（2）对环境侵权责任法的研究应加强对"基本问题"的研究，加强对基础性问题的深入挖掘和细致剖析，加强对基本概念、基本原理的透彻阐释；环境侵权责任法学研究应关注对"中国问题"的研究，应立足中国法制实践，关注中国立法、司法及理论中的难题，致力于建立、健全中国的环境侵权责任法及其学理体系。客观而准确地把握现代社会环境侵权事故的特征及其司法救济的特殊性，是环境侵权责任立法及其学理研究的前提；正确理解现代环境侵权事故的特征及其司法救济的"中国特色"，是中国环境侵权责任立法及其理论建构的首要出发点。应立足我国国情，从当下的法学知识水平出发，建立、健全我国的环境侵权责任法及其理论体系。

（3）对"环境侵权"概念，应结合我国现行法律规定、司法实务需求、借鉴他国经验并遵从环境污染问题自身具有的科学规律进行重新定义。应放弃援引《环境保护法》第 2 条规定的做法对"环境侵权"进行定义。"环境侵权"概念应该界定为:"因特定人之生产、生活活动将特定物质或能量引入环境,导致环境的物理、化学、生物等性质发生变异,因而对暴露其中的他人人身权益、财产权益造成侵害或有侵害之虞的民事法律事实。"

(4) 通说认为,我国环境侵权责任法只确立了"无过错责任"一条归责原则。本研究表明,在我国环境污染侵权领域,立法机关事实上确立的是"无过错责任"与"过错责任"并存的二元归责体系;而且,无论是从理论上进行分析,还是比较各国立法经验,这种无过错责任与过错责任相结合的二元环境侵权责任归责体系具有充分的合理性。《侵权责任法》第九章规定的"高度危险责任"应纳入环境侵权责任法律体系,"高度危险责任"是无过错责任的特殊形态。

(5) 本书提出,环境侵权的侵害对象为"他人的人身、财产权益",即"他人的人身、财产权益"是环境侵权责任法的权益保护范围。环境侵权保护的对象不包括、不应该包括、也没有必要包括所谓的"环境权""环境权益"或"环境享受权益"——除非这些"环境权""环境权益"或"环境享受权益"在性质上被界定为"人身、财产权益",但如此一来,又违背了"环境权""环境权益"或"环境享受权益"主张者的理论初衷和最初意图。

(6) 主流的环境法学理论一直试图对"环境权"做全面、系统的理论建构。但本书研究表明,基于我国民法学继承了大陆法系的研究传统,任何试图将"环境权"单纯限定为某一/某种特定权利的努力都注定失败。目前我国立法虽然没有明确的"环境权"表述,但比照有关国际公约和各国立法,我国现行法却几乎涵盖所有事关"环境权"的权利内容。因此,在我国目前的立法、司法和理论背景下,我们不需要、也不可能构建出一种统一的、抽象的"环境权"理论。但在宪法层面宣示公民具有"环境权"还是具有积极意义的,但这种积极意义也不必高估。

(7) "因果关系"是环境侵权责任法学领域重要而又疑难的问题。传统法学的因果关系理论解决了绝大多数的环境侵权诉讼案件,少数疑难案件的司法判决和学说推动了当代侵权责任法上因果关系理论的发展。因果关系证明标准的降低和因果关系举证责任的重置,都是减轻原告举证责任的重要手段。《侵权责任法》第66条对环境污染侵权方额外增加了就"因果关系不存在或存在责任减免事由"进行举证的义务,而非对民事诉讼法中"谁主张,谁举证"原则作出实质性修正。环境侵权诉讼中,原告仍然承担环境侵权责任成立全部要件的举证责任,法律只是降低了原告对因果关系要件进行举证的标准和难度。"举证责任倒置"是一种不够准确的措辞和提法。

(8) "违法性"要件不应成为我国环境侵权责任的一个成立要件,无论对于适用过错责任归责原则的场合,还是适用无过错责任归责原则的场合。

（9）《物权法》第 91 条对相邻环境污染纠纷的立法规定存在缺陷。发生在邻人间的生活污染致害事件,应允许受害人在适用《侵权责任法》和《物权法》第 91 条之间做出选择。相邻环境侵权责任的归责事由既可能是"过错责任",也可能是"无过错责任"。发生在相邻关系中的生产性污染,一概以无过错责任作为归责原则。

（10）《侵权责任法》第九章"高度危险责任"的部分条款构成环境侵权责任法的重要法律渊源。"高度危险责任"是无过错责任的特殊形态,在环境侵权责任法上,高度危险责任与一般环境侵权责任相比,其责任减免事由、责任主体和赔偿限额等制度方面具有特殊性。

（11）环境侵权责任承担方式、环境侵权责任减免事由的研究,都必须建立在环境侵权形态类型化的基础上。必须依据环境侵权的具体类型,进而确定每一种环境侵权责任减免事由或责任承担方式的合理性。

## 二、环境侵权责任法功能的再澄清

有必要对环境侵权责任法的损害预防与损害填补功能作进一步解释和澄清。对于环境侵权责任法在这方面的功能及其限度,可以从如下角度予以概括：

1. 环境侵权责任法的功能在于预防和填补环境污染造成的他人之"人身、财产损害"

本书一直强调,环境侵权责任法所能预防和填补的"损害",首先是并且主要是受害人因环境污染事件所遭受的"人身、财产损害"（符合精神损害赔偿标准的,也包括精神损害）。

对损害进行填补,是环境侵权责任法最基本的功能,其主要表现形式就是赔偿损失,赔偿经济损失是环境侵权责任中最常采用的、也是最纯粹的责任承担形式。"回复原状"也是环境侵权责任的承担方式,但"回复原状"民事责任方式并不是回复环境的原状,而是回复受害人受损财产的原状。

预防损害的发生是环境侵权责任法的第二大功能。由于现代社会中事故频发、损害巨大,预防功能的地位日益突出,成为现代侵权法与传统侵权法的重要区别之一。环境侵权责任法又是现代侵权责任法的典型形态和标准样本,因此预防损害的发生是环境侵权责任法的一大功能。

但对环境侵权责任法的预防功能不能有过高期待。环境侵权责任法固然具有预防功能,但损害填补才是其最基本、最重要的职能,这是由环境侵权责任法作为事后救济法这一本质属性所决定的。

**2. 环境侵权责任法不对环境系统自身的损害进行填补,但在客观上对环境系统自身损害的预防能起到间接的影响和作用**

虽然学界一直有观点认为或者期望环境侵权责任法能对环境系统自身的损害予以填补和预防,这种理论诉求主要体现在环境法学界提出的"环境权"理论当中,也体现在环境法学界对环境侵权侵害权益对象涵盖"环境权、环境权益"的表述当中。但前文通过分析我国《侵权责任法》第 1 条和第 2 条的规定,这种观点在我国现行法上找不到法律依据。

首先,环境侵权责任法究其本质,是侵权责任法的特别法,性质属于民事法。传统民法学理论把侵权视为债的发生原因之一,强调侵权责任法也归属于债法,这种观点的要害在于,能把侵权责任法的关注焦点落在侵权加害人与受害人二者之关系上考察。以此观点视之,环境侵权责任法固然关注环境事故所生损害之预防、分配,但其关注焦点,仍然在因环境侵权而产生债之关系的双方当事人,仍在于保障赔偿权利人有权请求赔偿义务人给予损害赔偿。由此可以看出,环境侵权责任法的视野仍然局限于环境侵权肇事方与受害人之间的损害填补问题,而不及于环境系统的自身损害。

其次,通过侵权责任法对环境系统的损害进行修复、恢复,缺乏可行性。现代社会环境损害极其巨大,影响深远,样态繁复,具有高科技背景,易造成严重的社会问题,这种环境损害的修复需要强有力的资金支持、技术支持、人力支持和管理支持,往往耗时经年累月,这无法通过调整私人之间关系的环境侵权责任法得到解决。①

最后,对于环境损害救济而言,环境侵权责任法是必要的,其作用也是不可替代的。现代社会的环境治理,需要政府和市场的协调发挥作用,需要政府、公民社会、企业、每个社会成员的协调行动,每一种主体、每一种手段各有其价值所在,从这个角度而言,环境侵权责任法保护社会个体利益、激发个人自由和活力,这对于环境保护具有积极意义,但却不是其主要功能。

总之,环境侵权责任法的功能在于预防和填补环境污染造成的人身、财产损害,也包括对精神损害予以法律救济,但其不对环境系统自身的损害进行填补,但在客观上对环境系统自身损害的预防能起到间接的影响和作用。对于环境保护,环境侵权责任法固有其用,但功能有限;过高预期和拔高环境侵权责任法的价值、作用,不但于事无补,反而有伤环境侵权责任法自身的属性、品性。

---

① 叶俊荣:《环境问题的制度因应》,见于叶俊荣:《环境政策与法律》,中国政法大学出版社 2004 年版,第 136—142 页。

3. 如何预防和填补环境损害,是环境损害救济法的核心目标和功能所在

环境损害具有特殊性,应该立足"环境损害及其填补和分担"这一目的,为环境损害救济问题提供全面的法律解决方案。环境损害救济法即是以环境损害为核心概念,内容是围绕环境损害填补和分散环境风险的立法目的,建立起来的,包括传统民法侵权救济制度、无过失补偿制度(非基于侵权法而产生,主要指环境保险制度、环境基金制度等)、社会保障制度三层损害填补制度。

在这种多阶层的损害赔偿与补偿体系中,应如何认识环境侵权责任法具有的地位? 笔者认为:

第一,对于环境事故造成的损害分配而言,侵权责任法不再是最为有效的制度。因此,损害分配必须通过其他途径达成。如通过价格机制来分配损害,即由企业承担损失,然后再由企业把赔偿费用计入成本进而转嫁到消费者身上;通过责任保险、基金等社会安全机制来分散损害。[1]

第二,环境侵权责任法对于损害的分配仍然具有基础性地位。虽然西方一些学者提出损失分担理论,认为在生态的破坏、工业危险等领域,要通过侵权责任制度来实现损失的分担,由最能够承受损失、分散损失或投保的人来承受损失。但从社会一般公平正义理念出发,"污染者付费"仍然是环境法最为基本的原则,通过侵权责任法确定损害责任承担人,仍然是最为基本的损害救济途径。

第三,环境侵权责任法对于损害分配具有不可替代的地位。按照王泽鉴先生的观点,"不仅应该综合通盘研究各种填补制度始能得其全貌","并应该参照社会、政治、经济之发展状态,彻底检讨各项损害填补制度所应负担之功能,以决定何种损害事故,应该由何种制度加以规范,最为恰当"。[2] 在现代多层次的损害填补机制当中,环境侵权责任法不仅负担损害分配功能,更重要的是附在权益保障功能,发挥界定群己界限作用,这些都是其他机制不可取代的。

### 三、未竟的问题

本书主要针对环境侵权责任法的一些基本问题进行梳理和研究。但行文至此,对这一问题领域既深感敬畏,又萌生诸多新困惑。许多问题,其实仍

---

[1] 周珂、杨子蛟:《论环境侵权损害填补综合协调机制》,载《法学评论》2003 年第 6 期。
[2] 王泽鉴:《民法学说与判例研究》(第二册),中国政法大学出版社 1998 年版,第 169 页。

然是浅尝辄止,如因果关系认定问题、因果关系形态问题、环境侵权肇事事实的类型化问题、环境侵权责任免责事由的类型化问题、环境侵权责任承担法的具体适用问题等。尤其是,本书整个内容,也仅仅局限于环境侵权责任法在实体法层面问题的研究,对于环境侵权诉讼所涉及的各种问题,如环境公益诉讼、群体性环境侵权诉讼的特殊问题、环境损害的法律评估与认定等,仍然有待后续研究。一句话,环境侵权责任法是一个大课题,本书的工作只是一个开始。

回到本书开篇的比喻。环境侵权法就是一支隔墙花,在环境法这边花团锦簇,根蔓却在墙那侧民法的土壤里,现实社会中不断发生的环境侵权案件就是春风雨露,给环境侵权责任法既带来挑战,更带来生机。环境侵权责任法在保护个体自由同时兼顾增进社会福祉的同时,间接地对环境保护、环境系统自身的改善产生积极影响;环境侵权责任法学也在解决自身种种难题的同时,给传统的侵权责任法学带来勃勃生机和鲜活动力。

# 主要参考文献

## 一、著作类

1. 曹明德:《环境侵权法》,法律出版社 2000 年版。
2. 陈聪富:《因果关系与损害赔偿》,北京大学出版社 2006 年版。
3. 冯珏:《英美侵权法中的因果关系》,中国社会科学出版社 2009 年版。
4. 吕忠梅等:《侵害与救济:环境友好型社会中的法治基础》,法律出版社 2012 年版。
5. 吕忠梅等:《理想与现实:中国环境侵权纠纷现状与救济机制构建》,法律出版社 2011 年版。
6. 刘超:《问题与逻辑:环境侵权救济机制的实证研究》,法律出版社 2012 年版。
7. 全国人大常委会法制工作委员会民法室编:《侵权责任法:立法背景与观点全集》,法律出版社 2010 年版。
8. 全国人大常委会法制工作委员会民法室编:《中华人民共和国侵权责任法释义》,法律出版社 2010 年版。
9. 王灿发主编:《环境纠纷处理的理论与实践》,中国政法大学出版社 2002 年版。
10. 王明远:《环境侵权救济制度》,中国法制出版社 2001 年版。
11. 王军主编:《侵权行为法比较研究》,法律出版社 2006 年版。
12. 王军:《侵权法上的严格责任的原理与实践》,法律出版社 2006 年版。
13. 王利明主编:《民法典·侵权责任法研究》,人民法院出版社 2003 年版。
14. 王利明、周友军、高圣平:《侵权责任法疑难问题研究》,中国法制出版社 2012 年版。
15. 王泽鉴:《民法学说与判例研究》(第二册),中国政法大学出版社 1998 年版。
16. 王泽鉴:《民法总则》(增订版),中国政法大学出版社 2001 年版。
17. 王泽鉴:《侵权行为法》(第一册),中国政法大学出版社 2001 年版。
18. 王卫国:《过错责任原则:第三次勃兴》,中国法制出版社 2000 年版。
19. 奚晓明主编:《侵权案件指导案例评注》,中国法制出版社 2010 年版。
20. 奚晓明、王利明主编:《侵权责任法案例解读》,人民法院出版社 2010 年版。
21. 奚晓明、王利明主编:《侵权责任法条文释义》,人民法院出版社 2010 年版。
22. 奚晓明、王利明主编:《侵权责任法新制度理解与适用》,人民法院出版社 2010 年版。
23. 于敏:《日本侵权行为法》(第二版),法律出版社 2010 年版。
24. 杨立新:《侵权责任法:条文背后的故事与难题》,中国法制出版社 2010 年版。
25. 杨立新:《侵权法论》,人民法院出版社 2004 年版。
26. 杨立新、张新宝、姚辉:《侵权法三人谈》,法律出版社 2007 年版。

27. 杨立新:《侵权责任法》,法律出版社 2012 年版。
28. 于敏:《日本侵权行为法》,法律出版社 2006 年版。
29. 周珂:《环境法学》,中国人民大学出版社 2000 年版。
30. 庄静华:《环境污染损害赔偿立法研究》,中国方正出版社 2012 年版。
31. 邹雄:《环境侵权法疑难问题》,厦门大学出版社 2010 版。
32. 朱岩:《侵权责任法通论·总论·责任成立法》,法律出版社 2011 年。
33. 自然之友编:《20 世纪环境警示录》,华夏出版社 2011 年版。
34. 曾世雄:《损害赔偿法原理》,中国政法大学出版社 2001 年版。
35. 张民安:《现代法国侵权责任制度研究》,法律出版社 2003 年版。
36. 张新宝:《侵权责任法原理》,中国人民大学出版社 2005 年版。
37. 周友军:《侵权责任认定》,法律出版社 2010 年版。
38. 张新宝:《侵权责任构成要件研究》,法律出版社 2007 年版。
39. 张新宝:《侵权责任立法研究》,中国人民大学出版社 2009 年版。
40. 〔美〕肯尼斯·S. 亚伯拉罕等:《侵权法重述——纲要》,许传玺等译,法律出版社 2006 年版。
41. 〔德〕布吕格迈耶尔、朱岩:《中国侵权责任法学者建议稿及其立法理由》,北京大学出版社 2009 年版。
42. 〔德〕马克西米利安:《侵权行为法》,齐晓琨译,法律出版社 2006 年版。
43. 〔德〕迪特尔·梅迪库斯:《德国民法总论》,邵建东译,法律出版社 2000 年版。
44. 〔日〕原田尚彦:《环境法》,于敏译,法律出版社 2001 年版。
45. 〔日〕圆谷峻:《判例形成的日本侵权行为法》,赵莉译,法律出版社 2008 年版。
46. 〔日〕田山辉明:《日本侵权行为法》,北京大学出版社 2011 年版。
47. 〔日〕日本律师协会:《日本环境诉讼典型案例与评析》,中国政法大学出版社 2011 年版。
48. 〔欧〕欧洲侵权法研究组:《侵权法的统一:对他人造成的损害的责任》,法律出版社 2009 年版。
49. 〔欧〕欧洲侵权法研究组:《侵权法的统一:共同过失》,法律出版社 2009 年版。
50. 〔欧〕欧洲侵权法研究组:《侵权法的统一:因果关系》,法律出版社 2009 年版。
51. 〔欧〕欧洲侵权法研究组:《侵权法的统一:违法性》,法律出版社 2009 年版。
52. 〔欧〕欧洲侵权法研究组:《侵权法的统一:损害与损害赔偿》,法律出版社 2009 年版。
53. 〔欧〕欧洲侵权法研究组:《侵权法原则:文本与评注》,法律出版社 2009 年版。
54. Lawrence G. Cetrulo, *Toxic Tort Litigation Guide*, Thomson West Group.
55. Roer. E. Meiners and Andrew P. Morriss, *The Common Law and the Environment: rethinking the statutory basis for modern environment law*, Rowman& Littlefield Publishers, Inc, 2000.
56. Daniel. H. Cole, *Pollution and Property: Comparing Ownership Institutions for Environmental Protection*, Cambridge University Press, 2002.

57. Jan G laitos, Water Rights, Clean Water Act Section 404 Permitting, and the Takings Clause, *University of Colorado Law Review* 901(1989).
58. *Incentive for Environmental Damage*, West Publishing, 2005.
59. Mark Wilde, *Civil liability for environmental damage: a comparative analysis of law and policy*, west corp. 2005.

## 二、论文

1. 曹明德:《我国环境争端非诉讼解决方式存在的问题及对策》,载《中国地质大学学报》2009 年第 3 期。
2. 曹明德:《对建立我国生态补偿制度的思考》,载《法学》2004 年第 3 期。
3. 陈华彬:《德国相邻关系制度研究——以不可量物侵害为中心》,载梁慧星主编:《民商法论丛》(第 4 卷),法律出版社 1996 年版。
4. 程啸:《侵权法中违法性概念的产生原因》,载《法律科学》2004 年第 1 期。
5. 高圣平、罗蕾:《达标排污侵权责任成立之辨》,载《广东社会科学》2011 年第 1 期。
6. 高圣平、杨旋:《环境污染责任构成要件研究——基于〈侵权责任法〉第八章的分析》,载《创新》2011 年第 6 期。
7. 高飞:《论环境污染责任的适用范围》,载《法商研究》2010 年第 6 期。
8. 侯佳儒:《民法基本原则解释:意思自治原理及其展开》,载《环球法律评论》2013 年第 4 期。
9. 侯佳儒:《近代民法的现代性危机及其后现代转向——兼论当代民法使命》,载《中国政法大学学报》2009 年第 2 期。
10. 侯佳儒:《气候资源国有化:法律上的不可能任务》,载《中国政法大学学报》2012 年第 6 期。
11. 侯佳儒:《环境法学,什么是你的贡献》,载《清华法治论衡(总第 13 辑)》2010 年第 2 期。
12. 侯佳儒:《环境法兴起及其法学意义:三个隐喻》,载《江海学刊》2009 年第 6 期。
13. 吕忠梅、张宝:《环境问题的侵权法应对及其限度——以〈侵权责任法〉第 65 条为视角》,载《中南民族大学学报(人文社会科学版)》2011 年第 2 期。
14. 吕忠梅:《环境侵权诉讼证明标准初探》,载《政法论坛》2003 年第 5 期。
15. 吕忠梅:《环境侵权诉讼中的举证责任分配》,载《法律科学》2005 年第 2 期。
16. 刘璐、缪宇:《环境污染责任的构成与举证责任的分配》,载《政治与法律》2010 年第 5 期。
17. 李艳芳:《美国的公民诉讼制度及其启示》,载《中国政法大学学报》2003 年第 2 期。
18. 罗丽:《环境侵权民事责任概念辨析》,载《北京理工大学学报》2008 年第 1 期。
19. 王利明:《我国〈侵权责任法〉采纳了违法性要件吗?》,载《中外法学》2012 年第 1 期。
20. 王利明:《论〈侵权责任法〉的解释》,载《广东社会科学》2011 年第 1 期。
21. 王利明:《走向私权保护的新时代——侵权责任法的功能探讨》,载《社会科学战线》

2010年第5期。

22. 王利明:《论我国〈侵权责任法〉保护范围的特色》,载《中国人民大学学报》2010年第4期。
23. 王明远:《法国环境侵权救济法研究》,载《清华大学学报》2000年第1期。
24. 王明远:《论环境权诉讼》,载《比较法研究》2008年第3期。
25. 王明远:《美国妨害法在环境侵权救济中的运用和发展》,载《政法论坛》2003年第21卷第5期。
26. 王社坤:《环境侵权因果关系举证责任分配研究——兼论〈侵权责任法〉第66条的理解与适用》,载《河北法学》2011年第2期。
27. 徐祥民、邓一峰:《环境侵权与环境侵害——兼论环境法的使命》,载《法学论坛》2006年第2期。
28. 徐祥民、巩固:《环境损害中的损害及其防治研究——兼论环境法的特征》,载《社会科学战线》2007年第5期。
29. 徐祥民:《环境污染责任解析——兼谈〈侵权责任法〉与环境法的关系》,载《法学论坛》2010年第2期。
30. 徐爱国:《重新解释侵权行为法的公平责任原则》,载《政治与法律》2003年第6期。
31. 杨素娟:《论环境侵权诉讼中的因果关系推定》,载《法学评论》2003年第4期。
32. 杨立新:《共同侵权行为及其责任的侵权责任法立法抉择》,载《河南省政法管理干部学院院报》2006年5期。
33. 杨立新、杨彪:《侵权法中的可救济性损害理论》,载《政治与法律》2007年6期。
34. 张新宝、岳业鹏:《大规模侵权损害赔偿基金:基本原理与制度构建》,载《法律科学:西北政法学院院报》2012年1期。
35. 张新宝:《我国侵权责任法中的补充责任》,载《法学杂志》2010年6期。
36. 张新宝、明俊:《侵权法上的原因力理论研究》,载《中国法学》2005年2期。
37. 张新宝:《侵权责任一般条款的理解与适用》,载《法律适用》2012年第5期。
38. 张新宝:《侵权责任法学:从立法论向解释论的转变》,载《中国人民大学学报》2010年第4期。
39. 张新宝:《侵权责任法立法的利益衡量》,载《中国法学》2009年第4期。
40. 张新宝:《侵权责任法立法:功能定位、利益平衡与制度构建》,载《中国人民大学学报》2009年第3期。
41. 张宝:《环境侵权归责原则之反思与重构》,载《现代法学》2011年第4期。
42. 张宝、张敏纯:《环境侵权的微观与宏观》,载《中国地质大学学报(社会科学版)》2010年第5期。
43. 朱鹤群:《"解释论"语境下的环境侵权私法救济——以〈侵权责任法〉第65、66条为中心》,载《重庆工商大学学报(社会科学版)》2011年第1期。
44. 张梓太、于宇非:《从江苏省首例家装污染案看环境侵权特殊规则的司法适用》,载《科技与法律》2004年第1期。

45. 朱虎:《过错侵权责任的发生基础》,载《法学家》2011 年第 1 期。
46. 朱岩:《当代德国侵权法上因果关系理论和实务中的主要问题》,载《法学家》2006 年第 6 期。
47. 周珂、杨子蛟:《环境损害综合填补机制研究》,载《法学杂志》2002 年第 4 期。
48. 王利明:《我国侵权责任法的体系构建——以救济法为中心的思考》,载《中国法学》2008 年第 4 期。
49. 程啸:《论〈侵权责任法〉第八条中"共同实施"的涵义》,载《清华法学》2010 年第 2 期。
50. 薛军:《"高度危险责任"的法律适用探析》,载《政治与法律》2010 年第 5 期。
51. 陈本寒、艾围利:《侵权责任法不可抗力适用规则研究——兼评〈侵权责任法〉第 29 条》,载《现代法学》2011 年第 1 期。
52. 龙俊:《权益侵害之要件化》,载《法学研究》2010 年第 4 期。
53. 朱岩:《违反保护他人法律的过错责任》,载《法学研究》2011 年第 2 期。
54. 彭诚信:《现代意义相邻权的理解》,载《法制与社会发展》1999 年第 1 期。
55. 彭诚信:《不可称量物质的近邻妨害问题研究》,载《法制与社会发展》2000 年第 5 期。
56. 张平华:《不可量物侵害的私法救济》,载《法学杂志》2006 年第 6 期。
57. 杨立新、王竹:《不动产支撑利益及其法律规则》,载《法学研究》2008 年第 3 期。
58. 王保林:《论容忍义务在审理相邻关系纠纷中的运用》,载《法律适用》2009 年第 7 期。
59. 朱岩:《从大规模侵权看侵权责任法的体系变迁》,载《中国人民大学学报》2009 年第 3 期。
60. 葛云松:《〈侵权责任法〉保护的民事权益》,载《中国法学》2010 年第 3 期。
61. 张新宝:《侵权责任法的法典化程度研究》,载《中国法学》2006 年第 2 期。
62. 梁慧星:《中国侵权责任法解说》,载《北方法学》2011 年第 1 期。
63. 崔建远:《论归责原则与侵权责任方式的关系》,载《中国法学》2010 年第 2 期。
64. 王利明:《侵权责任法的中国特色》,载《法学家》2010 年第 2 期。
65. 刘士国:《关于完善我国侵权责任法的建议》,载《中国法学》1996 年第 4 期。
66. 朱岩:《风险社会与现代侵权责任法体系》,载《法学研究》2009 年第 5 期。
67. 王利明:《民法的人文关怀》,载《中国社会科学》2011 年第 4 期。
68. 魏振瀛:《侵权责任法在我国民法中的地位及其与民法其他部分的关系——兼与传统民法相关问题比较》,载《中国法学》2010 年第 2 期。